DK

A Dorling Kindersley Book

www.dk.com

TOP 10 全球魅力城市旅游丛书

柏 林

U0872636

乔根 · 朔内曼 著

杨仁瑛 译

旅游教育出版社 时尚 TRENDS

柏林帝国国会大厦

哈克什庭院的一家咖啡馆

DK
A Dorling Kindersley Book
www.dk.com

Original Title: TOP 10 BERLIN
Compilation Copyright©2002, 2006, 2007, Dorling Kindersley Limited, London

TOP 10 全球魅力城市旅游丛书
柏林

（德）乔根·朔内曼 著

杨仁瑛 译

责任编辑：李荣强
执行编辑：陈晓华 潘洋 徐娜

项目策划：北京时尚博闻图书有限公司
装帧制作：北京罗盘汇典图书有限公司

出版单位：旅游教育出版社
地址：北京市朝阳区定福庄南里1号
邮编：100024
发行电话：(010) 65778403 65728372
65767462（传真）
本社网址：www.tepcb.com
E-mail：tepfx@163.com
印刷单位：中华商务联合印刷有限公司
经销单位：旅游教育出版社
开本：648x800mm 1/32
印张：5.75
字数：130千字
版次：2007年4月第1版
印次：2007年4月第1版第1次印刷
印数：10000册
定价：28.00元

（图书如有装订差错请与发行部联系）

目录

柏林十佳

图书在版编目（CIP）数据

柏林／（德）朔内曼著；杨仁瑛译．—北京：旅游教育出版社，2007.3

(TOP 10 全球魅力城市旅游丛书)
ISBN 978-7-5637-1486-5

Ⅰ.柏… Ⅱ. ①朔…②杨… Ⅲ. 旅游指南－柏林 Ⅳ. K951.69

中国版本图书馆CIP数据核字（2007）第037731号

封面封底图片：All photographs specially commissioned except: Front – Corbis: Ludovic Maisant bl; Peter Wilson main image; DK Images: Jurgen Scheunemann cl. Spine -- DK Images: Dorota and Mariusz Jarymowicz. Back -- **DK Images**: Amin Aktar tr; Dorota Jarymowicz tc, tl.

柏林墙上的“东边艺术馆”

普伦茨劳堡区一所房屋的外观

陶恩采大街上的柏林纪念物

无忧宫公园

BUS

柏林十佳

柏林十佳

TOP 10 柏林重点游

柏林——德国最富生机的城市，也是世界上最令人陶醉的首都之一。置身其中，你会为施普雷河（Spree River）两岸丰富的文化艺术、数量众多的博物馆和剧院、丰富多彩的娱乐方式和夜生活惊叹不已，而这一切都是其他地方所不能匹敌的。东德和西德统一后，柏林迅速发展成为一个国际大都市，当今的柏林，空气中充满了生机与活力。

1 勃兰登堡大门和巴黎广场 (Brandenburger Tor and Pariser Platz)

位于巴黎广场的勃兰登堡大门是柏林最为著名的景点。在巴黎广场有著名的阿德隆饭店（Adlon Hotel）和大使馆，建筑风格充满现代流行的优雅气息。（参见8～9页）

2 帝国国会大厦 (Reichstag)

没有任何建筑比帝国国会大厦（见下图）更能代表德国的历史。1997年至1999年诺曼·弗斯特（Norman Foster）对其进行了重新设计后，这处建筑就成为了柏林著名景点之一。其巨大的蛋形拱顶吸引着观光者的目光，引起人们对这座城市更多的幻想。（参见10～11页）

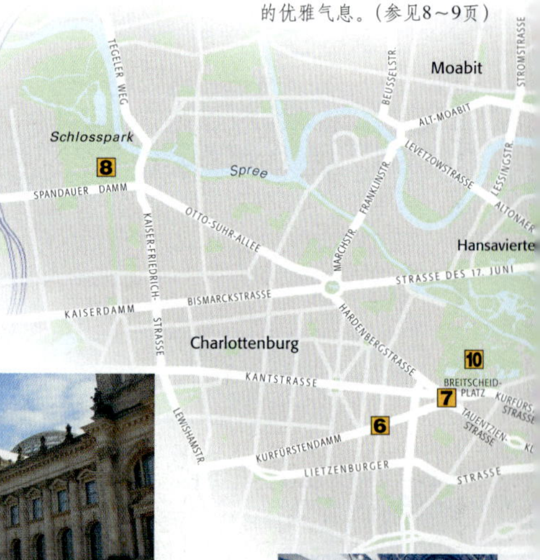

3 菩提树下大街 (Unter den Linden)

城市东部有一条绿树成荫、极其壮观的林荫大道，一直以来它就是城市的中轴线，柏林重要的历史性建筑大都分布在这里。（参见12～15页）

4 波茨坦广场 (Potsdamer Platz)

波茨坦广场为柏林这一老城注入了新鲜的血液与活力。这里有令人激动的新建筑，如索尼中心。而且这里的饭店、电影博物馆、影院、商店和音乐剧院，使其成为独一无二的最佳娱乐场所。（参见16～19页）

5 佩加蒙博物馆 (Pergamonmuseum)

在柏林最令人难忘的博物馆当属佩加蒙博物馆。这里陈列有古希腊最为著名的佩加蒙祭坛。(参见20～23页)

6 库弗斯坦达姆大街 (Kurfurstendamm)

位于柏林城西部中心，是多数游人漫步和购物的主干道。在这条熙熙攘攘的林荫大道上，还不断增加着新的饭店和流行服饰精品店。(参见24～25页)

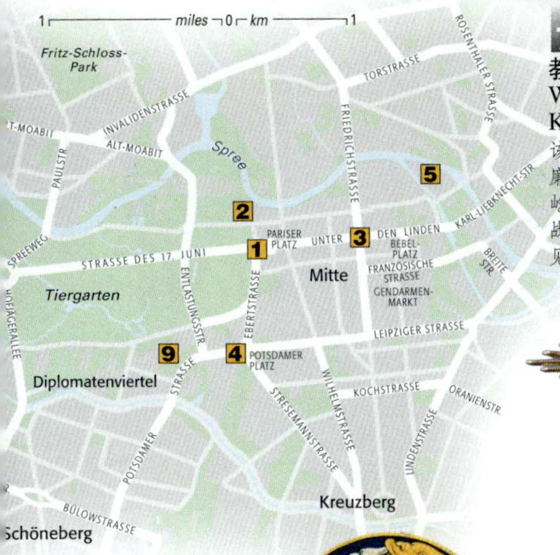

7 凯撒·威廉纪念教堂（或：记忆教堂）(Kaiser-Wilhelm-Gedachtnis-Kirche)

该教堂用来纪念凯撒·威廉一世。教堂塔楼的废墟屹立至今，默默地告诫着战争所带来的恐怖。(参见26～27页)

8 夏洛腾堡宫 (Schloss Charlottenburg)

夏洛腾堡宫是前霍亨索伦(Hohenzollern)王室的避暑宫殿，这一历史故居使游人仿佛回到普鲁士王国某个时期，这里同时被列为德国最美的巴洛克式花园，也是绝佳的漫步和日光浴场所。(见28～31页)

9 文化中心 (Kulturforum)

文化中心是多个博物馆的联合体，这里有著名的古代大师美术馆（Gemaldegalerie)、工艺博物馆（Kunstgeweremuseum)、新国家画廊（Neue National galerie)，还有诸如爱乐乐团的音乐厅。前来柏林的参观者可在此体验到别具一格的文化氛围。(参见32～35页)

10 柏林动物园 (Zoologischer Garten)

柏林动物园位于柏林市中心，是德国最老的动物园和水族馆，也是世界上最大的动物园，这里号称有1.4万种动物和1800种不同的物种。(参见36～37页)

TOP 10 勃兰登堡大门和巴黎广场

众所周知，勃兰登堡大门可谓是柏林的象征。它自豪地矗立于巴黎广场中间，背倚环绕其周围的极其现代的大使馆，仿佛在捍卫着自己的权益。大门顶部铸有胜利战车塑像（Quadriga），在柏林的历史上，勃兰登堡大门一直是备受瞩目的焦点：统治者、政府要员、军事阅兵和示威游行，无不穿越这道门。

从东侧拍摄的勃兰登堡大门照片

巴黎广场上喝咖啡的最佳去处是迈雅贝尔（Mey-erbeer）咖啡馆，位于巴黎广场大厅。千万不要错过大蛋糕展示。

在勃兰登堡门北侧，有一个小型展览，该展览讲述了勃兰登堡大门的历史。

- 巴黎广场
- 地图F3, K3
- 旅游信息，勃兰登堡大门
- 地图 F3, K3
- 每日上午9点30分至晚上6点
- （0190）01 63 16

十大看点

1. 勃兰登堡大门
2. 胜利战车铸像
3. 柏林阿德隆饭店
4. 德国中央银行
5. 艺术研究院
6. 法国大使馆
7. 巴黎广场大厅
8. 欧根·古特曼大楼
9. 利伯曼大楼
10. 美国大使馆

1 勃兰登堡大门（Brandenburger Tor）

自2002年重建以来，标志柏林城的勃兰登堡大门比以往具有更加鲜明的象征性。此门由卡尔·戈特哈德·朗汉斯于1789至1791年间建造，其风格模仿了希腊庙宇的门廊建筑。自19世纪以来，在漂泊动荡的城市发展历史中，勃兰登堡大门始终是众多历史事件的背景。

2 胜利战车铸像（Quadriga）

该雕塑作为和平的象征立于勃兰登堡大门顶部，高达6米，1794年由约翰·戈特弗里德·沙多（Johann Gottfried Schdow）建造。战车中头戴桂冠的女神原型，是沙多的侄女，她后来曾在整个柏林名噪一时。

3 柏林阿德隆饭店（Hotel Adlon Berlin）

德国一流的饭店，二战中曾被毁于一旦。后来在原阿德隆饭店基础上重建，1997年竣工，倍受显耀人物所青睐。许多名人和显贵都曾下榻过此饭店，其中包括格里塔·盖伯（Gre-ta Garbo）、托马斯·曼（Th-o-mas Mann）、查里·卓别林（Charlie Chaplin）。

4 德国中央银行（DG Bank）

这一现代建筑由美国建筑师法兰克·盖里（Frank Owen Gehry）设计而成，它融合了普鲁士建筑中齐线条的风格，并运用了一些大胆的元素。

有关勃兰登堡大门360度全景图，可登录以下网址：www.berlinon-line.de/reisen/panorama/html/brandenburger-tor.html

5 艺术研究院 (Akademie der Kunste)

该建筑曾毁于第二次世界大战，2000年至2005年由甘特·班尼奇（Gunter Behnisch）和曼弗雷德·萨巴克（Manfred Sabatke）重新修建。通过采用大量宽敞窗户，新建筑将原学院的残垣断壁合为一体。现在它是柏林勃兰登堡省的艺术学院基地。

6 法国大使馆 (French Embassy)

1999年至2001年间，克里斯蒂安·德·珀尔赞帕尔（Christian de Portzamparc）在第二次世界大战中被毁的使馆废墟原址上建造了这座一流的新建筑。其柱廊和高高的玻璃窗，表现了对前法国大使馆的崇敬之意，极具特色，很值得一看。

7 巴黎广场大厅 (Palais am Pariser Platz)

由伯恩哈德·温克（Bernhard Winking）设计的这一综合性建筑完美地对新古典建筑进行了现代阐释。大厅位于勃兰登堡大门以北，稍微有些隐秘。在有遮蔽的舒适庭院中，设有一家咖啡馆、一家饭店和一个纪念品商店，颇值得一去。

8 欧根·古特曼大楼 (Eugen-Gutmann-Haus)

1996年至1997年由汉堡的gmp建筑事务所设计建造的圆形大楼，其流线型建筑风格使人回忆起20世纪20年代的新清醒运动（New Sobriety Movement）。欧根·古特曼大楼是德来纳斯银行总部所在地。在大楼前方，立着一块颇有名气的指示巴黎广场方向的最原始的路标。

9 利伯曼大楼 (Haus Liebermann)

1996至1998年间，约瑟夫·保罗·克莱胡斯（Josef Paul Kleihues）在勃兰登堡大门北面建造了这座大楼，它是对原址老楼的忠实再现。大楼以曾经居住在此的艺术家麦克斯·利伯曼（Max Libermann）的名字命名（见右图）。1933年，当利伯曼注视着德国纳粹冲锋队行进穿过勃兰登堡门时，说了一句著名的话："我所摄取之食物不可能多于要呕吐的。"（意谓：恶心到极点）

10 美国大使馆 (American Embassy)

在巴黎广场周围连续的建筑群中，最后一处空缺在2005年被填补。大使馆和柏林参议院之间的争论使得对此地的建设耽搁了几年，争论的议题是是否将整条街迁出以确保美国安全的需要。但最终这一古街道还是保存了下来。

有关柏林历史上著名的建筑，详情参见38～39页

TOP 10 帝国国会大厦

在柏林所有的建筑中，国会大厦可能是最具标志性的建筑之一了。这一宏伟的建筑，由保罗·沃洛特（Paul Wallot）在1884年至1894年建造，是德意志帝国引以为豪的象征。1933年被人纵火烧毁，二战中又受到轰炸。1996年，艺术家克里斯多（Christo）完成了对帝国国会大厦的营建。1994年至1999年间，英国建筑师诺曼·弗斯特勋爵（Sir Norman Foster）将其改建为世界上最为现代化的国会大厦之一，现为德国联邦议院，即德国国会的官邸。

帝国国会大厦的主入口

如果在卡夫饭店进餐会超出您的预算，帝国国会大厦附近有很多出售热狗的摊位。

众多的游客会前去参观帝国国会大厦的穹形圆顶。友情提示：避免周末参观或在开馆半小时前去排队；周二游客最少。

- 共和国广场1
- 地图 F3, K2
- 开放时间：早上8点至晚上10点
- （030）22 73 21 52
- www.bundestag.de

十大看点

1. 穹形圆顶
2. 全会厅
3. 门廊题词："为德国人民"
4. 翻修后的外观
5. 卡夫饭店
6. 艺术作品："为了人民"
7. 蒂尔特·阿佩尔特纪念碑
8. 德国国旗
9. 共和国广场
10. 柏林墙受难者纪念碑

1 穹形圆顶（The Cupola）

站在诺曼·弗斯特勋爵设计的新国会大厦的穹形圆顶上看柏林的景观，让人叹为观止。塔顶是开放的，以便于通风，具有一丝讽刺意味的是，它使得国会的争论气焰顺此处散播到全国。圆顶中设有一舷梯可快速通到顶部。

2 全会厅（Plenary Hall）

自1999年4月20日在此重新召开会议以来，新设计的全会厅就成为德国联邦议院，即德国国会所在地。从技术上而言，该厅是世界上最为先进的大厅之一。联邦的鹰饰标志曾引起了争议：有人认为此鹰形象过于"胖"，应该瘦一些。

3 门廊题词："为德国人民"（Portico "Dem deutschen Volke"）

题有"为德国人民"的门廊设计于1916年，这恰与威廉二世的意愿相违背。

4 翻修后的外观 (Restored Facade)

尽管对帝国国会大厦进行了大面积的修缮，但二战遗留下的小子弹孔在大楼外面仍清晰可见。

6 艺术作品："为了人民"(Installation "Der Bevolkerung)

汉斯·海克(Hans Haacke)的艺术作品"为了人民"与对面门廊题字形成呼应。

5 卡夫饭店 (Restaurant Kafer)

该饭店位于帝国国会大厦顶部，与穹形圆顶相邻。从这一豪华饭店可俯瞰到历史文化中心：菩提树下大街。该饭店很是火暴，可能需排队等候。(参见101页)

7 蒂尔特·阿佩尔特纪念碑 (Memorial by Dieter Appett)

此纪念碑于1992年公诸于众，用来纪念97位社会民主党和共产主义共和国代表，他们在第三帝国时期被谋杀。

8 德国国旗 (The German Flag)

1990年10月3日，这幅大旗首次在全国上下共祝德国统一的时刻升起。

9 共和国广场 (Platz der Republik)

自1996年克里斯多完成了对国会大厦的营建以来，国会大厦前面的草坪经常成为庆祝的场地。

10 柏林墙受难者纪念碑 (Memorial for Victims of the Wall)

在帝国国会大厦南侧对面，有一处纪念碑林，它让人想起距离此处只有几步之遥的柏林墙。其中一个十字架用来纪念克里斯·古弗洛伊 (Chris Gueffroy)：1989年2月，他在试图逃跑时被枪击，是柏林墙下100多位亡魂中的一员。

国会大厦纵火案

1933年2月27日，帝国国会大厦失火，顷刻间化为乌有。荷兰共产主义者鲁柏 (van der Lubbe) 被捕并被指控纵火。但很可能大火是纳粹党自己放的。阿道夫·希特勒 (Adolf Hitler) 以此为借口让国会通过了"授权法案" (Enabling Act)，以便于他铲除异己，从此开始了长达12年的恐怖统治。

有关柏林政府大楼，参见40～41页

TOP 10 菩提树下大街

“只要椴树在菩提树大街上欣欣向荣，柏林永远是柏林”，玛雷娜·迪特里希（Marlene Dietrich）曾以歌声赞美过这条壮观的大街。今天，椴树比柏林任何一个历史时期都要美丽，因为沿街原有的建筑已被大面积翻修，而且现代建筑构成了这里新的亮点。“菩提树”原指连接王室住宅和蒂尔加藤花园（Tiergarten）的一条皇家骑马御道，在18世纪成为柏林最为时尚的街道，并且与当时普鲁士的首府有着同等的意义。

位于军械库区的德意志历史博物馆

歌剧宫咖啡馆吸引游客的原因在于它有最为丰富的蛋糕品种可供选择。夏季还可在露天享受其美味。

· 地图 F/G3, K3/4

· 菩提树下大街2号：德意志史博物馆，每日开放时间上午10点至晚上6点 ·（030）20 30 40 · www.dhm.de · 凭票入内

· 倍倍尔广场上圣·海德薇格斯大教堂，开放时间，周一至周六：上午10点至下午5点；周日下午1点至5点 ·（030）20 34 81 0 · www.hedwigskathedrale.de

· 菩提树下大街7号：柏林国家歌剧院 票房·开放时间，周一至周五：上午11点至晚上7点；周日下午2点至晚上7点 ·（030）2035 4555 · ww w.staatsoperberlin.de · 需购买门票

十大看点

1. 德意志历史博物馆
2. 菩提树下大街：国家歌剧院
3. 圣·海德薇格斯大教堂
4. 洪堡大学
5. 新岗亭
6. 太子宫
7. 倍倍尔广场
8. 歌剧宫
9. 俄国大使馆
10. 腓特列大帝塑像

1 德意志历史博物馆（Deutsches Historisches Museum）

德国最大的历史博物馆，于2003年重新开放。它向游人展现了德国1000多年的历史。该馆坐落于原军械库——1706年建成的皇家军械库的位置上。从建筑学角度上讲，军械库是菩提树下大道上最引人关注的建筑。（参见14页）

2 菩提树下大街：国家歌剧院（Staatsoper Unter den Linden）

国家歌剧院是德国最具魅力的地方之一。1741年至1743年由冯·诺贝尔斯多夫（Von Knobelsdorff）建造，其风格为新古典派，是欧洲第一座无支撑物的歌剧院，这是腓特列大帝（Frederick the Great）本人提出的。

3 圣·海德薇格斯大教堂（St. Hedwigs-kathedrale）

1740年至1742年间由乔治·温策斯劳·冯·诺贝尔斯多夫（Von Knobelsdorff）仿造罗马万神殿的风格建设而成，是柏林天主教管辖所在地。腓特列大帝（Frederick the Great）在征服西里西亚后，曾委托此教堂来安抚柏林的天主教徒。（参见44页）

100路和200路巴士沿菩提树下整条大街行驶，几乎在所有知名景点都有站

4 洪堡大学 (Humboldt-Universitat)

德国历史最为悠久、最负盛名的一所大学。由威廉·冯·洪堡（Wilhelm von Humboldt）创立于1890年。这里曾出现了29位诺贝尔奖获得者，其中包括阿尔伯特·爱因斯坦。

5 新岗亭（Neue Wache）

德国重要的纪念碑，1816至1818年间由卡尔·弗雷德里希·辛克尔（Karl Friedrich Schinkel）设计，用来纪念所有的战争受害者。

6 太子宫（Kronprinzenpalais）

1732至1733年由菲利普·盖拉赫为霍亨索伦王室所建造的宫殿，属古典派风格。一次世界大战后成为一所艺术博物馆。1948年后，东德政府又将其改为其他国家元首来访时的住所。直到2003年，太子宫才用来陈列对面的德意志历史博物馆的物品。

7 倍倍尔广场 (Bebelplatz)

这一开阔的空间起初称为歌剧院广场，由冯·诺贝尔斯多夫（Von Knobelsdorff）建造，是腓特列时代建筑研讨的焦点。广场别致的格调在一定程度上展现了从古罗马到普鲁士首都的辉煌和荣耀。1933年5月，臭名昭著的纳粹分子在此地进行了焚书活动。

8 歌剧宫 (Opernpalais)

这座宫殿与国家歌剧院（Staatsoper）相邻，是1733至1737年专为王族女性成员建造的宫殿。

9 俄国大使馆 (Russische Botschaft)

俄国使馆犹如庞然大物，属于斯大林主义的“结婚蛋糕风格”。它是二战后在菩提树下大街上建起的第一座建筑。(参见118页)

10 腓特列大帝塑像 (Frederick the Great's Statue)

克里斯蒂安·丹尼尔·劳赫最杰出的雕塑作品之一。此雕塑13.5米高，展现了“老腓特列”的形象：他骑着高头大马，身穿戎装，头戴三角帽。(参见113页)

有关菩提树下大街的更多信息，参见112～121页

陈旧的印刷画卷：表现了1821年来菩提树下大街的景象

TOP10 德意志历史博物馆

1 垂死的士兵 (The Dying Warrior)
安德里亚·施吕特尔（Andreas Schlüter）创作的浮雕不是设于展厅里，而是位于庭院中。作者通过一种与众不同的直觉手法描绘了战争的恐怖。

2 马丁·路德 (Martin Luther)
在有关马丁·路德本人和其改革的展厅里面，大卢卡斯·克拉纳赫（Lucas Cranach the Elder）创作的马丁·路德肖像是焦点所在。

3 欧洲和亚洲 (Europe and Asia)
这一组迈斯瓷器造型反映了两洲之间令人神往的关系。

4 蒸汽机 (Steam Engine)
1847年的原尺寸大小的蒸汽机标志着工业革命的开端。

5 来自集中营的衣物 (Clothes from the Camps)
在众多展品中，有一件夹克展现了纳粹统治下的岁月，其物主曾被扣留在集中营——它使人回想起令人发指的第三帝国。

6 格洛里亚·维克蒂斯 (Gloria Victis)
法国雕塑家安托宁·梅西（Antonin Mercié）创造了一个动人的寓言故事：格洛里亚·维克蒂斯目睹了1870至1871年普法战争即将结束时一位朋友的死亡经过。

格洛里亚·维克蒂斯雕塑

7 抢劫民宅的士兵 (Soldiers Plundering a House)
塞巴斯蒂安（Sebastian Vrancx）大概在1600年创作的油画。作品描绘了16世纪荷兰的宗教战争中的一幅场景，这场战争使荷兰四分五裂。

8 马鞍 (Saddle)
15世纪中期的物品，极其珍贵，上面配有精心雕刻的象牙饰板。

9 柏林墙 (The Berlin Wall)
其中最原始的一段墙，连同和平统一示威运动中所用的旗帜共同用来纪念柏林墙的倒塌。

10 SS 20导弹 (SS 20 Rocket)
博物馆大厅陈列的前苏联的SS 20导弹实物使前来参观的人回忆起冷战时期的危险以及建立“核平衡”机制的尝试。

收藏在军械库的马丁·路德的肖像

有关柏林博物馆更多信息，参见46～47页

十大事件

1. 1573年
   选侯约翰·乔治(Johann Georg)修建了一条马道，连接了柏林城堡和蒂尔加藤公园。
2. 1647年
   大选侯统治时期，马道上种植了菩提树。
3. 1740年之后
   腓特烈大帝建造了许多宏伟的建筑。
4. 1806年
   拿破仑军队攻占菩提树大街。
5. 1820年
   菩提树下大街成为一条林荫大道。
6. 1928年
   菩提树下大街和腓特列大街成为世界城市的缩影。
7. 1933年
   军队庆祝希特勒的胜利。
8. 1945年
   菩提树下大街被夷为平地。
9. 1948～1953年
   菩提树大街的再度复苏。
10. 1989年10月
    示威游行使得东德政权垮台。

菩提树下大街：军械库

原皇家兵工厂。按照约翰·阿诺德·讷灵（Johann Arnold Nering）的提议于1706年建成。该建筑属巴洛克风格，结构上颇具特色，大楼主翼和侧翼将古老的中心庭院围住，庭院的上方有一个现代的圆形玻璃屋顶作为保护。让人难以忘怀的是安德里亚·施吕特尔（Andreas Schluter）创作的22个垂死的士兵，在庭院的拱廊上依次排列，淋漓尽致地表现了战争所带来的恐怖。

施吕特尔创作的“垂死的士兵”

2001年华裔建筑师贝聿铭设计了一个锥形玻璃附属建筑物，位于博物馆后方，用于临时展示特别的展品。

在有古老历史的主楼的常设展厅里设有标题为“德国历史图片和见证”的展览。该展览突出了德国最重要的历史和事件，内容丰富，令人惊叹。展品从中世纪德国帝国，经历改革时期、30年战争、解放战争和1848年大革命失败，一直到两次世界大战和20世纪最近的历史事件。

1888年6月25日柏林宫白色会客厅（White Salon）：国会开幕

德意志历史博物馆网址：www.dhm.de

波茨坦广场

柏林作为现代大都市的动力源泉来自波茨坦广场。现在，这里有电影院、饭店和商铺，是柏林人和观光者云集的地方。事实上，早在20世纪20年代它就是都市生活的中心，二次世界大战后，成为一片废墟，极其荒凉。但自柏林墙倒塌之后，波茨坦广场——长久以来是欧洲最大的建筑场所——成为一座城中城：在过去10年间，其周围兴建了宏伟壮丽的大厦，至今还在增加。

对欧洲第一个交通指示灯的翻修

除了参观著名的约斯提咖啡馆(Café Josty)外，千万别错过战前旧楼(Weinhaus Huth)的狄克曼咖啡屋(Diekmann)。

· 波茨坦广场

· 地图，F4, L2/3

· 柏林电影博物馆 · 波茨坦大街2号 · 开放时间，周二至周日：上午10点至晚上6点；周四：上午10点至晚上8点 · (030) 300 90 30 · 凭票入内

· 斯特拉音乐剧院 · 玛雷娜－迪特里希广场1 · 每日上午8点开放 · 需购买门票

· 柏林赌场 · 玛雷娜－迪特里希广场1 · 中午12点至凌晨2点 · (030) 25 59 90 · 凭票入内

· 影院20 (Cinemaxx) · 沃克斯大街2号 (Voxstr. 2) · 每日中午12点30分至凌晨1点30分 · (030) 44 31 63 16 · 凭票入内

十大看点

1. 索尼中心
2. 柏林电影博物馆
3. 约斯提咖啡馆
4. 战前旧楼
5. 玛雷娜－迪特里希广场
6. 波茨坦广场阿卡丹购物中心
7. 柏林赌场
8. 影院20
9. 戴姆勒 · 克莱斯勒大楼
10. 斯特拉音乐剧院

1 索尼中心(Sony Center)

索尼中心（右图所示）是新柏林最雄伟壮观、最引人入胜的一处建筑。整体构架成穹形，由海莫特 · 扬（Helmut Jahn）设计，2000年投入使用。它是索尼公司在欧洲的总部。中心设有饭店和影院，从而使其成为波茨坦广场上受人欢迎的社交场地。

2 柏林电影博物馆(Filmmuseum Berlin)

参观此博物馆仿佛身临好莱坞后台和巴贝尔斯贝格的电影制片厂。在这里，有玛雷娜 · 迪特里希的服装展示。

3 约斯提咖啡馆(Café Josty)

约斯提咖啡馆的前身充满了神奇色彩：19世纪它曾是艺术家和知识分子经常聚集的地方。现在新的咖啡馆部分位于前柏林广场大酒店(Grand Hotel Esplanade)的帝王厅（Kaisersaal)。

4 战前旧楼(Weinhaus Huth)

波茨坦广场上唯一在二战中幸存的建筑。现在，这些老楼里设有饭店，戴姆勒 · 克莱斯勒公司的艺术画廊也在其中，甚是令人着迷。

参观索尼中心的最佳时间是清晨广场内的灯还未熄灭的时候

5 玛雷娜－迪特里希广场（Marlene-Dietrich Platz）

此广场位于斯特拉音乐剧院前方，用以纪念玛雷娜·迪特里希这位伟大的女演员。由艺术家杰夫·昆斯（Jeff Koons）创造的枝梢上的“气球花”为广场中心增色不少。

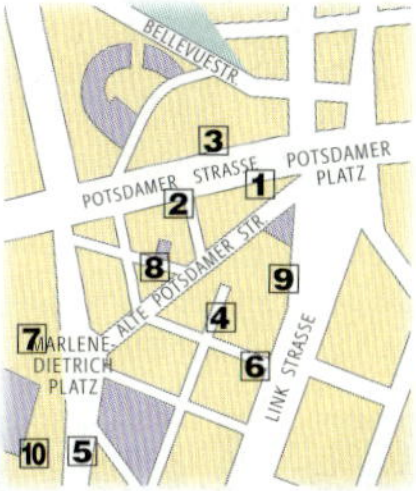

地图

6 波茨坦广场阿卡丹购物中心（Potsdamer Platz Arkaden）

阿卡丹购物中心有三层，130多家商铺、精品专卖店和大众餐馆。地下一层专卖食品，并供有世界各地的菜肴。

7 柏林赌场（Spielbank Berlin）

柏林的赌场（下图所示）不断吸引游客前来下注。除了轮盘赌，这里也有“二十一点”牌戏。整个赌场到处是赌博机器。

8 影院20（Cinemaxx）

波茨坦广场上的“影院20”有17个屏幕，是柏林最大的影院之一。复合影院的较大屏幕用来放映当前好莱坞的惊人之作，三个最小的荧屏用来看外语片。影院里设有一个小的酒吧间可供应饮料。

9 戴姆勒·克莱斯勒大楼（Daimler-Chrysler Quartier）

著名的戴姆勒·克莱斯勒汽车制造总部所在地。此楼由汉斯·克尔霍夫（Hans Kollhoff）和伦佐·皮阿诺（Renzo Piano）共同设计。前克莱斯勒的分支——德比斯（Debis）软件公司（左图所示）的基地也在此。

10 斯特拉音乐剧院（Stella-Musical-Theater）

柏林最大的音乐舞台，曾上演过轰动一时的《钟楼怪人》和《猫》（Hunchback of Notre Dame and Cats）。剧院里1300个席位的票经常售罄一空。

有关电影博物馆更多信息，参见18～19页

市郊火车站标识

约斯提咖啡馆标识

波茨坦广场上的艺术熊

TOP 10 电影画报

电影博物馆

1 玛雷娜·迪特里希（Marlene Dietrich）
展品来自这位电影明星生前的财产，诸如服装、旅行箱、照片、信件和笔记、画报及电影剪片。

2 大都市（Metropolis）
“大都市”是由弗里兹·朗(Fritz Lang)于1927年导演的影片，主要描绘了未来世界中令人担忧的景象。展品有影片中使用的模型和道具。

3 卡里加利（Caligari）
“卡里加利博士的小屋”是罗伯特·威恩（Robert Wiene）的一部表现主义力作，在20世纪20年代的德国成为最有名气的一部电影。

4 莱尼·雷芬斯塔尔（Leni Riefenstahl）
该展示揭露了纳粹党在拍摄“奥林匹克运动会”宣传片时所使用的伎俩。此片由莱尼·雷芬斯塔尔在1936年至1938年间拍摄的。

5 电影和国家社会主义（Film and National socialism）
该展览主要是一些文献证明，内容有关对电影的宣传、日常电影和该行业下的牺牲品：有些影星同纳粹分子同流合污，而一些人拒绝为纳粹党服务。其中，演员库尔特·格隆（Kurt Gerron）就是一个典范。展品中的一些文献资料证明了他被纳粹党迫害致死的事实。

6 战后影院（Post-War Cinema）
有关电影故事和东西德的电影制作。并有战后德国著名影星的道具和服装，诸如：汉娜·奇古拉（Hanna Schygulla），罗密·施奈德（Romy Schneider），汉兹·陆曼（Heinz Ruhmann）和马里奥·阿道夫（Mario Adorf）。

7 人造场景（Artificial Worlds）
通过使用特技效果的摄影棚来制造假象，从20世纪30年代初次使用的特技效果到电脑动画，在这里都可看到。

8 大西洋彼岸的人（Transatlantic）
此展览陈列了在好莱坞寻求发展的德国影星的一些资料和物品，诸如文献、信件、纪念物品，这些都勾起了世人们对其职业生涯的追忆。

9 电影行业的先驱者和女主角（Prioneers and Divas）
在这里，游人可看到电影初期发展阶段的情况，还可以了解沉默时代影星的状况，诸如汉尼·波顿（Henny Porten）和阿斯泰·妮尔森（Asta Nielsen）。

10 流亡者（Exile）
这里的文献表现了德国电影摄制者在1933年至1945年间在美国开拓时所遇到的阻力和困境。

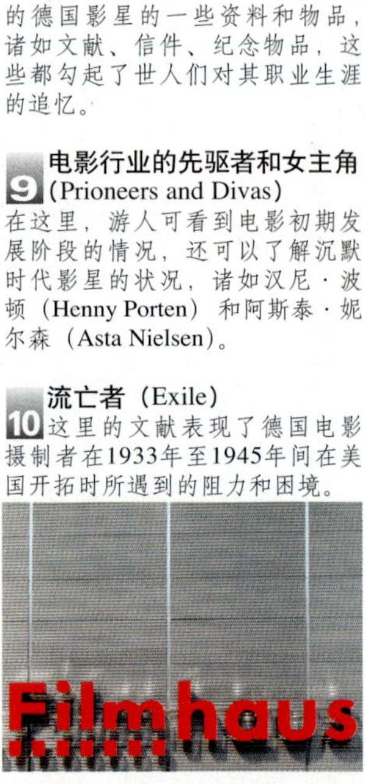

电影博物馆外观

关柏林博物馆更多信息，参见46～47页

十大建筑师

1. 海莫特·扬（索尼中心）
2. 伦佐·皮阿诺和克里斯蒂安·科尔贝克（德比斯总部、音乐剧院、柏林赌场、战前旧楼）
3. 罗杰·拉斐尔·莫尼奥（华府凯悦大饭店、奔驰汽车总部）
4. 汉斯·克尔霍夫（戴姆勒·克莱斯勒大楼）
5. 乔治·格拉西（柱廊公园）
6. 乌里克·劳伯和沃夫·乌尔（格林兄弟故居、影院20）
7. 理查德·罗杰斯爵士（左街办公大楼）
8. 斯特芬·莱曼和矶崎新（左街办公楼和零售大楼）
9. 海登赖希和迈克尔（战前旧楼）
10. 布郎诺·德登斯和麦克·万·斯蒂弗特蒂拉·杜里厄公园

欧洲最大的建筑工地

20世纪20年代，波茨坦广场是欧洲最为繁华的广场，号称是世界上首次有自动交通指示灯的场所。二战期间，这一社交场所被夷为平地。近50年以来一直没有重建，自柏林墙倒塌后，这一空旷的广场再次成为柏林的中心。在20世纪90年代，波茨坦广场成为欧洲最大的建筑工地——上百万来自世界各地的好奇者从著名的红色信息亭前来参观其进程。现在所建的广场共投资170亿欧元。

戴姆勒·克莱斯勒大楼

广场大饭店的迁移

柏林议会规定索尼公司需保护广场大饭店的“上午餐室”和“帝王厅”。继二次世界大战中被毁后，这两处都得到了保护：1996年，在一周之内，总重达1300吨的所有房间被装运到车上整体平移至75米（246英尺）开外的地方。

历史性建筑的帝王厅现已与现代的索尼中心合为一体

TOP 10 佩加蒙博物馆

佩加蒙博物馆是世界上最重要的古代艺术和建筑博物馆之一。建于1909年至1930年，由阿尔弗雷德·麦西尔（Alfred Messel）和路德维格·霍夫曼（Ludwig Hoffmann）建造，起初用于收藏柏林的古董和原样复原大的寺庙和宫室。19世纪末，德国考古学家在东德发掘出的艺术品首次在此展出。

佩加蒙博物馆主入口

博物馆岛上的咖啡馆都很一般。但市郊火车站拱顶之下、博物馆入口对面的咖啡馆很值得一去。

如果游客希望在一天之内游历博物馆岛上所有的博物馆，应当购买一张4欧元的日票。当月第一个星期日门票免费。但因为周日有大量游客，需排很长的队，建议尽量避免周日参观。

· 博物馆岛，博德街（Bod-estr.）1—3号，入口库普费格拉本大街（Am Kupfergraben）

· 地图 G3, J5

· （030） 20 90 55 77

· www.smb.spk-berlin.de

· 周二至周日：上午10点至晚上6点；周四晚上6点至10点（免费入内）

· 凭票入内（周四免费）

十大看点

1. 佩加蒙祭坛
2. 米利都市场大门
3. 亚述宫殿
4. 伊什塔尔城门
5. 珀耳塞福涅女神雕塑
6. 雅典娜女神雕塑
7. 阿勒坡展厅
8. 罗马镶嵌工艺
9. 避寒宫
10. 雅典娜神庙

1 佩加蒙祭坛（Pergamon Altar）

巨大的佩加蒙祭坛，始建于公元前160年，是柏林博物馆最重要的珍藏。该祭坛是希腊佩加蒙城中（现为土耳其贝加蒙城）大型庙宇建筑的一部分，由德国考古学家卡尔·胡曼（Carl Humann）在19世纪发掘而来。

2 米利都市场大门（Market Gate of Miletus）

该大门16米多高（52英尺），始建于公元120年。在入口右首，一位理发师在大门的石头上为他的店铺雕刻了一个广告。

3 亚述宫殿（Assyrian Palace）

宫廷内部全部按亚述国王时期（公元前12世纪）修复，殿内的狮雕尤其令人难忘。

4 伊什塔尔城门（Ishtar Gate）

壮观雄伟的伊什塔尔城门和通向此门的游行大道（Processional Way）被完整地保存下来。古巴比伦时期，大道长180米（590英尺）。城门始建于公元前6世纪尼布甲尼撒二世（Nebuchadnezar II）统治期间。最初的陶釉墙砖上绘有神圣的狮子。

有关柏林博物馆更多信息，参见46～47页

5 珀耳塞福涅女神雕塑（Goddess Persephone）

珀耳塞福涅女神，即冥后。此希腊雕塑建于公元前5世纪（左图）。女神向世人报之神秘的一笑，笑容中蕴含着神的气息。

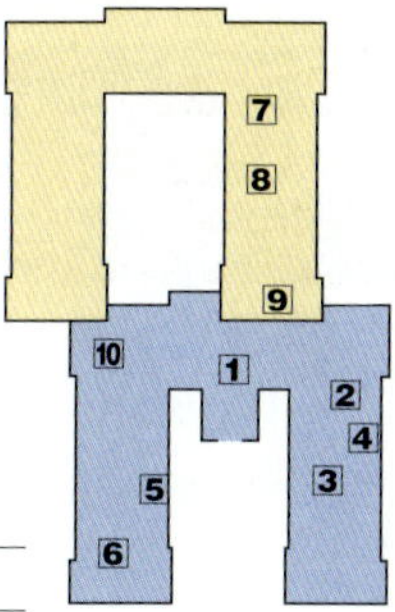

6 雅典娜女神雕塑（Goddess Athena）

该塑像的特点反映了古希腊时代盛行一时的完美形象。在众多有价值、令人难忘的雕塑中，雅典娜女神雕塑确实值得观瞻。

平面图图例

- 文物（一层）
- 伊斯兰艺术（二层）

阿勒坡展厅（Aleppo Room）7

该展厅始建于17世纪早期，原型是叙利亚一名信奉基督教的商人的庭院。房屋全部以华丽的木质材料进行包覆。该展室是土耳其建筑中一例完美的展现，这间房子最初用来做接待厅。

8 罗马镶嵌工艺（Roman mosaic）

这一华丽的罗马镶嵌地板的历史可以追溯到公元3世纪或4世纪。它们是在约旦的格拉萨（Gerasa）发掘出来的。

9 避寒宫（Palace of Mshatta）

这一荒芜的宫殿，公元774年建于约旦，是苏丹·哈米德（Sultan Hamid）二世送给凯撒·威廉二世的礼物。宫殿的正面按照南方的风格进行了精美的装饰。

10 雅典娜神庙（Temple of Athena）

此神庙是对公元前2世纪雅典娜神庙原样大小的复制，用来供奉尼基弗鲁斯（Nikephoros）的雅典娜女神。其建筑风格简单而不失雅致。

公元2世纪的罗马石棺，上面的雕刻展现了与美狄亚相关的一些故事场景

TOP10 佩加蒙祭坛上的雕塑

1 祭坛东侧中楣 (Eastern Altar Frieze)
祭坛中楣东侧的图案描述了神与巨人之间的战争。当太阳升起时，这一侧首先被阳光照射到。

2 东侧中楣上的太阳神 (The God Apollo on the Eastern Frieze)
与祭坛上其他众神不同的是，太阳神阿波罗被塑造成一个高贵的、无可挑剔的美男子形象，从而见证了希腊雕塑艺术之杰出。

3 阿特米斯巨人 (The Titaness Phoebe)
中楣南侧上的雕塑令人过目不忘，上面展现了阿特米斯女神与它的女儿阿斯忒里亚（Asteria）与手持火炬、长剑和长矛的巨人搏斗的场景。

4 战斗中的宙斯 (Zeus in Battle)
在祭坛东侧的中楣奥林匹斯山上众神之父与三个巨人同时搏斗。宙斯在这次战斗中配备了他最危险的武器：雷和电。

5 雅典娜女神 (The Goddess Athena)
在祭坛东侧中楣的图雕上，还有对雅典娜女神的刻画，她被描绘成为威力无比的光明使者，手拽对手的头发，直至将他们拖死。

祭坛中楣上的雅典娜女神

雅典娜女神

6 海神 (The Gods of the Sea)
在北侧阶梯中楣之上雕有三组海神：多利丝（Doris）和涅柔斯（Nereus）；奥斯尼斯（Oseanus）和特提斯（Tethys）；半人半鱼的特赖登（Triton）和安菲特里特（Amphitrite）。

7 阿芙罗狄蒂女神 (The Goddess Aphrodite)
该雕塑描绘了阿芙罗狄蒂女神以胜利者的姿态、骄傲地站在两个已死的巨人之上的情景。

8 女子雕像 (Statues of Women)
该雕像在祭坛附近被发掘，比日常生活中的女子体形要大得多，现在佩加蒙祭坛的前方陈列。

9 贝瑟群雕 (The Beisser Group)
在北侧中楣所谓的贝瑟群雕（The Beisser Group）是一群不知名的神。一名几乎被击败的神，拼命地试图击败一个武装到牙齿的巨人。

10 特勒弗斯中楣 (Telephos Frieze)
在祭坛庭院上方的中楣上描述了特勒弗斯（Telephos），赫尔克里斯（Hercules）之子。佩加蒙的国王们认为自己是特勒弗斯的后裔，所以对他加以崇拜。

有关柏林博物馆更多信息，参见46～47页

有关祭坛历史的十大事件

1. 公元前160年，佩加蒙祭坛建立
2. 自1870年以来，被卡尔·胡曼发掘
3. 1902年，祭坛被移至柏林
4. 1909年，开始在博物馆岛对其建造
5. 1930年，为佩加蒙祭坛举行了开幕典礼
6. 1936年，奥林匹克运动会期间，祭坛被定为接待处
7. 1943年，博物馆毁于轰炸之下
8. 1957年，对博物馆进行了重建
9. 1992年，国际奥林匹克委员会在祭坛就餐
10. 2008年将完成祭坛的修缮工作

拯救博物馆岛

博物馆岛是古代建筑的一个宝库，然而曾一度日渐走向衰亡。1992年以来，共拨资160万欧元用于对博物馆岛的修缮和现代化建设。享有盛名的建筑师诸如大卫·切波菲尔德（David Chipperffield）和O·M·安格斯（O M Ungers）设计出“总体规划图”，意将这一综合性建筑转变为一处别具特色的博物馆景象——就像19世纪腓特列·威廉四世（Friedrich Wilhelm IV）在建立“自由艺术和科学体制”时最初构想的一般。到2008年，所有的博物馆都会通过“铺设的步行街道”连接起来，使得各个部分之间形成结构和概念上的连接。散步大道上除了新的展厅之外，还有各式各样光线充足的房间、庭院和穹顶。一栋新建的中心大楼入口将成为这一综合性建筑的核心。一旦复原，博物馆会逐步重新开放——旧国家画廊在2001年12月开放，埃及藏品于2005年返回旧博物馆。现在，博物馆岛已被联合国教科文组织列为世界文化遗产。

避寒地宫

佩加蒙和小亚细亚

从公元前241年至前133年，佩加蒙古城就是希腊佩加蒙帝国的首都，帝国统治着小亚细亚西北地区。除许多寺庙之外，现位于土耳其、众人皆知的贝加蒙（Bergama）城，曾以城内有所著名的图书馆而自豪。

17世纪出自安纳托利亚（亚洲西部半岛小亚细亚的旧称）西部带有花纹图饰的地毯

TOP 10 库弗斯坦达姆大街

在历经多年衰败之后，库弗斯坦达姆大街，简称库达姆大街，又一度成为热闹的社交场地。叹为观止的建筑、精美的专卖店，以及布里斯配德广场上街头艺术家的生动表演，使这条大街成为柏林最受欢迎街道，同时，长3.8公里（2.5英里）的街道也是最长的步行大街。

库达姆大街拐角处和约阿希姆塔勒（Joachimsthaler）大街

库达姆大街上只有几家咖啡馆得以幸存：法萨安大街南端文献大楼的冬日花园咖啡馆最具魅力。

最好避免周六上午游览库达姆大街，前来购物的当地居民和外来游客使得街道异常拥挤。

· 地图 B/C5, P3/4

· 旅游信息

· 欧洲中心布达佩斯特大街45号

· 开放时间：4月1日至10月31日：周一至周六，上午8点30分至晚上7点；周日：上午10点至晚上6点30分/11月1日至3月31日：每日上午10点至晚7点

· (030) 25 00 25

· 柏林故事，库达姆大街207—208号

· 每日开放时间：上午10点至晚8点

· (030) 8872 0100

· www.story-of-berlin.de

· 欧洲中心：陶恩采大街9

· 全天24小时开放（购物时间：上午10点至晚上8点）

· (030) 3480 088

· www.24EC.de

十大看点

1. 布里斯配德广场
2. 记忆教堂（或凯撒·威廉纪念教堂）
3. 欧洲中心
4. 新克兰次勒之角大楼
5. 法萨安大街
6. 库达姆一隅
7. 雷宁广场
8. 柏林故事
9. 布鲁斯堡画廊
10. 伊敦宅院

1 布里斯配德广场 (Breitscheidplatz)

这里是柏林城的中心，艺术家、柏林人和参观者经常云集在J施米坦（J Schmettan）设计的球形喷泉周围，当地人称之为“水肉丸”。

2 记忆教堂（或凯撒·威廉纪念教堂）(Kaiser-Wihelm-Gedächtnis-Kirche)

该教堂是柏林最令人难以忘怀的象征之一——原教堂的塔楼毁于二次世界大战，它屹立于布里斯佩德广场中心，成为对战争恐怖的纪念和回忆。

3 欧洲中心 (Europa-Center)

该中心1962年首次开放，虽是西柏林最古老的购物中心，仍值得一去。在这里，游人除了可以看到商铺和饭店，还会发现旅游信息中心也在此（参见163页）。

库达姆大街网站：www.kurfuerstendamm.de

4 新克兰次勒之角大楼（Neues Kranzler-Eck）

这栋由玻璃和钢铁建造而成的摩天大楼是柏林最雄壮的现代建筑之一，由建筑师海莫特·扬（Helmut Jahn）在2000年建造。具有传奇色彩的克兰次勒咖啡馆得以保留，现是办公大楼前的一个酒吧间。

5 法萨安大街（Fasanenstrabe）

它是从库达姆大街拐进去的一条小街，街上有画廊、昂贵的商铺和饭店，是夏洛腾堡区最为雅致的地区之一。

6 库达姆一隅（Ku'damm-Eck）

这一集饭店和商务两用的综合性建筑为库达姆大街增添了一丝新的辉煌。

7 雷宁广场（Lehniner Platz）

该广场是绍布纳剧院所在地，建于1928年，由尤里奇·门德尔松设计，最初是宇宙影院，1978年改为广场。

8 柏林故事（The Story of Berlin）

这一饶有兴趣的多媒体展示可引领参观者感受柏林800年的历史：从大选侯到普鲁士的首都，从威利·勃兰特（Willy Brandt）到柏林墙的倒塌。在博物馆下面，还可参观原子核燃料仓。

9 布鲁斯堡画廊（Galerie Brushberg）

从这栋新古典大楼（右图所示）可以一瞥库达姆大街昔日辉煌的影像。

10 伊敦宅院（Iduna-Haus）

在街道拐角处，有一处非常显著的带有塔楼的房子，即是伊敦宅院（左图所示），它是少数保存完好的19世纪末资产阶级宅院之一。修复后的房子外观呈新艺术风格：装饰华丽，隐约泛着白光。复原耗资巨大。

库达姆大街曾经只是由原木铺就而成的道路

1542年，今日壮观的大道仅仅是用粗原木铺成的简陋道路。它是大选侯的专用马道，连接了城镇的府邸（柏林城堡）和狩猎行宫。1871年，库达姆周边的地区才发展成为上流社会受欢迎的“新西区”。奥托·冯·俾斯麦大臣（Otto von Bismarck）曾模仿巴黎的香榭丽舍大街来建造此街，并要求将其雕塑树立在街道上作为感谢。但到目前为止，柏林人对他并无感激之情。

有关库弗斯坦达姆大街地区的更多信息，参见78～83页

TOP 10 凯撒·威廉纪念教堂

凯撒·威廉纪念教堂是柏林城另一让人难以忘怀的象征。位于城市西区中心，记念教堂的废墟一直以来被人们戏称为“蛀牙”。新的罗马教堂在1895年以凯撒·威廉纪念教堂命名，用以纪念威廉一世。1943年遭受严重的炮袭之后，塔楼的废墟便成为一种纪念。1957年至1963年，记忆教堂的旁边兴建了一所新的教堂：伊冈·艾尔曼教堂，有关宗教仪式现在此举行。

“蛀牙”——塔楼废墟

从教堂对面欧洲中心处的幕纹匹克咖啡馆(Movenpick Cafe)，可看到奇特的教堂景观。

如果可能，在晴朗的午餐时间参观新教堂的内部，那时蓝色的玻璃窗最让人难忘。

· 布里斯佩德广场

· 地图 D4, N4

· www.gedaechtniskirche.com

· (030) 218 50 23

· 教堂开放时间：上午9点至晚上7点

· 纪念厅，周一至周六：上午10点至晚上6点30分

· 礼拜：周日上午10点至晚上6点

· 门票免费

十大看点

1. 塔楼废墟
2. 凯撒的镶嵌画
3. 霍亨索伦王室的镶嵌画
4. 考文垂十字架
5. 新钟塔
6. 主祭坛
7. 新塔楼顶钟
8. 东正教十字架
9. 原始镶嵌画
10. 耶稣塑像

1 塔楼废墟(Tower Ruins)

二战将柏林城的大部分地区夷为平地，唯独记忆教堂的塔楼幸存。现在的塔楼只有63米高（206英尺），而以前是113米（370英尺）。塔楼房顶的洞沿很是参差不齐，这也是柏林人将它戏称为“蛀牙”的原因。

2 凯撒的镶嵌画(Kaiser's Mosaic)

此画是目前得以完好保存的镶嵌画之一，描述的是头戴王冠、手持宝珠和节杖的亨利希一世（见下图）。起初，教堂内部的整体装潢描绘了德意志帝国历史的一些场景，并同样按照这种传统理念摆放了霍亨索伦王室王室成员的画像。

3 霍亨索伦王室的镶嵌画(Mosaic of the Hohenzollerns)

霍亨索伦王室的镶嵌画颜色极为绚丽，恰成为教堂前庭废墟的点缀。此画描绘了威廉国王一世与普鲁士路易森皇后及随从在一起的场面。

4 考文垂十字架 (Coventry Crucifix)

这一小的十字架是用在考文垂教堂废墟中发现的旧钉子铸造而成，用以纪念1940年纳粹德国空军对英国考文垂的轰炸。

5 新钟塔 (New Bell Tower)

新六角形的钟塔高53米(174英尺)，位于原教堂的主正殿，与塔楼废墟相邻。

6 主祭坛 (Main Altar)

由卡尔·海密特（Karl Hemmeter）创作的镀金基督雕塑被悬挂在新教堂的现代主祭坛之上。在晚上灯光的映射下，祭坛后面的玻璃透出一片深蓝色的光。

7 新塔楼顶钟 (Tower Clock)

塔楼上设有一时钟，古典风格设计，罗马数字表盘。晚上时，通过使用现代的发光二极管，表盘呈蓝色，恰与新教堂内部的灯光相呼应。

8 东正教十字架 (The Orthodox Cross)

是俄国Volokolomsk和Yuruyev东正教主教馈赠的礼物，用以纪念纳粹时期的遇难者。

获得再生的教堂

凯撒·威廉纪念教堂得以保存需感谢柏林人：1947年，考虑到安全因素，参议院本打算拆毁塔楼废墟。但是，仅在十年之后，在公民投票中，50%的柏林人投票支持保护废墟。因此诞生了一个想法，即在废墟旁边建立一所新的教堂以保护原教堂的前庭。而原教堂被看作是具有震撼意义的纪念厅用以警醒人们战争的恐怖。

9 原始镶嵌画 (Original Mosaics)

表现普鲁士公爵的镶嵌画全部沿楼梯被保存在墙上和屋顶之上。

10 耶稣塑像 (Figure of Christ)

令人不可思议的是，悬挂在屋顶上的大幅素面耶稣塑像在对教堂的轰炸中得以幸免。

有关柏林教堂更多信息，参见44～45页

TOP 10 夏洛腾堡宫

夏洛腾堡宫建于1695年，是为大选侯腓特列三世的妻子索菲·夏洛特（Sophie Charlotte）设计的避暑行宫。1701年至1713年，埃欧桑德尔·冯·歌德（Eosander von Gothe）为其增加了一个穹顶，并扩建了橘园。现在的夏洛腾堡宫已得到大面积修复。

夏洛藤堡宫

橘园咖啡馆（主入口左侧）有一漂亮的花园。

周末时，御花园非常拥挤，但周三傍晚在其间散步，将会非常浪漫。（开到晚上8点）

· 施藩道堤坝 · 地图A/B3，所有博物馆均凭票入内 · 博物馆两日游门票价格：12欧元

· 旧宫开放时间：周二至周日，上午9点至下午5点

· 新翼开放时间：4月至10月，周二至周日，上午10点至下午5点；11月至3月，周二至周日，上午11点 至下午5点 · (030) 32 09 11

· 望景楼开放时间：4月至10月，周二至周五，中午12点至下午5点；周六、周日，上午10点至下午5点11月至3月：周二至周日，中午12点至下午4点

· 新亭 · 周二—周日，上午10点至下午5点 · (030) 32 09 14 43

· 陵墓 · 4月至10月：周二至周日，上午10点至下午5点 · (030) 32 09 14 46

· 史前博物馆 · 周二至周五，上午10点至晚上6点；周六、周日，上午11点至晚上6点 · (030) 326 74 80

十大看点

1. 旧宫
2. 瓷器陈列室
3. 宫廷礼拜室
4. 大选侯纪念碑
5. 新翼
6. 御花园
7. 望景楼
8. 新亭
9. 陵墓
10. 史前博物馆

1 旧宫 (Altes Schloss)

这是整个宫殿中最古老的部分，其巴洛克塔楼是由约翰·阿诺德·讷灵设计的。后来，夏德·莎伊贝在该塔楼顶部树立了命运女神福耳图那的金色雕塑。

2 瓷器陈列室 (Porzellankabinett)

小而精致的对称画廊是按其原样进行复原的。其中陈列了一些来自中国和日本的珍贵瓷器。

3 宫廷礼拜室（Schlosskapelle）

宫廷礼拜室的奢华使人回忆起二战前被毁前宫殿内部宏伟壮观的设计。但其外表具有一定的欺骗性：除了讲道坛是原样保存下来外，整个礼拜室包括国王的祈祷间都是花巨资复原的。

夏洛藤堡宫网站：www.spsg.de/Homepage2.html

4 大选侯纪念碑（Monument to the Great Elector）

腓特列·威廉一世骑马的塑像被认为是其最有威严的雕像之一，是由安德里亚·施吕特尔于1696年至1703年间创作的。最初矗立于现已被毁坏的柏林城堡附近的市政厅桥上。

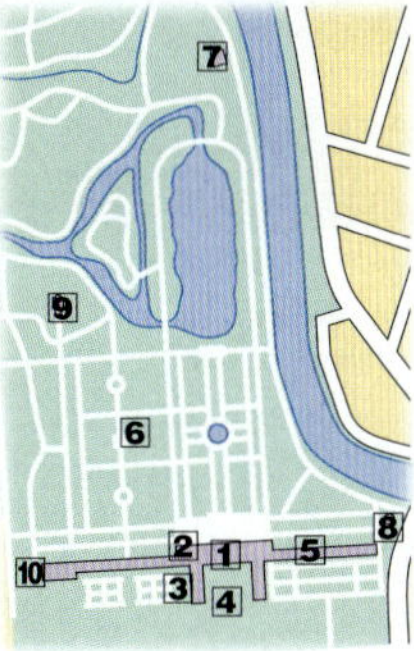

宫殿布局

5 新翼（Neuer Flügel）

1740年至1747年由乔治·温策斯劳·冯·诺贝尔斯多夫建造，新翼中有腓特列大帝的私人住宅。

6 御花园（Schlosspark）

御花园最初是按照巴洛克风格设计的，彼得·约瑟夫·林内（Peter Joseph Lenne）于1818年至1828年间将其重新设计成了英式风格的园林公园。

7 望景楼（Belvedere）

该楼宇是1788年由卡尔·戈特哈德·朗汉斯（Carl Gotthard Langhans）建造的一座用来喝茶的避暑行宫。据说腓特列·威廉二世很喜欢溜到这里休闲。现在，楼内收藏着许多珍贵的柏林瓷器。

8 新亭（Neuer Pavillon）

该建筑位于宫殿后方，是1825年辛克尔（Schinkel）为腓特列·威廉三世设计建造的意大利风格的别墅，其灵感来自那不勒斯（Villa Reale del Chiatamone）。此建筑明显表现了霍亨索伦王室对意大利建筑风格的偏爱。

9 陵墓（Mausoleum）

该陵墓由辛克尔（Schinkel）设计建造，属新古典主义风格。位置有些隐蔽，路易斯皇后和其他霍亨索伦王室成员长眠于此。

10 史前博物馆（Museum fur Vor-und Frühgeschichte）

该博物馆陈列了从史前到中世纪的一些考古发现，包括工具、陶瓷制品、纺织品。另外，还展示了由海因里希·施利曼在特洛伊发掘的著名的普里阿摩斯（Priamus）珍宝的一部分，包括古代贵重的珠宝。

有关夏洛腾堡宫更多信息，参见78～83页

新翼

腓特列大帝时期的华托式油画

新亭

TOP 10 宫室

1 金色画廊 (Goldene Galerie)
该廊长42米（138英尺），属洛可可式风格，是由乔治·温策斯劳·冯·诺贝尔斯多夫（G W von Knobelsdorff）为腓特列大帝设计的新翼大楼宴会大厅。房屋富丽堂皇的装饰显现出了欢乐的场面。

2 旧画廊 (Alte Galerie)
称之为橡树画廊的木镶板上雕刻有霍亨索伦王室祖先的珍贵镀金肖像。

3 紫罗兰墙缎房间 (Gris-de-Lin-Kammer)
这是腓特列第二宫廷里的一个小房间，装饰有油画，包括他最喜欢的艺术家安托万·华托（Antoine Watteau）的作品。该房间的名字来自于墙缎装潢使用的紫罗兰颜色（法语是：gris-de-lin）。

4 路易斯皇后寝宫（Schlafzimmer Königin Luise）
路易森王后的寝室是1810年由卡尔·辛克尔设计建造的。房间线条明晰，是典型的新古典风格。墙面用丝织品和墙纸装潢。

5 冬室 (Winterkammern)
腓特列·威廉二世的房间，早期新古典主义设计。房间里有精美的油画、壁毯和当时的豪华家具。

祖先画廊

6 图书馆 (Bibliothek)
腓特列大帝的小图书馆。馆内书架极其精美，整个房间的色调为与众不同的淡绿色。

7 音乐厅 (Konzertkammer)
音乐厅的家具和镀金镶板按腓特列大帝时期的样子进行了原样复原。这里悬挂着国王从艺术家华托手中直接购买的油画“杰尔桑店铺的招牌”(Gersaint's Shop Sign)。

8 绿色房间 (Grunes Zimmer)
伊丽莎白女皇寓所里绿色墙面的房间，是按照19世纪彼德麦式风格布置的——这是当时王室房间流行的设置风格。这间屋子里还摆放着由珍珠母和象牙制成的两个宫廷模型。

9 红色房间 (Rote Kammer)
这个精致的房间全部由红色和金色装饰而成，里面挂有腓特列国王和索菲·夏洛特的肖像。

10 腓特列一世的会客室 (Friedrich I's Audienzkammer)
作为腓特列一世的接待室，其顶蓬油画和比利时挂毯上描绘了象征艺术和科学的寓言图案。室内还陈列有模仿亚洲原物制成的华丽漆柜。

十大霍亨索伦王室统治者

1. 腓特列·威廉（大选侯，1620至1688年）
2. 腓特列一世（1657至1713年）
3. 腓特列·威廉一世（1688至1740年）
4. 腓特列二世（腓特列大帝，1712至1786年）
5. 腓特列·威廉二世（1744至1797年）
6. 腓特列·威廉三世（1770至1840年）
7. 腓特列·威廉四世（1795至1861年）
8. 威廉一世（1797至1888年）
9. 腓特列三世（1831至1888年）
10. 威廉二世（1859至1941年）

腓特列大帝

霍亨索伦王室和柏林

腓特列一世霍亨索伦王朝最初并未定都柏林地区。1412年，阿斯卡尼亚（Ascanian）国王西基斯蒙德（Sigismund）请求霍亨索伦王朝将勃兰登堡省从强盗式贵族的威胁中解救出来。来自纽伦堡的霍亨索伦家族的腓特列成功地完成了这一使命，因而在1415年被推选为选侯，自此霍亨索伦王室和柏林便有了不解之源，并且持续了500年。从一开始，霍亨索伦王室便试图控制城镇的权力。在其统治之下，柏林文化得以繁荣，特别是在大选侯统治下：他将两万名信奉胡格诺教（Huguenot）的工匠带到柏林，并建立了一家艺术画廊，开办了几所学校。腓特列·威廉一世，即腓特列大帝的父亲，将柏林变成一个军营，有阅兵场和驻军，并且搜寻全城中所有高大男子入伍。但在19世纪，柏林和霍亨索伦家族的关系很明显开始瓦解。

普鲁士第一个国王

腓特列在夏洛腾堡宫

腓特列二世将宫殿的两间房装修供己使用。1740年至1743年他对新翼的建筑表现出了浓厚的兴趣。自1745年，第二次西里西亚（Silesian）战争结束后，尽管一些皇帝在场的庆祝活动都在夏洛腾堡宫举行，但他呆在那里的时间越来越少，更喜欢住在无忧宫。

1695年由约翰·阿诺德·纳灵设计的旧宫

有关柏林历史建筑更多信息，参见38～39页

文化中心

文化中心建立在蒂尔加藤东南端，是唯一集博物馆、音乐厅和图书馆于一体的综合性建筑。每年著名的柏林爱乐乐团音乐厅和一些一流的欧洲艺术博物馆都会吸引数百万对文化和音乐感兴趣的游人前来参观。位于前西柏林的文化中心在1956年就开始不断发展，并与位于前东柏林的博物馆岛相呼应。在此游人可领略到首都柏林经典的现代建筑。

1 美术馆 (Gemaldegalerie)

柏林最大的艺术博物馆，拥有顶级的艺术作品。作品陈列在由建筑师海因兹·希尔默和克里斯托夫·赛德勒建造的现代派的新楼中。包括荷尔拜因(Holbein)、丢勒（Durer)、戈沙尔特（Gossaert)、博施（Bosch)、老勃鲁盖尔(Brue-ghel the Elder)、维梅尔（Vermeer)、提香（Titian)、卡拉瓦乔（Caravaggio)、鲁本斯（Rub-ens)、伦布兰特（Rembrandt）等画家的油画。

位于文化中心的新国家画廊

国家画廊后方环境清静，是一个好休憩地。

凭当日通票（8欧元）可游览所有的博物馆。

· 地图 E4, L1/2

· 美术馆，马太教堂广场8号，周二至周三、周五至周日，上午10点至晚上6点；周四上午10点至晚上10点 · (030) 266 2951 · 凭票入内

· 新国家画廊，波茨坦大街50号 · 周二至周三，上午10点至晚上6点，周四上午10点至晚上10点；周五至周日，上午10点至晚上6点 · (030) 266 2951 · 凭票入内

· 工艺博物馆 · 周二至周三、周五至周日，上午10点至晚上6点，周四上午10点至晚上10点 · (030) 266 2951 · 凭票入内

· 乐器博物馆，蒂尔加藤大街1号 · 周二至周三、周五上午9点至下午5点；周四上午9点至晚上10点；周六、周日上午10点至下午5点 · (030) 25 4810 · 凭票入内

十大看点

1. 美术馆
2. 新国家画廊
3. 音乐厅
4. 工艺博物馆
5. 乐器博物馆
6. 爱乐厅
7. 国家铜版画收藏馆
8. 圣·马太教堂
9. 国家图书馆
10. 艺术图书馆

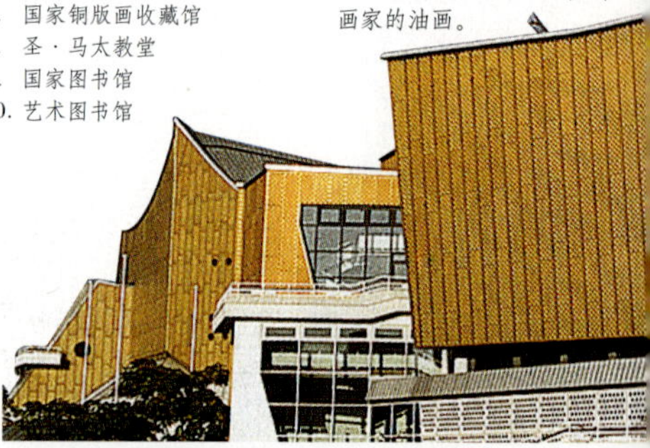

2 新国家画廊（Neue Nationalgalerie)

位于米斯文得洛（Mies van der Rohe）建造的大楼里，展品主要是20世纪艺术作品，诸如卡尔·施米特－罗特卢夫（Karl Schmitt－Rottluff）的作品：都加特农场（Farm in Daugart，1910年）。(参见48页)

3 音乐厅 (Philharmonie)

该厅由汉斯·夏龙（Hans Scharoun）于1960年至1963年设计建造，外观上酷似一顶帐篷，是文化中心的第一处新建筑。作为世界上最好的音乐厅之一，柏林爱乐乐团遂定团于此。人们也打趣地称之为“卡拉扬马戏团”——以在爱乐乐团指挥多年的赫伯特·冯·卡拉扬（Herbert von Karajan，1908－1989）而得名。自2002年西蒙·拉图爵士担任乐团指挥。

有关柏林博物馆更多信息参见46～47页

4 工艺博物馆 (Kunstgewerbe museum)

馆内收藏了来自欧洲各地的从中世纪到现在的工艺品，其中包括许多珍贵的物品，诸如巴洛克钟和教皇派的珍宝。

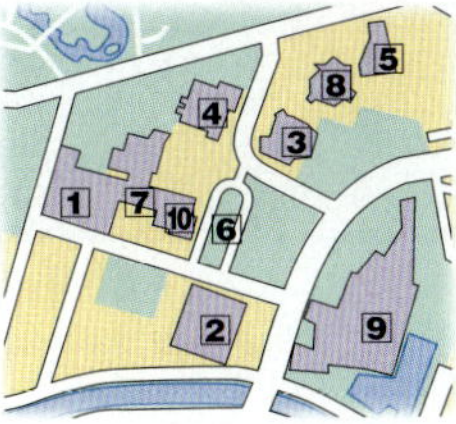

5 乐器博物馆 (Musikinstru-mentenm-useum)

该博物馆隐蔽地坐落于音乐厅后方，是一个收藏乐器的小型博物馆。馆内收藏了大约750多件展品，特别是早期乐器，诸如大键琴（参见47页）和1929年的乌利泽钢琴（Wurlitzer）。

6 爱乐厅 (Kammermusiksaal)

音乐厅的一个旁系，被认为是德国最好的室内音乐厅。建于1984年至1988年，汉斯·夏龙（Hans Scharoun）设计，由其学生埃德加·维斯涅夫斯基（Edgar Wisniewski）建成。

7 国家铜版画收藏馆（版画和素描收藏馆）(Kupferstichkabinett)

该馆收藏了各个时期不同国家的52万张版画和11万张素描画，其中包括这幅“丢勒母亲的肖像”(Portrait of Durer's Mother)。(参见49页)

8 圣·马太教堂 (St Matthauskirche)

该教堂是文化中心仅存的历史性建筑，1844年至1846年由史都勒（F.A.Stuler）建造。这里是古典音乐厅所在地，也是艺术展览中心。

9 国家图书馆 (Staatsbibliothek)

该图书馆依照汉斯·夏龙的设计方案于1967年至1978年间建造而成。该馆收藏图书、手稿和期刊共500万册，是世界上最大的德语图书馆之一。

10 艺术图书馆 (Kunstbibliothek)

艺术图书馆不是很张扬，除其他展品外，馆内还收藏有大量的艺术和广告海报。此外，这里会临时举办建筑和艺术展览及设计展示。

商人乔治·吉斯泽肖像

维纳斯和风琴演奏者

霍尔兹舒勒肖像

TOP 10 美术馆十大展品

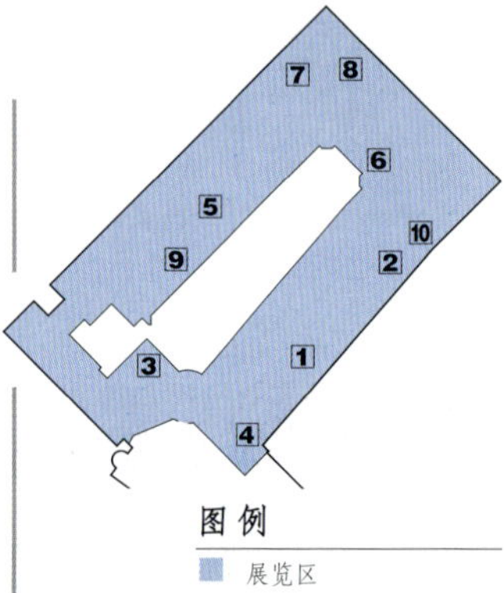

1 霍尔兹舒勒肖像（Portrait of Hieronymus Holzschuher）

1529年，阿尔布雷切特·丢勒（Alb-recht Durer）为纽伦堡市长作了这幅肖像画。

2 商人乔治·吉斯泽肖像（Portrait of the Merchant Georg Gisze）

出自汉斯·霍尔朋（Hans Holbein）之手（1532年），展现出商人数钱的一幕。这一肖像表现了文艺复兴时富裕市民的涌现。

3 怀抱孩子的圣母玛利亚与唱歌的天使（Madonna with Child and Singing Angels）

桑德罗·波堤切利（Sandro Botticelli）1477年的一幅作品，描绘了头戴百合的天使们簇拥在怀抱圣子的圣母玛丽亚周围的场景。

波堤切利的圣母像

4 耶稣的诞生（The Birth of Christ）

马丁·施恩告尔（Schon-gauer）的祭坛画（1480年创作），此作品是这位艺术家为数不多的宗教画中保存下来的一幅。

获胜的厄洛斯

5 获胜的爱神厄洛斯（Victorious Eros）

卡拉瓦乔（Carav-aggio）于1602年以弗吉尔（Vergil）为原型创作了此画。画面上，爱神厄洛斯正在用脚践踏着文化、荣誉、科学和力量的象征。

6 汉德瑞克的肖像（Portrait of Hendrickje Stoffels）

此画是伦勃朗1956年至1957年为其情人汉德瑞克创作的一幅肖像画。画家将刻画的焦点全部放在了人物上。

7 法国喜剧（The French Comedy）

此画是腓特列大帝收藏的安托万·华托（Antoine Watteau）的作品。

8 酒杯（The Glass of Wine）

维梅尔（Vermeer）于1658年至1661年创作，其画笔巧妙，展示了一对夫妇饮酒的场面。

9 维纳斯和风琴演奏者（Venus and the Rogan Player）

提香（Titian）于1550年至1552年创作，反映了意大利文艺复兴时期的特点——嬉戏纵欲。

10 荷兰谚语（Dutch Prverbs）

彼得·勃鲁盖尔（Pieter Brueghel）（1559年）将100多条谚语融绘在这张绘画中。

有关柏林艺术画廊更多信息，参见48～49页

十大建筑师

1. 汉斯·夏龙（音乐厅）
2. 米斯文得洛（新国家画廊）
3. 詹姆斯·斯特林（科学研究中心）
4. 海因兹·希尔默（美术馆）
5. 克里斯托夫·赛德勒（美术馆）
6. 弗雷德里希·奥古斯特·史都勒（圣·马太教堂）
7. 埃德加·维斯涅夫斯基（爱乐厅）
8. 罗尔夫·古特布鲁德（工艺博物馆）
9. 奥古斯特·布塞（旧科学研究中心）
10. 布鲁诺·德登斯亨利涅特—赫兹公园

文化中心的建筑

文化中心的建筑

文化中心的初始规划是用来填充波茨坦大街和莱比锡(Leipziger)广场中间在二战中被毁的大面积区域。最初提出将此变成一个集博物馆和公园为一体的富有变化的建设方案是柏林设计师汉斯·夏龙，他在1946年至1957年对其进行了设计。也正是夏龙本人，通过爱乐厅的设计建造（1963年），为整个文化中心设置了独特的个性特点：音乐厅、爱乐厅和国家图书馆都拥有形如帐篷的金黄色房顶——这些建筑全部由夏龙设计，他去世后，其设想由学生埃德加·维斯涅夫斯基完成。这些建筑现都已成为柏林最富盛名的景观。建筑的另一个重要特点是都拥有大量的房间。在当时，夏龙的建筑设计很具有争议性，而今被认为是现代建筑的经典。

米斯文得洛的国家画廊

新国家画廊是鲍豪斯建筑学派设计师米斯文得洛在全球建造的唯一一座博物馆，米斯文得洛1937年就移居美国，他特意于1965年到1968年回到柏林来完成此建筑。

由汉斯·夏龙设计的音乐厅以其完美的音响效果而著称

美术馆网站：www.smpk.de/gg/s.html

柏林动物园

柏林动物园是德国最古老的动物园，园内有1400多种不同的物种，是世界上拥有物种最多的动物园之一。这个位于蒂尔加藤区西北方的区域自1844年就开始饲养动物。园内总共有大约1.4万种动物，既有茶托大小的水母也有庞然大物如印度大象。其中一些围栏的设计也很特别。夏日去动物园对柏林人来说是一个很好的选择。诸如熊猫和幼象之类的动物都已成为园内的明星。

象门——动物园的主入口

动物园里面，象门左首，有一个带露台的咖啡厅。

去动物园，如果不去水族馆，将会有遗憾的。水池里和玻璃容器里全都充斥着生命，就像动物园围栏里的动物一般。动物园和水族馆的联票为13欧元。

· 哈登堡广场8号，布达佩斯大街34号

· (030) 25 40 10 · 地图D4, N5 · www.zoober-lin.de · 11月至2月开放时间：每日上午9点至下午5点，4月至9月开放时间：每日上午9点至下午5点30分；10月：每日上午9点至晚上6点，水族馆：每日上午9点至晚上6点

· 凭票入内

十大看点

1. 熊猫馆
2. 猴馆
3. 户外狮馆
4. 长颈鹿馆
5. 夜间活动动物馆
6. 大象馆
7. 鸟舍
8. 鳄鱼馆
9. 水族馆
10. 两栖动物馆

2 猴馆

猴子和猿类动物在此安家。游人能看到大猩猩、猩猩、黑猩猩在树间荡来荡去或者在麦杆地上玩耍的场景。在每一猴群中，就有一只德高望重的东部苏格兰低地大猩猩抚养着几只幼猴，因而它们总是成为老少关注的焦点。但最吸引游人目光的是一只被抚养的、名叫僧伽（Sangha）的小猩猩。

1 熊猫馆

大熊猫“宝宝”——一种濒于灭绝的物种——是柏林动物园内最红的明星。1980年中国将它作为官方礼物送给德国。2001年，“宝宝”的配偶“嫣嫣”生产了一只小熊猫。

3 户外狮馆

该馆内，沙漠之王狮子经常雄踞在高高的岩石之上。夏天喂养时间是下午2点30分，冬天是下午3点30分。

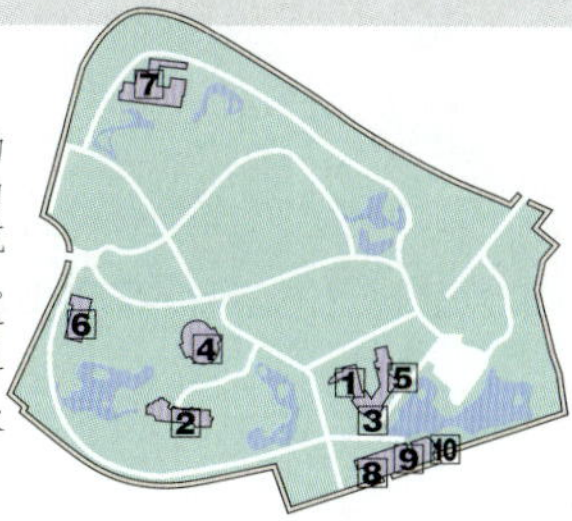

4 长颈鹿馆

非洲风格的长颈鹿馆是园内最老的建筑(1871－1872)。游人们喜欢观看长颈鹿轻咬树叶或慢慢弯腰取水的可爱动作。

5 夜间活动动物馆

该馆位于食肉动物馆的地下室，喂养着夜间活动的动物，包括夜间爬虫类和鸟类。游人们一定会喜欢上带斑纹的袋狸、果辐和苗条的懒猴。

6 大象馆

这些性格温厚的厚皮动物胃口很好：成年的雄性印度大象一天要吞吃多达50公斤（110磅）重的草料。此馆内共出生了四头大象。

7 鸟舍

在柏林城，再也找不到其他地方可以聆听如此热闹的鸟叫了。澳大利亚鹦鹉、天堂鸟、鹦鹉、犀鸟、蜂雀等在鸟舍中高声鸣叫，啾啾声和啸声相互交织在一起。

8 鳄鱼馆

胆小的人恐怕不适合参观鳄鱼馆，因为游人需走过一座距鳄鱼只有1米高（3英尺）的木桥。每周一下午3点30分是喂养这群爬行动物的时间。

9 水族馆

该水族馆是按加勒比海和亚玛逊河动物的生存环境建造的，这里最引人注目的是黑暗礁和榔头鲨鱼。黄貂鱼和能够产生高达800伏电压的鳗鱼也颇受游客欢迎。

10 两栖动物馆

该馆位于水族馆二层。馆内大的玻璃后面，四周爬行或滑动着毒蛇、飞蜘蛛及其他爬行动物。用活白鼠喂养蜘蛛的场景实在让人胆战心惊。

水族馆网址：www.aquarium—berlin.de

位于旧博物馆的雕塑

观景宫

柏林剧场的门廊

TOP 10 十大历史建筑

1 勃兰登堡大门 (Brandenburger Tor)

勃兰登堡大门已远不止是柏林的象征，它实际上已是柏林的代名词。（参见8～9页）

2 夏洛腾堡宫 (Schloss Charlottenburg)

此宫殿以巴洛克和洛可可式的壮观以及御花园的美丽而成为德国最引人入胜的景点之一。（参见28～31页）

3 观景宫 (Schloss Bellevue)

该宫是1785年至1790年间依照菲利普·丹尼尔·博曼（Philipp Daniel Boumann）的设计建造而成。1861年以前，这里一直是霍亨索伦王室成员居住的地方。1994年之后，这座庄重、堂皇的宫殿（正面为新古典风格）便成为联邦共和国总统的官址。这一蛋形的现代总统办公楼与旧宫紧紧相连。施普雷路（Spreeweg）1号·地图 E4·不对外开放

4 帝国国会大厦 (Reichstag)

德意志帝国联邦议院所在地，加之穹顶的建筑特色，吸引着众多游人前往参观。（参见10～11页）

5 柏林市政厅 (Berliner Rathaus)

柏林市政厅是用勃兰登堡省运来的红砖砌成，故又被称为“红色市政厅”，它令人回想起柏林成为新帝国首都时的光辉岁月。市政厅建造于1861年至1869年间，依照赫尔曼·弗雷德里希·韦泽（Hermann Friedrich Waesemann）的设计建造，建成后一度成为德国最大和最为壮观的建筑之一，极大地彰显了柏林的辉煌。其建筑风格仿照了意大利文艺复兴时的宫殿，塔楼则让人回忆起法国的拉昂（Laon）大教堂。外部以石刻编年史为装饰，记述了柏林城沿革的一些历史画面（参见131页）。市政厅大街15号·地图 G3, K6·每日上午8点至晚上6点开放

柏林市政厅的南面

6 柏林剧场 (Konzerthaus)

此音乐厅是卡尔·弗雷德里希·辛克尔（Karl Fridrich Schinkel）的代表作之一，直到近来还常被误认为是剧院。此建筑中有一爱奥尼克（Ionic）风格的柱式门廊，还有大量刻画寓言人物、历史人物、骑乘狮、黑豹、神、缪思或酒神祭司的雕塑。御林广场2号·地图L4·每日上午10点至晚上8点·（030）203 09 21 01

7 哈克什庭院 (Hackesche Höfe)

19世纪建造的仓库，这一建筑群包括九处相通的天井，一些天井为新艺术风格装饰（此风格的最初设计者是奥古斯特·恩代尔）。在20世纪90年代早期，这一建筑群得到完全修复。第一个天井尤为有特色：从房屋地基到排水系统全部以带有

几何图案的彩色釉面砖加以装饰。而最后一个天井里则有一口田园诗般的水井，水井的四周被树木环绕。哈克什庭院是柏林最受欢迎的景点之一，饭店、咖啡馆、影院和变色龙综艺场的表演（Chamaleon）吸引着众多远道而来的游人参观。罗森塔勒（Rosenthaler）大街40-41号 · 地图G3，J5 · 每日上午9点至下午2点

胜利纪念碑上的胜利女神：维多利亚

哈克什庭院

8 柏林胜利女神纪念碑（Siegessäule）

该胜利柱位于蒂尔加藤公园，高62米（203英尺），其上装饰的胜利女神塑像颇有看头。（参见97页）

9 旧博物馆和花园（Altes Museum and Gardens）

从旧博物馆的正面看去，它大概可称得上是欧洲最具魅力的新古典派博物馆之一。最为明显的特征是在18个爱奥尼克式（Ionic）圆柱后清晰可见的红色光面大理石。该馆是1830年按卡尔·弗雷德里希·辛克尔（Karl Friedrich Schinkel）的设计方案建造的，它是首批专门用作博物馆的建筑之一。起初用来收藏皇家绘画，现在用来收藏古文物并且是埃及博物馆所在地。在博物馆前方的博物馆岛上，有彼得·约瑟夫·林内（Peter Joseph Lenne）设计的花园。当初设想为国王的草本植物花园，现园内有一个由戈特利布·克里斯蒂安·坎提安（Gottlieb Christian Cantian）设计的花岗岩大碗，重达70吨。（参见114页）

10 军械库（Zeuhaus）

这里曾是皇家普鲁士军械库，现在则是德意志历史博物馆（参见14～15页）。该建筑是柏林第一处巴洛克风格的建筑，J.A·讷灵（J.A Nering）设计，后来建筑师贝聿铭（L.M Pei）先生则为其增加了一些现代元素。

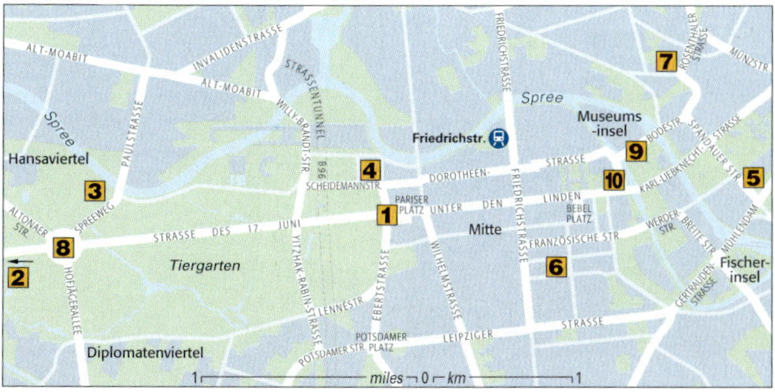

位于文化中心的新国家画廊

北欧使馆

TOP 10 十大现代建筑

1 索尼中心（Sony Center）

它是柏林最大的现代建筑之一，气势磅礴。（参见16页）

2 新国家画廊（Neue Nationalgalerie）

1965年至1968年按米斯文得洛（Mies van der Rohe）设计方案建造而成的带有大扇玻璃窗的低层建筑，令人过目不忘。这是先锋鲍豪斯学派建筑师在移居美国后设计的第一座大楼。他借鉴了其先前在哈瓦那（Havana）为巴卡第（Bacardi）公司建造的总部大楼——此建筑在古巴革命后被废弃——中的一些设计内容。（参见32和48页）波茨坦大街50 · 地图E4 · 周二至周三：上午10点至晚上6点；周四到晚上10点；周五至周日：上午11点至晚上6点

3 联邦总理府（Bundeskanzleramt）

柏林人不是很喜欢总理的新办公室，尽管这是唯一由柏林建筑师设计的新政府大楼。设计师阿克塞尔 · 肖特斯（Axel Schultes）将帝国国会大厦的北部在施普雷河的一个转弯处扩展延伸为一处办公楼群，甚至延伸横跨了施普雷河。在超现代大楼的中心矗立着一座带有圆玻璃窗的立方体，隐隐的闪着白光。柏林人戏称之为“洗衣机”。评论家指责这一设计华而不实，公务员也不喜欢他们

新联邦总理府

的小办公室。大楼内部装饰有珍贵的现代绘画。从七层的总理办公室望去，能够看到帝国国会大厦。威利 · 勃兰特大街（Willy-Brandt-Str.）1号 · 地图J/K2 · 不对外开放

4 路德维希－艾哈德大楼（Ludwig-Erhard-Haus）

这里是柏林证券交易所所在地，由英国设计师尼古拉斯 · 格利姆肖（Nicholas Grimshaw）在1994年至1998年设计建造。在这一穹

路德维希－艾哈德大楼

顶建筑上，有15处巨大的金属拱形结构，好像体格庞大的犰狳上的盔甲，因而当地人称它为“犰狳”。法萨安大街（Fasanenstr.）85号 · 地图N4 · 周一至周五上午8点至晚上6点

5 音乐厅和爱乐厅（Philharmonie and Kammer-musiksaal）

位于文化中心的两处现代音乐厅，

位于夏洛腾堡区的康德三角大楼

由汉斯·夏龙分别在1961年和1987年设计建造——室内音乐厅由其学生埃德加·维斯涅夫斯基按设计完成。两座音乐厅均以其完美的音响效果和篷顶结构著称。(参见32～35页和56页)

6 菲利普-约翰逊大楼 (Philip-Johnson-Haus)

1994年至1997年由美国著名建筑师菲利普·约翰逊建造，其设计很好地体现了鲍豪斯派的简约线条风格（clear lines）法萨安大街（Fasanenstr.）200号·地图L4

7 弗雷德里希商业街205-207号大楼（Quartiers 205-207 FriedrichstraBe）

这三座办公大楼是由诺威尔（Nouvel）、贝聿铭（Pei）和安格斯（Ungers）三位建筑师设计建造的。老佛爷百货公司（the Galeries Lafayettes）和弗雷德里希购物中心即在这些楼内。(参见119页)

8 北欧使馆 (Nordische Botschaften)

恐怕任何一个新的使馆大楼都不可能像斯堪的纳维亚国的使馆那样吸引游人眼球了：绿色的百叶窗会根据可见光的多少自动开合。克莱金佛尔大街（Klingelhöfer-str.）·地图N6·不对外开放

9 巴黎广场上的德国中央合作银行（DG Bank on Pariser Platz）

该大厦格调高雅，由法兰克·盖里（Frank Owen Gehry）结合普鲁士风格和现代建筑风格建造而成。其内部巨大的穹顶设计尤具特色。巴黎广场3号·地图K3·周一至周五上午10点至晚上6点

10 康德三角 (Kant-Dreieck)

位于KapHag集团（KapHag Group）总部屋顶的铝质帆船，由约瑟夫·保罗·克莱胡斯（Josef Paul Kleihues）于1992年至1995年建造，是新柏林的一个象征。起初，这一造型设计的高度要比现在高出三分之一，但遭柏林议会否决。康德大街155号·地图N4·周一至周五上午9点至晚上6点

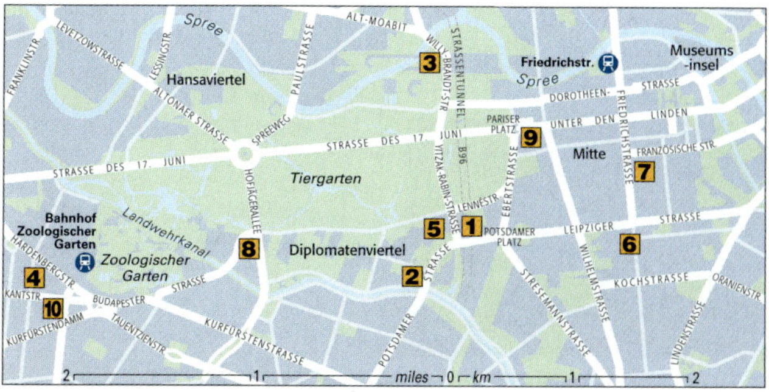

有关波茨坦广场上建筑的更多信息，参见16～19页

查理检查站

墙壁上的涂鸦

出演《蓝色天使》的玛雷娜·迪特里希

TOP 10 十大历史事件

1 1685年：波茨坦公告

1685年，高瞻远瞩的大选侯在《波茨坦布告》中宣布：柏林将接纳2万名胡格诺（Huguenot）教徒，此后柏林就开始成为德国的文化首都。许多手艺精湛的匠人和出色的科学家由于信仰新教，被迫逃离信奉天主教的法国来到柏林，从此为这一地方城市开创了一个新的文化纪元。

大选侯雕塑像

2 1744年：腓特列大帝

尽管“老腓特列”——腓特列大帝的昵称相对于柏林的繁华而言，更喜欢无忧宫的清净， 但1740年，他开始着手将这一城市转变为新的大都市。特别是菩提树下大街上的弗雷德里克花园（Forum Fridericianum）为这一城市带来了新的生机，一些经典建筑诸如国家剧院使柏林成为欧洲最重要的城市之一。

3 1928年：金色20年代

1919年至1933年间，是柏林文化发展的鼎盛时期，并成为一个重要的大都市。电影、剧院、酒店表演和上千家饭店和酒吧将柏林转变为一个国际娱乐中心。在美术和建筑领域，柏林也处于领先地位并制定了新的标准。

腓特列在无忧宫演奏长笛

4 1945年：投降

1945年5月8日，德国签署了柏林－卡尔斯霍尔斯特（Berlin-Karlshorst）协议。德国无条件投降恐怕不仅仅意味着二战的结束，战前的16.1万犹太人口事实上已经消失。柏林人则称这座城市为“帝国的瓦砾场”。

1945年5月：柏林成为一片废墟

5 1953年：东德工人起义

1953年6月17日，建筑工人在法兰克福特大街上（Frankfurter Allee）游行示威，反对提高平均生产率；而在西德，起义的目的则是为了德国的统一。

6 1961年：柏林墙的建造

柏林墙的建造始于1961年8月12日夜里。这是继1945年投降后，使许多柏林人受到创伤的另一事件。许多家庭被这道水泥墙拆散，在过去30年间，100多人在这堵东

柏林老照片网站：www.luise-berlin.de/Historie/indexhis.htm

中楣浮雕：1953年工人在弗兰克福特大街上起义的情景

德和西德的分界墙边被杀。

7 1963年："我是一个柏林人"

没有哪一位政治家像美国总统约翰·F·肯尼迪一般在柏林受到热情的接待。1963年7月17日，在市政厅——十字山区，他向欢呼的人群宣布："我是一个柏林人。"柏林人因此谅解了美国在建造柏林墙时的沉默。肯尼迪还明确重申：西部同盟（Western Allies）将站在柏林的立场上，继续支持这座城市，就像1948年至1949年柏林遭受封锁时，美国和英国将食物空降到西柏林"岛"时所做的那样。

8 1968年：60年代末

20世纪60年代末期，西柏林学生改变了德国。鲁迪·达什克（Rudi Dutschke）和其他人提议进行政治改革，提倡自由恋爱和对德国纳粹的过去进行重新评价。这一运动最终因为1968年4月达什克被暗杀而过早的结束了。

9 1989年：柏林墙倒塌

1989年11月，柏林墙的倒塌宣布了黎明的到来。这是30年来东西柏林人首次可以互相来往。市民们沿着库达姆大街及勃兰登堡大门前进行庆祝。

当修建柏林墙时，威利·勃兰特（Willy Brandt），西柏林的市长就许下诺言："柏林会得救的！"历史证明他是对的。

1991年：柏林成为德国的首都

10 1991年：柏林成为德国的首都

1991年，柏林正式被宣布为统一后的德国联邦共和国的首都。盟军在1994年间撤离了柏林，但柏林成为真正意义上的首都则是在1999年4月19日，即国会大厦从波恩迁移到此处的时刻。现在，所有主要的部委、联邦议会（上院）、总理和总统的办公室都在柏林。

柏林墙倒塌之后的庆祝场面

有关柏林名人，参见50～51页

海德薇格斯教堂

柏林教堂内部

玛丽亚教堂

TOP 10 十大基督教堂和犹太教堂

1 柏林大教堂（Berliner Dom）

作为城内最大也是耗资最多的教堂，柏林大教堂经过近40年的修复于1993年重新开放。该教堂是1894年至1905年间由朱里斯·拉施道夫（Julius Raschdorf）设计建造的，集中体现了帝国对权力的渴望。特别是黑色大理石砌成的、威严而堂皇的阶梯，与教堂对面霍亨索伦王室宅邸很相像。统治者王朝的成员就被埋葬在教堂地下室。教堂正殿顶部冠以显著的穹顶，高85米（279英尺）。宏伟壮观的20世纪新巴洛克风格的布道坛和巨大的索尔风琴（Sauer organ）巍然屹立在教堂里。位于卢斯特花园·地图 K5·4月至9月每日上午9点至晚上8点；10月至3月每日上午9点至晚上7点·(030) 20 26 91 19

2 圣·海德薇格斯大教堂（St Hedwigskathedrale）

柏林最大的天主教堂，1747年至1773年在腓特列大帝征服西里西亚之后，由他代为管理。（参见12页）倍倍尔广场·地图K4·周一至周六上午10点至下午5点；周日下午1点至5点

玛丽亚教堂的圣水器

3 玛丽亚教堂（Marienkirche）

1270年在圣·玛丽教堂的基础上建造，位于柏林电视塔脚下，是哥特式和巴洛克风格的建筑。教堂顶部非常显著的新哥特式风格塔楼则是由卡尔·戈特哈德·朗汉斯（Carl Gotthard Langhans）在1790年添加的，而教堂内装饰华丽的巴洛克布道坛则是由安德里亚·施吕特尔（Andreas Schlüter）于1703年设计建造的。圣水器和“死亡之舞”的壁画（1485年）是教堂内最为古老的珍宝。大街8号·地图J6·周一至周六上午10点至晚上6点；周日中午12点至晚上6点；周日礼拜时间上午10点30分·凭票入内

尼古拉教堂室内情景

4 尼古拉教堂（Nikolaikirche）

柏林最为古老的神圣建筑，于1230年建造，位于尼古拉区（Nikolaiviertel）。目前的教堂，大约建于1300年，双塔楼用红砖砌成。主殿西侧墙入口非常有名，由安德里亚·施吕特尔建造，上面饰有镀金浮雕图案，描绘了一位金匠和他妻子的故事。教堂于1987年重建，目前部分用作市政博物馆。尼古拉教堂广场·地图 K6·周二至周日上午10点至晚上6点·凭票入内

5 凯撒·威廉纪念教堂（Kaiser-Wihelm-Gedächtnis-Kirche）

记忆教堂是西柏林的一座里程

新犹太教堂—犹太中心网址：www.cjudaicum.de

碑。它将现代建筑与教堂塔楼的废墟完美地结合在一起。（参见26～27页）

6 新犹太教堂 (Neue Synagoge)

柏林最大的犹太教会。最初兴建于1859年至1866年，二战中被毁坏，1988年至1995年进行了重建。从远处可看到雄伟壮观的穹顶。（参见123页）奥拉宁堡大街，29-30；地图 G3, J4；（030） 88 02 83 00；凭票入内

新犹太教堂的穹顶

7 弗雷德里希威尔德尔教堂 (Friedrichswerdersche Kirche)

1824年至1830年由卡尔·弗雷德里希·辛克尔（Karl Friedrich Schinkel）建造的砖砌小教堂，新哥特式风格。最初是弗雷德里希威尔德尔（Friedrichswerder）区的德国和法国社区做礼拜的地方。现在则是辛克尔（Schinkel）博物馆。

弗雷德里希威尔德尔教堂正殿

8 雷克街上的犹太教堂（Synagoge Rykestrasse）

如今的小犹太教堂与100年前初建的教堂看起来一样。（参见140页）

9 俄国东正教教堂 (Christi-Auferstehungs Kirche)

柏林唯一一座俄罗斯东正教教堂，这一耶稣升天的教堂以葱绿的穹顶而著称。目前在俄罗斯，人们仍然按东正教的宗教仪式做礼拜。霍亨索伦大街（Hohenzollerndamm）166号·地图B6·只在礼拜时间开放周六上午10点和晚上6点；周日上午10点

10 法国胡格诺派教堂 (Französischer Dom)

这一巴洛克风格的教堂高66米（216英尺），于1701年至1705年建造，装修壮观宏伟，是柏林胡格诺派（Huguenot）社区做礼拜的地方。御林广场5号·地图L4·(030) 204 15 07·周二至周六中午12点至下午5点，周日上午11点至下午5点

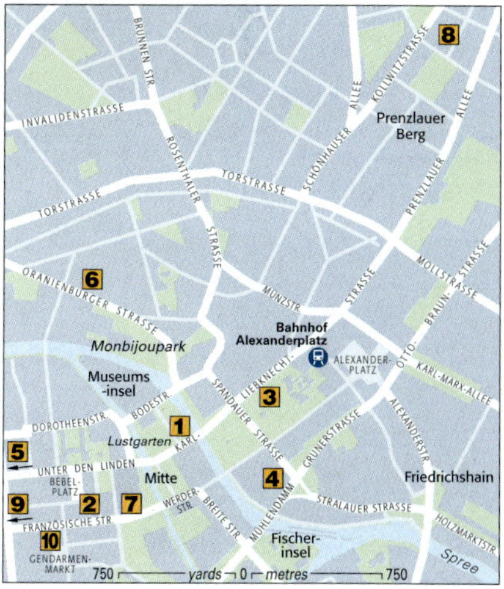

佩加蒙祭坛中楣上的故事情节

手工艺博物馆中的挂毯

TOP 10 十大博物馆

1 佩加蒙博物馆 (Pergamonmuseum)

收藏有大量珍贵的古文物，让人难以忘怀。（参见20～23页）

2 埃及博物馆 (Ägyptisches Museum)

该馆最耀眼的展示是阿赫那顿法老（Akhenaton）的妻子——妮菲蒂蒂女王（Nefertiti）的半身像，美丽中透着神秘。这个修长脖子的石灰岩像，于1912年被发现，很可能是一个模型。值得一看的还有“柏林绿色头”，是公元前四世纪的一个小型半身像。博物馆里还存放着众多的木乃伊、石棺、壁画和雕塑。博德街（Bodestr.）1-3号，欲望花园（Lustgarten）· 地图K5 · 周二至周日上午10点至晚上6点，周四至晚10点 · （030）34 35 73 11 · 凭票入内

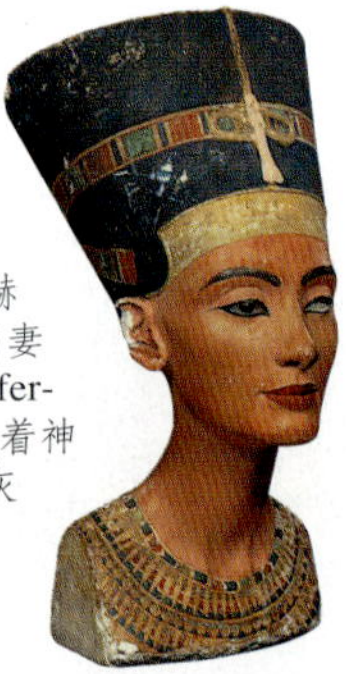

妮菲蒂蒂女王半身像

3 德意志历史博物馆 (Deutsches Historisches Museum)

德国最大的历史博物馆，里面陈列有独具特色的展品、文献和电影，引导观光者一览德国从中世纪至今的历史。对一些特殊主题安排有专门展区。（参见14～15页）

4 达莱姆博物馆 (Dahlem Museum)

位于柏林南部的五座博物馆可谓是外来文化的一个宝库。其中四座博物馆主要展示了从史前至今的远东、印度、北美和非洲艺术。最为著名的展品有贝宁湾的铜像、日本的木刻。人类文化博物馆（the Ethnologisches Museum）主要是有关太平洋地区的文化，同样让人过目难忘。展品中还有印加人的黄金珍宝。（参见89页）

5 犹太人博物馆 (Jüdisches Museum)

新犹太人博物馆位于丹尼尔·李博斯金德（Daniel Libeskind）设计的宏伟壮观的大楼中，内藏有数百年来德国人和犹太人关系的文献。一些展品表现了柏林犹太人对城市文化生活的影响，和对启蒙哲学家门德尔松（Moses Mendelssohn）生活的影响。并设有一间空屋用来缅怀犹太文化的遗失。对特殊事件也会有振奋人心的节目安排。（参见103页）

6 德意志技术博物馆 (Deutsches Technikmuseum)

令人神往的技术博物馆所在地以前是一个车站。馆内陈列有延续下来的有关技术发展史的物品。

犹太博物馆

埃及博物馆网址：www.smpk.de/amp/s.html

7 手工艺博物馆 (Kunstgewerbemuseum)

这里陈列有欧洲500多年来的手工艺品。最具价值的展品是布朗施维格（Braunschweig）教皇派的珍藏和吕讷堡（Lüneburg）镇议会的银器。博物馆里还保存着珍贵的意大利上锡光面土陶、文艺复兴时的彩陶、德国巴洛克玻璃杯和陶瓷制品。馆内主要展示了古典陶瓷和家具、新艺术、蒂凡尼花瓶以及20世纪的艺术装饰和现代设计。马太教堂（Matthaikirch）广场 · 地图L1/2 · 周二至周五：上午10点至晚上6点；周六、周日：上午11点至晚上6点 · （030）20 90 55 55 · 凭门票入内

自然博物馆里的恐龙骨骼

8 自然博物馆 (Museum für Naturkunde)

馆内有6000多万展品，是全球最大的自然历史博物馆之一。尤其吸引人们目光的是世界上最大的恐龙化石——1909年在坦桑尼亚发现的腕龙（brachiosaurus）化石。另外六具恐龙骨骼连同蚌类、鸟类和哺乳动物的众多化石仿佛让游客回到了史前。闪闪发亮的陨星和矿石同样值得一看。尹瓦利登大街（Invalidenstr.）43号 · 地图F2 · 周二至周五，上午9点30分至下午5点；周六、周日，上午10点至晚上6点 · 凭票入内

手工艺博物馆里的滑稽团（约1740年）

9 查理检查站 (Haus am Checkpoint Charlie)

位于前同盟军检查站的博物馆现保存着有关柏林墙事件的文献。（参见103页）

10 乐器博物馆（Musikinstrumentenmuseum）

在这里，您可听到大约750件乐器的声音，其中包括著名的腓特列大帝的大键琴。千万不要错过了仍在演奏的无声电影风琴（每月第一个星期六，中午）。蒂尔加藤大街1号 · 地图L2 · 周二至周五上午9点至下午5点；周六、周日上午10点至下午5点 · 凭票入内

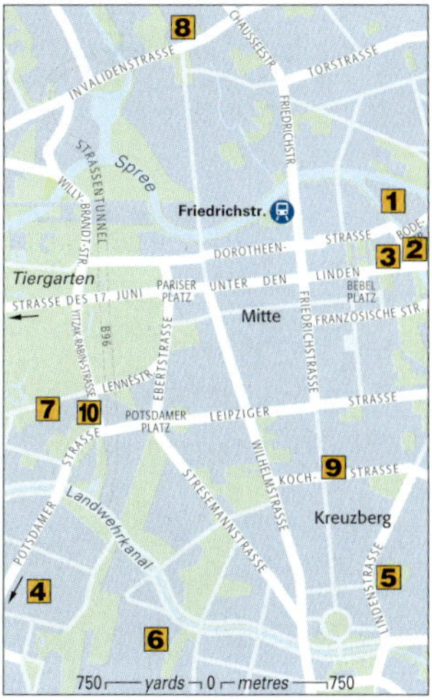

对牧羊人的崇拜

获胜的丘比特

汉堡火车站博物馆

TOP 10 十大艺术馆

1 古代大师美术馆 (Gemaldegalerie)

柏林最好的艺术博物馆，主要收藏的是13世纪至19世纪的欧洲美术作品，如卡拉瓦乔的“获胜的丘比特”（见上图）以及丢勒、伦勃朗和鲁本斯的作品。（参见34～35页）

2 新国家画廊 (Neue Nationalgalerie)

国家画廊里收藏有现代德国艺术品和20世纪的经典作品。这里经常举办一些临时的大规模展览。波茨坦大街50号 · 地图E4 · 周二至周三上午10点至晚上6点；周四上午10点至晚上10点；周五至周日上午10点至晚上8点 · 凭票入内

3 旧国家画廊 (Alte Nationalgalerie)

1866年至1876年由弗雷德里希 · 奥古斯特 · 史都勒在博物馆岛上建造，现已全部复原。目前，馆内收藏有19世纪（主要是德国的）绘画，包括阿道夫 · 冯 · 门泽尔、威廉 · 莱布尔、麦克思 · 列布曼和阿诺德 · 波克林的作品。画廊里还收藏有沙多、卢赫和莱因霍尔德 · 贝加斯的雕塑。博得大街1-3号 · 地图 J5 · 周二至周日上午10点至晚上6点；周四至晚上10点 · （030）20 90 55 77 · 凭票入内

汉堡火车站博物馆中沃霍尔的作品：毛泽东肖像

4 汉堡火车站 (Hamburger Bahnhof)

这里现在是“一座现代博物馆”，馆内收藏有现代绘画、装置和多媒体艺术作品。其中一个亮点是埃里克 · 马克思的作品集和约瑟夫 · 鲍依斯的作品。除了著名艺术家安迪 · 沃霍尔、杰夫 · 昆斯以及罗伯特 · 劳申伯格作品外，馆内还藏有安塞尔姆 · 基弗、桑德鲁 · 齐亚和其他人的作品。Invalidenstr. 50-51号 · 地图 F2 · 周二至周五上午10点至晚上6点；周六、周日上午11点至晚上6点 · 凭票入内

古代大师美术馆中收藏的杨 · 维梅尔的作品：酒杯

毕加索作品：半人半羊的农牧神头像（贝格林收藏展）

5 贝格林博物馆 (Museum Berggruen)

海因茨·贝格林（Heinz Berggruen），1914年生于柏林，后移民，又于1996年回到柏林。其收藏品包括毕加索的“蓝色时代”，放在由史都勒（Stuler）设计的一座古建筑中。官殿街1号·地图B3·周二至周日上午10点至下午4点·凭票入内（每月第一个周日免费）

6 鲍豪斯派档案馆 (Bauhaus-Archiv)

鲍豪斯学派由沃尔特·格罗佩斯在1919年成立，该学派对20世纪建筑产生的影响力，没有几个学派能与之相媲美。馆内展示有家具、素描、日常物品和绘画。克莱金佛尔大街14号·地图N3·周三至周一上午10点至下午5点·凭票入内

7 柏林古根汉美术馆 (Deutsches Guggenheim)

由德意志银行赞助，这里经常举办临时性展出，大多是美国的现代艺术展（参见113页）。菩提树下大街 13-15号·地图 K4·每日上午11点至晚上8点；周四至晚上10点·凭票入内（周一门票免费）

8 德国柏林市桥派博物馆 (Brucke-Museum)

馆内专门收藏“桥派”作品（桥派是1905年创建的艺术家团体），藏品主要为施米特·罗特鲁夫创作的80多幅作品。巴萨德小径9号·周三至周一上午11点至下午5点

9 伯洛汉艺术博物馆 (Brohan-Museum)

该馆规模不大，但藏品独具特色，主要是欧洲地区的新艺术和艺术装饰品收藏。这里还有一个柏林艺术家油画展。官殿大街1a号·地图 B3·周二至周日上午10点至晚上6点·凭票入内

伯洛汉博物馆收藏的艺术装饰花瓶

10 国家铜版画收藏馆 (Kupferstichkabinett)

馆内陈列有500多年以来的印刷物品和手书，包括波堤切利、丢勒、伦勃朗、戈雅、杜米埃以及荷兰早期绘画大师的作品。马太教堂广场6号·地图 L1·周二至周五上午10点至晚上6点；周六、周日上午11点至晚上6点·凭票入内

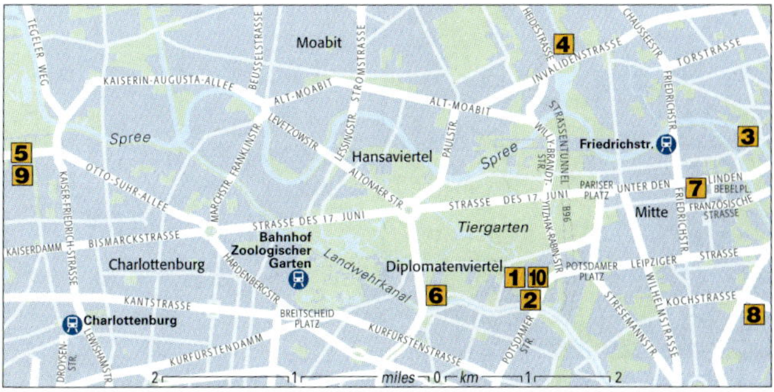

有关文化中心的新艺术画廊，参见32～35页

哲学家G W F黑格尔

格林兄弟

指挥家冯·卡拉扬

TOP10 十大柏林名人

1 玛雷娜·迪特里希（Marlene Dietrich）

著名的影星（1901－1992），出生于十字山区，20世纪20年代便开始了她的职业生涯。影片“蓝色天使”（1931年）使其声名大噪。死后葬在施泰格利茨（Steglitz）的弗雷德诺（Friedenau）公墓。

2 阿尔伯特·爱因斯坦（Albert Einstein）

物理学家（1879－1955），1914年任凯撒－威廉学院物理系主任。1905年首次提出和阐述了相对论，1921年被授予诺贝尔奖。爱因斯坦大部分时间在波茨坦生活和工作，但主要在柏林讲座和教学。1933年，因为是犹太人，被迫移民到美国直到逝世。

3 贝尔托·布莱希特（Bertolt Brecht）

贝尔托·布莱希特（1898－1956），出生于巴伐利亚的奥格斯堡（Augusburg），在夏洛腾堡区的一个小公寓里曾创作了一些著作，诸如《三便士的歌剧》（Threepenny Opera）。第三帝国时期，

爱因斯坦在柏林讲学

这位剧作家移居到美国，但二战后又回到德国并于1949年在东柏林建立了柏林剧院（Berliner Ensemble）。布莱希特一直和妻子

罗伯特·科奇

海伦纳·魏格尔（Helene Weigel）居住在柏林中心的绍斯大街（Chausseestrabe）上直到逝世。他曾居住的公寓被重新修复，成为一座博物馆。

4 赫伯特·冯·卡拉扬（Herbert von Karajan）

著名的奥地利指挥家（1908－1989），1954年至1989年间任柏林爱乐交响乐团团长。在此期间，他协助创立了乐团独特的音色，直到今天仍具传奇意义。赫伯特·冯·卡拉扬因其在音乐上的天赋和暴躁的脾气，让团内的音乐家们既敬佩又畏惧。柏林人仍然将音乐厅称为“卡拉扬马戏团”。

5 罗伯特·科奇（Robert Koch）

如那个年代其他少有的物理学家一样，罗伯特·科奇（1843－1910）以其前沿发明奠定了现代医学的基础并制定了其雏形。作为传染病学院院长，他也在慈善医院讲学、做研究。1905年，在

罗伯特·科奇

微生物领域，他被授予诺贝尔医学奖。

6 西奥多·方塔纳 (Theodor Fontane)

方塔纳（1819－1898），胡格诺派教徒，是19世纪德国最为重要的小说家之一。他有20多年的记者经历，在波茨坦广场的约斯提(Josty)咖啡厅里写下了很多文章和随笔。方塔纳以《漫步勃兰登堡省》(Walks in the Province of Brandeburg)一文而知名，文中描述了勃兰登堡居民的思想、历史古迹和自然景色。

7 凯绥·珂勒惠支 (Kathe Kollwitz)

凯绥·珂勒惠支（1867－1945），作为雕塑家和画家，描绘了贫苦人的社会问题。她的作品对人民的苦难进行了震撼人心的描述。珂勒惠支毕生中花了大量时间在普伦茨劳堡（Prenzlauer Berg）区广场中的一间陋室里创作——现在此屋以她的名字命名，以让人忆起她是如何捕捉有众多孩子的柏林穷苦人家的生活和社会流浪者的生活。她的作品《圣母怜子像》(Pieta)被置于新岗亭（Neue Wache）里。(参见13页)

珂勒惠支的雕塑

8 雅各布和威廉（格林兄弟）(Jacob and Wilhelm Grimm)

雅各布·格林（1785－1863）和威廉·格林（1786－1859）由于他们的经典童话集而闻名于全世界，其中包括童话《小红帽》(Little Red Riding Hood)和《汉索与葛芮托》(Hansel and Gretel)。除此之外，他们还出版了同样具有相当影响力的语言学著作《德国语法》和《德国字典》，直至今日仍然是参考的标准。

9 乔治·威廉·黑格尔 (Georg Wilhelm Hegel)

这位闻名全世界的哲学家（1770－1831），自1818年至逝世一直在洪堡大学任教。

10 费利克斯·门德尔松·巴托尔迪 (Felix Menselsson Bartholdy)

音乐家（1809－1847），摩西·门德尔松（Moses Mendelssohn）的孙子，任国家交响乐团（the Staatskapelle）(位于菩提树下大街上）的指挥。他的墓地位于克劳茨堡区（或十字山区）哈里什门（Hallesches Tor）的前方。

费利克斯·门德尔松·巴托尔迪肖像

有关柏林历史重要事件，参见42～43页

库达姆酒馆

中心酒吧的一杯凉饮

洋葱鱼酒吧的露天餐桌

TOP10 十大酒馆

1 绿门（Green Door）

绿门酒吧可谓是柏林的一大经典，从来不会过时。都市年轻人喜欢聚在这里品尝德国最好的饮品和鸡尾酒（莫吉托Mojito特别让人愉悦）。在这样的极简抽象风格的反时尚酒吧喝酒，加上弧形绿墙，一定别有一番风味。在周末，这个地方充满了欢声笑语。门外设有一门铃，但是门户政策相当自由，只要你看起来神志清醒，都可入内。冬原大街（Winterfeldstr.）50号·地图D4/5·周日至周四晚上6点至凌晨3点；周五、周六晚上6点至凌晨4点·（030）215 25 15

受演员欢迎的迪内酒吧

2 中心酒吧（Mitte-Bar）

从名称上看好像是一个大的酒吧间，但实际上它只是一个小酒馆。在夏日，人们在露天便可享受一杯冰啤酒或者价格不算昂贵的鸡尾酒。这里经常聚集着一群年轻时尚、喜欢热闹的人，因而这个酒吧供有柏林最好的鸡尾酒。奥拉宁堡大街46-47号·地图J4/5·夏季：上午10点至晚上6点；冬季：下午1点至凌晨6点·（030）283 38 37

贝利尼酒吧

3 贝利尼酒吧（Bellini Lounge）

2005年被推荐为柏林最佳酒吧，这一新建的、装饰华美的酒吧供应一些城中最好的鸡尾酒，包括世界各地的郎姆酒。前来捧场的人有艺术家、媒体人士、学生和为数不多的旅游者。夏季，酒吧会将坐位扩展至街头，非常便于观看来往的过客；冬天，酒吧间设有鱼缸，人们可观赏色彩斑斓的鱼儿。奥拉宁堡大街42·地图J4·周五至周六下午4点至凌晨5点；周日至周三下午4点至凌晨3点·（030）9700 5618

4 E&M利迪克酿酒厂（E&M Leydicke）

这一稍微陈旧的葡萄酒酿造厂现在仍然很受小学生、大学生和观光者的欢迎。他们经常来此品尝甜甜的的草莓和黑莓酒。曼施泰因大街（Mansteinstr.）4号·地图E6·每日下午4点至午夜12点·（030）216 29 73

5 莫仁酒吧（Moren-Bar）

酒吧墙面全部以西班牙瓦片装饰，主要顾客是克劳茨堡区（或十字山区）（Kreuzberg）市场的人们和喜欢到此喝啤酒的学生。一到周末，这里便会人声鼎沸，而且越晚越热闹。维也纳大街（Wiener Str.）60号·每日晚9点至凌晨4点·（030）611 47 16

6 核桃树酒吧（Zum NuBbaum）

位于历史上著名的尼古拉区（Nikolaiviertel），是为数不多的传统酒吧之一，很值得一去。这里有干啤和传统的柏林小吃供应。核桃树（Am NuBbaum）3号·地

很受演员欢迎的迪内酒吧

图K6 · 中午开始营业 · （030）242 30 95

7 洋葱鱼酒吧（Zwiebelfisch）
这里是夏洛腾堡区日渐没落的一处景观，这间酒吧全靠1968年代最后一批幸存者支撑，它使人回忆起西柏林革命的光辉岁月。墙上挂有曾光顾过这间酒吧的艺术家的照片，他们大都是1968年代的。夏日，萨维涅广场（Savignyplatz）露天摆放着许多餐桌，是人们观光和用餐的好地方。萨维涅广场（Savignyplatz）7-8号 · 地图N3 · 每日中午至上午上6点 · （030）312 73 63

8 迪内酒吧（Diener-Tattersaal）
颇有气氛、深受当地演员欢迎的酒吧。这里有干啤、德国和奥地利传统食物供应。酒吧的名字来源于具有传奇色彩的拳击手弗朗兹·迪内（Franz Diener）——他曾将前拳击世界冠军麦克斯·斯迈林（Max Schmeling）打倒在地。格罗尔曼大街（Grolmanstr.）47号 · 地图P3 · 每日晚上6点至凌晨3点 · （030）881 53 29

9 新湖咖啡馆（Café am Neuen See）
柏林唯一一家既作酒馆也作咖啡馆的地方，这里的意式快餐丰盛且可口。夏日，人群聚集在宽阔的啤酒园中，顾客们自带食物进行烧烤，然后坐长桌场旁进餐，一边聊天一边喝着当地自产的啤酒。蒂尔加藤区，新湖，利希腾史丹大街2号 · 地图 M5 · 3月至10月上午10点至晚上11点；11月至2月上午10点至晚上8点 · （030）2544930

10 织机酒吧（The Loom）
这家酒吧和饭店供有超棒的鸡尾酒和葡萄酒，加之光顾的客人十分光鲜——大部分是演员、制片人和充满抱负的作家，因而颇受欢迎。深色的木地板和无任何装饰的墙面在夏洛腾堡区显得非常有特色。施吕特尔（Schluterstr.）大街52号 · 地图 N3 · 每日晚上6点开始营业 · （030）88 72 55 73

露天的新湖咖啡馆

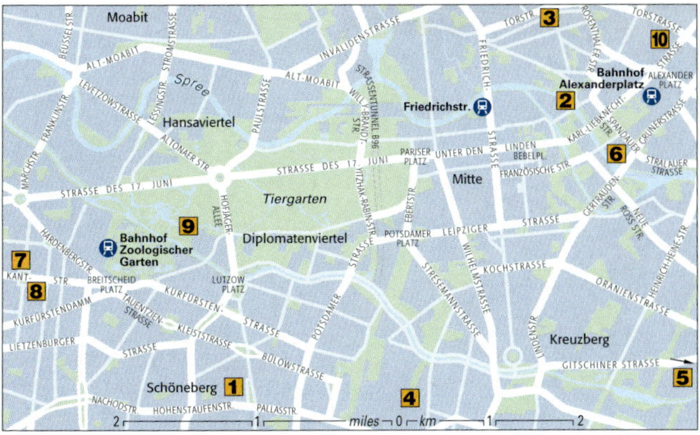

有关柏林酒吧，参见54～55页

高级酒吧925内部装潢

吕佐夫广场的酒吧间

纯金酒吧

TOP10 十大酒吧和沙龙

1 牛顿酒吧（Newton-Bar）

牛顿酒吧位于御林广场，环境优雅，并调制有城内最好的鸡尾酒。服务独具魅力，而且速度是城内之最。夏天，外面的人行道都被占用，成了简易的酒吧。厚重的皮质扶手椅坐起来很是舒服，另外，酒吧间墙上挂着海莫特·牛顿（Helmut Newton）放大的照片，这间酒吧也以此命名。强力推荐这里调制的加勒比海和拉美鸡尾酒。夏洛腾大街（Charlottenstr.）57号·地图L4·每日上午10点至凌晨3点·（030）20 29 54 21

牛顿酒吧间

2 高级酒吧925（925 Loungebar）

这个酒吧是其隔壁的意大利餐馆（Trenta Sei）的一部分，格调优雅，全部用红色进行了软装饰。这里的鸡尾酒比该地区其他酒吧要稍微便宜些。夏天，这里非常舒服，你可以在露天享用饮品，同时俯瞰整个御林广场。陶本大街57号·地图L4·周日至周四下午3点至凌晨3点；周五、周六下午3点至凌晨4点·（030）2018 7177

3 巴黎酒吧（Le Bar du Paris Bar）

尽管名字听上去还是一个酒吧，但最近已成为一家法国餐馆。但这一大名鼎鼎的时尚处所仍有自己的酒吧。尽管这里的鸡尾酒并没有多大竞争力，可是当你在享用这里精美的法国葡萄酒和香槟时，很快会忘记这一点。康德大街152号·地图N3·上午6点开始营业·（030）31 01 50 94

4 哈里的纽约酒吧（Harry's New York Bar）

该酒吧是威尼斯著名的同名酒吧的姊妹吧。置身于酒吧内设的43位美国总统的肖像之下，轻呷一口用热带混合物和香槟调制的鸡尾酒，也是别有风味的。光顾这里的顾客，相对其他酒吧而言，都显得较稳重，但总体气氛还是活跃的，而且晚上的娱乐节目（爵士歌手和钢琴演奏）比其他地方更具特色。吕佐夫（Lützowufer）大街15号，广场大饭店·地图N6·中午12点开始营业·（030）25 47 88 33

5 小号酒吧（Trompete）

演员本·贝克尔（Ben Becker）经营的酒吧，因为时尚，所以很快就在酒吧行业中有了一席之地。酒吧间的皮质扶手椅和有靠背的长椅非常柔软，而且墙面全部是黑色，让人倍感惬意。周末，这里会举办现场音乐舞会，顾客既可倾听到爵士乐，也可欣赏到莎莎舞（salsa）。吕佐夫（Lutzowplatz）广场9号·地图P6·周四至周六晚上6点营业；周日晚上9点营业·（030）23 00 47 94

6 吕佐夫广场酒吧（Bar am Lützowplatz）

这里曾在很长一段时间为俊男靓

女所宠爱。现在比以往要安静了一些，但它仍号称是柏林最长的酒吧。内部装潢令人乍舌，酒吧侍者身着白色无尾礼服，能够调制一流的鸡尾酒。游客们不妨亲临体验一番。吕佐夫广场（Lutzowplatz）7号·地图 M6·每日下午2点营业·（030）262 68 07

冰冷的薄荷叶松香鸡尾酒

7 胡先生酒吧（Mister Hu）

以海洋为主题的“胡先生酒吧”是城内最受欢迎的酒吧之一，它因精美的鸡尾酒而享有盛名，配有郎姆的鸡尾酒更是名闻遐迩。这里休闲的氛围吸引着学生、艺术家和夜生活爱好者前来。夏天，室外也会摆放餐桌。另外，不要找胡先生——这里没有叫这个姓氏的侍者。戈尔茨大街（Goltzstr）39号·地图E5·周日至周四下午5点至凌晨4点；周五下午5点至凌晨5点·（030）217 21 11

贵有所值：巴黎酒吧

8 维多利亚酒吧 (Victoria Bar)

酒吧朴实无华，布置含蓄，其氛围和柔和的灯光使人仿佛回到了20世纪60年代，不失为一处很棒的休闲场所。酒吧间的鸡尾酒由颇有名气的酒吧侍者斯台芬·韦伯（Stefan Weber）调制，主要供应经常光顾酒吧的30多位放荡不羁、超脱世俗的人。波茨坦大街（Potsdamer）102号·地图E5·周五至周六晚上6点30分至凌晨4点；周日至周四晚上6点30分至凌晨3点·（030）257599 77

9 纯金酒吧（Reingold）

酒吧墙面上装饰有20世纪30年代作家艾利卡（Erika）和克劳斯·曼（Klaus Mann）的肖像。这间酒吧比柏林的大多数其他酒吧更让人感觉友好和亲切，鸡尾酒调制得也很棒。诺瓦利斯（Novalisstr.）大街11号·地图F2·周日至周四晚上6点至凌晨2点；周五、周六晚上6点至凌晨4点·（030）28 38 76 76

10 M咖啡馆（Café M）

这间位于宣伦山区（Schöneberg）的酒吧以声名狼藉而著称。现在M克奈普咖啡馆（Café M Kneipe）比以往更加嘈杂了。如果您觉得内部摇滚乐的声音太过嘈杂，不妨转移到户外露天的餐桌上。戈尔茨大街（Goltzstr）33号·地图E6·周一至周四上午8点至凌晨2点；周五至周日上午9点开始营业·（030）216 70 92

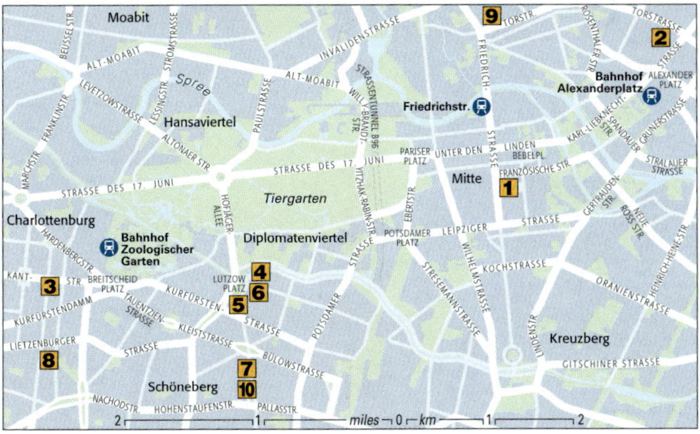

有关酒馆，参见52～53页

德意志剧院

弗雷德里希歌舞厅

柏林舞蹈剧院内部

TOP10 十大艺术表演场所

1 菩提树下大街：国家歌剧院 (Staatsoper Unter den Linden)

隶属于古老的柏林歌剧院的剧团和乐团，都享有很高的声望。现在由精明能干的丹尼尔·巴伦波伊姆（Daniel Barenboim）任剧院院长。这里云集着众多的古典音乐明星，是其他剧院难以企及的。（参见12～15页）菩提树下大街5-7号·地图K4·（030）20 35 45 55

柏林爱乐交响乐团

2 音乐厅（Philhamonie）

作为德国古典音乐的“殿堂”，这里仍然呈现着世界上最为出色的音乐演出。音乐厅由夏龙设计，音响效果独一无二，为艺术家和听众所喜爱。柏林爱乐交响乐团演奏的音乐会极受欢迎，入场券常常在音乐会开始数周前就销售一空（参见32～35页）。赫伯特·冯·卡拉扬大街1号·地图L2·周一至周五下午3点至晚上7点；周六至周日上午11点至下午2点·（030）25 48 81 32

3 冬日花园综艺表演 (Wintergarten Variete)

这里是柏林最大的综艺节目演出场所，继承了20世纪20年代的演出传统。每天傍晚，安德烈·赫勒尔（Andre Heller）和博恩哈德·保罗（Bernhard Paul）在此导演经典的歌舞表演。该剧院的前身是一家影院，后被改造成为这个令人叹为观止的剧院。表演内容一年变化三至四次，但总有一些杂技、喜剧和歌唱等多种形式相结合的演出内容。波茨坦大街96号·地图E5·周一至周五中午12点至晚上6点；周六下午2点至6点·（030）25 00 88 88

冬日花园标志

4 变色龙综艺表演场 (Chämaleon-Varieté)

这里的舞台虽然规模不大而且平实无华，但表演诙谐机智、别出心裁，超越了舞台本身的束缚，大大弥补了硬件上技术支持的不足。如果观看者坐在前排，很可能会被拉到台上参与表演。哈克什庭院，罗森塔勒（Hackesche Hofe, Rosenthaler）大街40-41号·地图J5·每日晚上8点；周五、周六午夜有表演·（030）25 48 81 32

5 无理智酒吧 (Bar jeder Venunft)

酒吧意为“没有理智”，是柏林最受欢迎的喜剧剧院。表演通常是幽默风趣（偶尔也会有浪漫的）的歌曲、香颂、讽刺剧、歌舞表演、闹剧或者喜剧，而所有表演都是在令人叹为观止的镜蓬下进行的（于20世纪20年代设计）。在这里，经常可以看到许多国际或者德国歌舞表演的名角，诸如蒂姆·费歇尔（Tim Fischer）、乔治特·迪（Georgette Dee）、菲什达姊妹（the Pfister Sisters）和吉儿·塔芙茨（Gayle Tufts），除此之外，还能看到早期的明星，如奥托·山德尔（Otto Sander）。夏菩大街（Schaperstr.）24号（人民剧院停车免费）·地图C5·每日中午12点至晚7点·（030）883 15 82

柏林交响乐团网址：www.berlin—philharmonic.com

6 德意志剧院 (Deutsches Theatre)

德意志剧院是德语表演的最佳场所之一，这里上演的多数是经典

无理智酒吧：镜蓬内景

剧本，并且沿袭了马克斯·赖恩哈德（Max Reinhardt）的表演传统。年轻的剧作家也会在这里的实验棚屋（DT Baracke）里上演经验剧（experimental theatre）。舒曼大街13号·地图J3·每日晚上8点·（030）28 44 12 25

7 西部戏剧院 (Theater des Westens)

20年来，该剧院一直坚持主要上演自己创作的剧目，如《疯人院》(La Cage aux Folle)，现在也上演外来作品，诸如《穷苦人的怨恨》(Les Miserable and Hair)。康德大街12号·地图N4·周二至周五晚上7点30分；周六、周日下午2点30分至晚上7点30分·（01805）99 89 99

西部戏剧院

8 弗雷德里希歌舞厅 (Friedrichstadtpalast)

这里的“长腿舞者”（long-legged dancer）和20世纪20年代的表演一样受欢迎（当时具有传奇色彩的表演场所已在二战中被毁坏）。长久以来，这里的表演被认为是“世界上规模最大的综艺演出”。现在，这里的表演变得更有活力和趣味性。弗雷德里希大街107号·地图J4·（030）23 26 23 26

9 海贝尔剧院 (Hebbel-Theatre)

该剧院由于上演现代和综合的音乐、舞蹈和歌唱节目而在柏林倍受推崇。来自世界各地的表演者都会在这里登台亮相。斯特来斯曼大街(Stresemannstr.) 29号·地图F5·每日晚上8点·（030）25 90 04 27

10 人民剧院（Volksbühne）

该剧院是由弗兰克·卡斯托夫（Frank Castorf）改造而成，其前身是社会主义剧场。这里经常会上演一些优质的剧作或是有争议的作品，并因此而逐渐名声大振。罗莎-卢森堡广场（Rosa-Luxemburg-Platz）·地图H2·（030）240 657 77

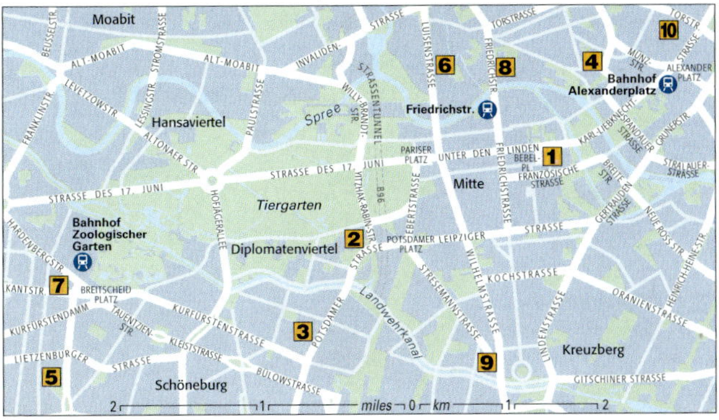

德意志剧院网址：www.deutsches—theatre.berlin.net

汤姆酒吧

"关系"迪斯科舞厅正面

同性恋咨询中心：Mann-o-Meter

TOP 10 十大另类聚集场所

库达姆大街：克里斯托夫游街日

1 克里斯托夫游街日 (Christopher Street Day on Ku'damm)

德国最大的同性恋节日，每年夏天举办一次。这一天，街道上好像在举行一个大型聚会，数以千计的同性恋者从库达姆大街沿6月17号街直到胜利女神纪念碑进行游行。晚上，他们会在这座城市的许多同性恋酒吧和酒馆继续庆祝。库弗斯坦达姆大街6月17日街 · 地图P3/4 · 6月第四个周末

2 胜利女神纪念碑期刊 (Siegessäule)

它是柏林历史最悠久、也最畅销的同性恋杂志，并以具有划时代意义的胜利女神柱命名。该杂志主要登载了各种各样的实用信息、新闻、小广告以及对城市同性恋的报道。观光者可自由出入同性恋咖啡厅和商店

胜利女神纪念碑期刊封面

3 同性恋咨询中心 (Mann-o-Meter)

这里是柏林众所周知的同性恋咨询中心，专门为同性恋者提供各种各样的信息。除了对他们在艾滋病等方面进行心理咨询外，咨询师还会在住宿方面提供帮助，并提供法律意见。布鲁街 (Bulowstr.) 106号 · 地图E5 · 周一至周五：下午5点至晚上10点；周六、周日下午4点至晚上10点 · (030) 216 80 08

4 柏林同志中心 (SchwuZ)

位于克劳茨堡区（或十字山区）(Kreuzberg)，柏林另类聚会的最佳场所之一。周末，不少年轻人会到此跳舞、聊天、喝酒和娱乐。这里的聚会经常有一定主题，具体细节会登在相关报刊上，如胜利女神纪念碑期刊或塞杰报 (Sergej)。梅林路 (Mehringdamm) 61号 · 地图F5 · 周五、周六：晚上11点营业 · (030) 629 088 20 · 凭票入内

5 汤姆酒吧 (Tom's Bar)

柏林传统酒吧之一，位于莫兹街 (MotzstraBe) 同性恋聚集的中心位置。汤姆酒吧不适合那些害羞和胆小的人；这里以挑选伴侣 (pick-up joint) 而著称。在光线昏暗邋遢的酒馆下面是一间暗室。莫兹街 (Motzstr.) 19号 · 地图D5 · 每日晚上7点营业 · (030) 213 45 70

6 白马王子书店 (Prinz-Eisenherz Buchhandlung)

德国最早公开向同性恋开放的书店，书店里藏有德国和国际同性恋的所有出版物。知识渊博的书店助手会应顾客要求找出珍贵的或已脱销的文章、期刊或书目。

书店里还经常举办文学阅读活动。布莱布特罗伊街（Bleibtreustr.）52号 · 地图N3 · 周一至周五：上午10点至晚上8点；周六：上午10点至下午4点 · （030）313 99 36

白马王子书店一角

7 "关系"迪斯科舞厅 (Connection)

"关系"迪斯科舞厅也许不是最好的，但在柏林，肯定是最受欢迎的一个地方。深夜，大家在此聚会、跳舞或玩一些电子乐器。在俱乐部的地下室，暗室错综复杂，犹如迷宫。富格尔街（Fuggerstr.）33号 · 地图D5 · 周五、周六：晚上11点营业 · （030）218 14 32 · 凭票入内

8 安德雷斯岸边咖啡馆 (Café Anderes Ufer)

最有年头的另类酒馆兼咖啡馆之一，"河对岸的咖啡馆"经常关门，但是它得以生存。这里熙熙攘攘，谈话氛围很是热烈。赫普特街（Hauptstr）157号 · 地图E6 · 周日至周四：上午8点至凌晨1点；周五、周六：上午8点至凌晨2点 · （030）78 95 07 87

9 同性恋博物馆 (Schwules Museum)

有关同性恋的小型博物馆，位于克劳茨堡区（或十字山区）(Kreuzberg)。馆内存有自19世纪以来有关同性恋的文献，通过举办临时展览供游人参观。博物馆旁是一家档案馆——即是一间小图书馆，也是文化史料的收藏场所。梅林路（Mehringdamm）61号 · 地图F5 · 周三至周日：下午2点至晚上6点 · （030）69 59 90 50 · 凭票入内

10 SO 36

年轻人多年以来所钟爱的、声名远播的跳舞场所。伴随着古老的德国乐曲和舞曲，周日晚上的"致命咖啡馆"俱乐部名声大噪。奥拉宁堡大街（Oranienstr）190号 · 地图H5 · 周一至周六：晚上8点营业；周日：晚上6点营业；经允许，晚上10点后营业 · （030）61 40 13 06

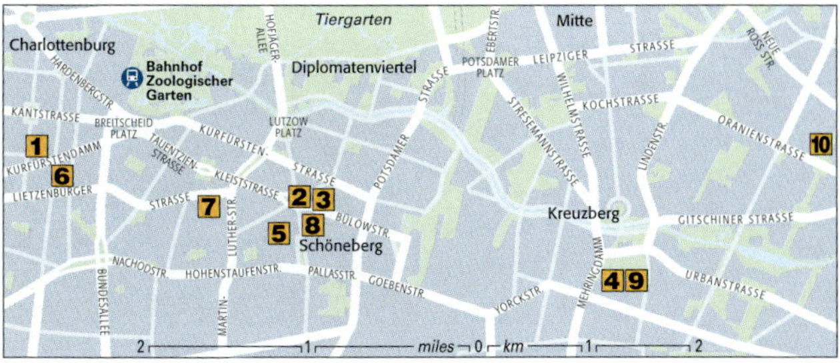

同性恋博物馆网址：www.geocities.com/schwulesmuseum/

206号商铺内

老佛爷百货公司食品部

冬原广场

TOP10 十大商铺和市场

1 西部百货公司 / 卡迪威百货公司（Kaufhaus des Westens, KaDeWe）

这里是欧洲最大的消费场所，不管你要买什么，都能如愿以偿。资深的西部百货公司共8层楼，出售3000多万种产品。在美食层——西柏林以前的“购物窗”，顾客有1800多种奶酪、2000多种面包和酥皮糕点以及2000多种冷盘肉可供选择。橱窗展示和内部庭院也值得一观（参见170页）。陶恩采大街（Tauentzienstr.）21-24号 · 地图D4, P5 · （030）212120 51

卡迪威百货公司

2 老佛爷百货公司（Galeries Lafayette）

这家小型的法国百货公司主要经营一流的女装和男装（一层），以及年轻人时装（楼上）。在食品部出售的法国美食，令人垂涎欲滴。（参见119页）

3 艺术品和古玩市场6月17日街（Antik- und Flohmarkt StraBe des 17. Juni）

柏林最大的艺术品和古玩市场，专门经营真正的古代家具、餐具、陶瓷、书籍、绘画、衣服和珠宝。商人们都很专业，尽管索价颇高，但游人还是会买到一些极好的货色。街头有很多艺术家和艺人，周末在此地逛一逛、浏览一番也相当不错。（参见85页）。6月17日大道（StraBe des 17 Juni）· 地图M4 · 周六、周日：上午10点至下午5点

4 206号商铺（Department Stores Quartier 206）

这里是柏林城内近年来最时尚、也是最为昂贵的店铺。在腓特列市区通道的3层楼里，男士可在此购买古奇（Gucci）或DKNY牌子的领带，女士们可买到范思哲（Versace）或卡尔文·克莱恩（Calvin Klein）品牌的服装（参见119页）。弗雷德里希大街71号 · 地图L4 · （030）20 94 62 40 · 周一至周五：上午10点至晚上8点；周六：上午10点至晚上6点

5 斯蒂尔沃克时尚商品购物中心（Stilwerk）

这一商铺非常时尚，出售的商品具有独特的风格。它不是一家百货商店，而是一个购物中心，专营设计师设计的家具，台灯和配饰。基本上而言，商品质量好，但价格昂贵（参见85页）。康德大街17号 · 地图C4 · （030）31 51 50 · 周一至周五：上午10点至晚上8点；周六：上午10点至下午4点

6 国家石膏模型博物馆（Gipsformerei Staatliche Museen）

如果你想将辛克尔（Schinkel）的

老佛爷百货公司：玻璃锥形体

西部百货公司网址：www.kadewe.de

斯蒂尔沃克时尚商品购物中心的正面

雕塑放置家中或喜欢宫殿花园里精致的普鲁士雕塑，你会在此发现不同形状、大小不一的石膏模型复制品。索菲-夏洛腾大街17—18号 · 地图A3 · （030） 326 76 90 · 周一至周五：上午9点至下午5点；周三至晚上6点

7 皇家瓷器制造工厂 (Konigliche Porzellan Manufakture / KPM)

这里制作销售传统的KPM陶瓷，您购买这种瓷器能将普鲁士的光荣和辉煌带到家庭的餐桌上。除了制作精美的成套餐具外，该厂也制作和出售人像和饰品。菩提树下大街35号 · 地图F/G3 · （030） 206 41 50 · 周一至周五：上午10点至晚上8点；周六：上午10点至下午4点

8 冬原广场集市 (Markt am Winterfeldtplatz)

这是柏林人气最旺、最吸引人的集市之一，主要出售食品和服装，每周六开放，宣伦山区的人尤其喜欢来这儿购物。（参见107页）

9 五月溪运河畔的土耳其市场 (Turkenmarkt am Maybachufer)

这里是柏林最大的土耳其市场，仅在工作日开放。《一千零一夜》故事中飘出的饭菜香味不断引诱着游客前来。这里的重要特色是可以进行物物交换（参见107页）。五月溪运河畔（Maybachufer）大街 · 地图H5 · 周二至周五：中午至晚上6点30分

10 柏林艺术和古玩市场 (Berliner Antik -und Flohmarkt)

弗雷德里希大街车站的市郊火车站（S-Bahn）拱形建筑下有很多隐秘的古董商店。大部分索价很高，但偶尔可以还价。腓特列大街，市郊火车站拱形建筑 · 地图J4 · （030） 208 26 45 · 周三至周一：上午10点至晚上6点

国际流行音乐及娱乐展

克里斯托夫游街日

柏林马拉松

TOP 10 十大节日和展会

1 柏林电影节 (Berliner Filmfestspiele)

好莱坞明星和德国影星都会出席的德国唯一的顶级电影节。1999年前，电影节在动物园宫影院周围举办。现在这一传统的节日已转移到了波茨坦广场，每年都吸引了数以千计的影迷前来观看。波茨坦广场电影院 · 地图L2 · (030) 25 92 00 · 2月的第2周和第3周

2 柏林国际消费电子产品展览会（Internationale Funkausstellung / IFA）

柏林电影节期间的动物园宫影院

世界各地最新的娱乐科技产品，以及为老年人、年轻人等不同年龄阶段人群设计的各种高科技玩具通常都会在此举办发布会或展览。国际会议中心柏林展览有限公司 · 地图A5 · （030）303 80 · 每两年举办一次，8月 · 凭票入内

3 国际流行音乐及娱乐展 (Popkomm)

欧洲最大的音乐盛会之一：精彩的节目不断上演，数以千计的音乐粉丝前来市中心和城市周围的俱乐部观看各种音乐会、聆听讲座、参加聚会。市中心 · 地图A5 · （030）90 26 993 · 9月中旬至9月末

4 克里斯托夫游街日 (Christopher-Street-Parade)

在这一天，同性恋公开、大胆地庆祝他们这种超越传统的生活方式。每年6月底，来自世界各地的50万同性恋者走向柏林中部大街，尽情地跳舞、喝酒，以示庆祝（参见58页）。库达姆大街和6月17日街 · 地图P3/4 · （030）23 62 86 32 · 6月第四个周末

5 柏林艺术节 (Berliner Festwochen)

在艺术节期间，古典音乐会、展览等各类艺术盛事会按照一个特定的主题组织起来，并成为当年度的文化热点。不同地点 · 9月

6 博物馆长夜展 (Lange Nacht der Museen)

大多数博物馆都会在某一个晚上免费开放，但通常都需要排很长的队才能进入，不过许多机构都会在那个周末的晚上举行一些特殊活动，便于人们一边排队等候一边观看街头艺术家的表演，或从小商贩那里买一些东西。柏林

国际会议中心：IFA, ITB 和绿色星期展览

文化狂欢节

博物馆 · (030) 28 39 74 44 · 1月和8月最后一个周末

7 绿色星期展览会 (Grune Woche)
作为世界上最大的美食盛宴，绿色星期使每个人都有机会品尝到可口的农产品和美食。在有限的空间内，大家可尽情体会一下世界烹调之旅，这是别的地方所无法相比的。国际会议中心柏林展览有限公司 · 地图A5 · (030) 303 80 · 1月份下半月 · 凭票入内

8 柏林戏剧盛会 (Theatretreffen Berlin)
自1963年来，德国各地剧院创作的最有意思的喜剧作品每年都会在柏林的某个地方上演。不同地点 · 5月 · 凭票入内

9 文化狂欢节 (Karneval der Kulturen)
在装扮得绚丽多彩的克劳茨堡区（或十字山区）(Kreuzberg)，欢乐的游行队伍会连续三天走上街头狂欢，展现柏林的多元文化。克劳茨堡区 · 地图G/H5/6 · 圣灵降临节

10 国际旅游展览 (Internationale Tourismusborse / ITB)
世界上最大的旅游展览，通常会通过设计精美的售货亭向公众提供最新的信息。许多参展国家的夜间表演非常受欢迎。柏林国际展览有限公司 (Me-sse) · 地图A5 · (030) 303 80 · 3月 · 凭票入内

体育盛事

1 柏林马拉松 (Berlin-Marathon)
世界上最长的马拉松，吸引着数千名跑步运动员。6月17日街 · 9月第二个和第三个星期日

2 柏林游行 (Berlin Parade)
来自世界各地的直排滑轮运动员聚集在一起“切磋”技艺。6月17日街 · 6月

3 柏林六日赛 (Sechstag-erennen)
柏林六日赛 (The Six Day Race) 是柏林最古老的运动项目之一。室内自行车运动馆 (Velodrom) · 1月的上半月

4 德国公开赛 (German Open)
高水准的女子网球赛，门票经常会上午就销售一空。网球杯洛特-维博 (Rot-Weiß) · 5月

5 柏林新年赛跑 (Berliner Neujahrslauf)
新年赛跑是为那些不怕寒冷的人举行的跑步比赛。勃兰登堡门 · 地图K3 · 1月1号

6 国际运动节 (Internationales Stadionfest / ISTAF)
德国最大的体育盛会。奥林匹亚体育馆 · 9月第一周

7 德国足球杯决赛 (DFB-Pokalfinale)
德国足球杯决赛，每年球迷达7.6万人。奥林匹亚体育馆

8 德国骑马比赛 (Deuts-ches Traberderby)
专业骑马比赛赛马运动场：玛林道夫 (Trabrennbahn Mariendorf) · 8月第一周

9 国际骑马越障比赛 (Internationales Reitturnier)
德国骑马越障比赛。赛马运动场：玛林道夫 (Trabrennbahn Mariendorf) · 11月第三周

10 柏林自行车比赛 (Berliner Motorradtage)
国际自行车赛事，场面甚是热闹。库达姆大街 · 3月底

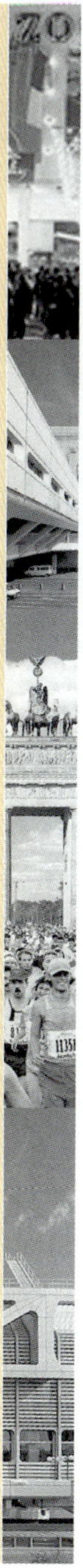

巴贝尔斯贝格电影公园

轮滑

杜普尔博物馆村庄

TOP 10 十大儿童游乐场所

1 德国技术博物馆 (Deutsches Technikmuseum)

德国技术博物馆是一个巨大的儿童乐园，孩子们在这里通过娱乐就能够学到很多知识，比如攀登机车、转动风车、观看光谱展览等。大一点的孩子还可以做物理和化学实验。（参见103页）

2 儿童迷宫博物馆 (Labyrinth Kindermuseum)

柏林唯一一座专门为孩子们准备的博物馆，尤其适合学龄前儿童和低年级的孩子。每年这里都会举办三到四个主题展览，这些展览主要以与孩子们交朋友、娱乐的方式进行。例如，“窥探者和侦探”（Snoops and Detectives）。每一个展览都是互动的，可以让孩子参与、尝试，从而在玩耍过程中学会自立。奥斯陆街（Osloer）12号·周二、四、五：下午2点至4点；周三：下午2点至晚上6点；周六：下午1点至晚上6点；周日：上午11点至晚上6点·（030）49 30 89 01·凭票入内

3 格里普斯戏剧团 (Grips-Theater)

这个尤其适合孩子和年轻人的知名柏林剧院十年来一直上演着轰动多时的音乐剧《一号线》（Linie 1）。这出剧目以从东到西的地铁（U-Bahn）为比方，讲述了大城市刺激的生活，非常适合大一点的孩子和青少年。阿托纳大街（Altonaer）22号·地图D3·（030）39 74 74 77·凭票入内

4 杜普尔博物馆村庄 (Museumdorf Duppel)

参观杜普尔历史博物馆村庄仿佛回到了中世纪。孩子们可以观看播种、收获粮食以及饲养动物的场景。（参见91页）

5 柏林动物园 (Zoologischer Garten)

如果带着孩子游览柏林，就一定不要错过柏林动物园，特别是猴馆（有小猩猩和黑猩猩）。在幼崽园里，孩子们可以触摸和喂养各种各样动物的幼崽。（参见36～37页）

动物园里的长颈鹿馆

6 巴贝尔斯贝格电影公园 (Filmpark Babelsberg)

公园内激动人心的枪战、乘坐潜水艇漫游电影布景、参观西部的小城镇和岛上的城镇都是最受欢迎的项目。参观者还可以走进以前拍摄UFA电影的摄像棚观看电影拍摄的幕后情景；孩子们还可以试着装扮成成他们所羡慕的睡眠小精灵——1959年以来一直是非常受东德孩子们喜爱的银幕形象。在园内每一角落，你都能看到著名德国电影里的道具和形象。此外，在想象展示中还可看到

“特技效果”的展览，而“恐怖世界”则会使孩子们体验到毛骨悚然的感觉。波茨坦大白令街（GroBbeeren-str.）·3月中旬至11月：每日上午10点至晚上6点；7月至8月：每日上午10点至晚上8点·（01805）34 66 66·凭票入内

巴贝尔斯贝格电影公园里的睡眠精灵

7 天文馆（ZEISS-Großraum-planetarium）

天文馆银色的穹顶之下，人造恒星、行星和星云仿佛将游人带到了遥远的银河系。

8 卡布瓦茨马戏团（Circus Cabuwazi）

德国最大的马戏团，由专业人士开办并进行演出，主要针对孩子和青少年。该团对各种杂技团技能进行培训，其中包括变戏法和钢丝舞（wire dancing），同时这里也是娱乐场所。柏林周围4个场所，参见www. cabuwazi.de·（030）611 92 75·凭票入内

9 木偶剧院博物馆（Puppentheatermuseum）

木偶剧院博物馆虽然小，但非常棒，对孩子具有启发性。里面陈列的主要是玩偶和木偶，孩子们可自已操纵木偶表演，过一把木偶剧院导演的瘾。卡尔·马克思大街135号·地图H6·周一至周五：上午9点至下午5点；周日：上午11点至下午5点·（030）687 81 32·凭票入内

10 达莱姆领地（Domäne Dahlem）

这栋庄园宅邸，建于1680年，它让游人领略到难得一见的100年前柏林乡村的景色。宅邸旁边的农场里有田地、蔬菜园，并饲养着动物。在这里孩子们可以播种、收割，观看挤奶和赶马的场面，并且可以近距离观察蜂窝。此外，当地的一个小市集更是营造出了真正的乡村气氛。因此，这一历史宅邸受到了游客们的普遍喜爱，已经不仅仅局限于城市的孩子了。路易森皇后大街（Konigin-Luise）49号·周三至周一：上午10点至晚上6点·（030）666 30 00·凭票入内

达莱姆领地

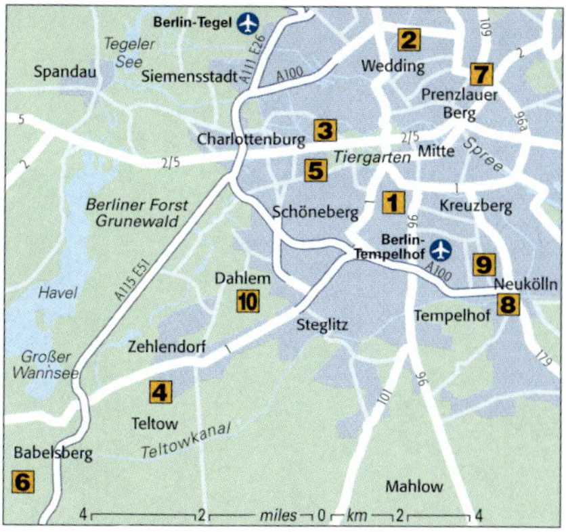

有关柏林运动和休闲更多信息，参见68～69页

新湖

兰德韦尔运河

万湖上的“莫比·迪克”号渡轮

TOP 10 十大湖泊和河流

1 大万湖 (Großer Wannsee)

万湖一直都是柏林人喜爱的一个地方，其海滨浴场非常值得一去。它是欧洲最大的内陆海滩，每天都有大约4万名游客来此，他们在美丽的白色人造海滩上日光浴，或在湖中游泳。因游人众多，这里也是观看形形色色人物风采的好去处。夏天，游人们还会看到游艇、冲浪者和水上摩托。在大湖中部还有一个孔雀岛(Pfaueninsel)，可乘坐鲸鱼形状的“莫比·迪克”号渡轮抵达参观。在大万湖

2 魔鬼湖 (Teufelssee)

魔鬼湖水碧绿到似乎能召唤出恶魔，实际上它是柏林最为清澈的湖泊，也是最佳休闲去处之一：裸体主义者、同性恋和爱狗的人喜欢在格鲁内瓦尔德(Grunewald)森林中间长满芦苇的岸边上享受那一份平和和静谧。格鲁内瓦尔德，魔鬼堡（Teufelsberg，Grunewald）

3 大米格尔湖 (GroBe Muggelsee)

位于柏林城很远的东南端，占地766公顷（1900英亩），是柏林最大的湖泊。柏林人戏称为“大浴盆”——这是一个很贴切的比喻，因为数以千计的柏林人在盛夏的时候聚集在这里，享受透心的清凉。这里也可划船、乘船或在湖上冲浪。(参见146页)

4 西拉特湖 (Schlachtensee)

在柏林人心目中，西拉特湖的地位仅次于万湖。这条小而蜿蜒的湖泊受到年轻人的喜爱。有很多人喜欢在希拉特湖长途公交车站旁的草坪上享受日光浴。如果不喜欢草坪上的拥挤，游人可沿着右首堤岸的小路前行，会发现许多稍稍有些遮蔽的小块绿地，非常适合喜欢日光的人。最佳的游玩时间是在平常的工作日。在希特拉湖

5 施普雷河 (Spree River)

柏林有很多别称，“施普雷河上的雅典”就是其中之一，而冠以此名的原因就是这里悠久的历史文化遗产和蜿蜒而行的施普雷河。该河总长398公里（249英里），其中流经柏林城的河段有46公里(29英里)，河两岸尽是休息和娱乐的好地方。如果要消磨时光，不妨乘坐导游船，或者参加浪漫的夜景巡游，或者漫步河边，都会让您体会到一份轻松和惬意。蒂尔加藤中心 · 地图J/K 1-6

6 丽真湖 (Lietzensee)

夏洛腾堡区的波西米亚人把这个湖看成他们的“家乡湖”。这个湖不适合游泳，但湖周围充满田园风情的草坪是日光浴和休闲小憩的好地方。遛狗的人也非常喜欢

坐船到施普雷河转弯处

观光游览网址：www.sternundkreis.de

位于城市中间的丽真湖畔林荫道。傍晚，在东侧的几家咖啡馆内就可以看到灯火辉煌的电影塔(Funkturm)。在凯撒大街 · 地图A4

7 库伦姆-兰克湖 (Krumme Lanke)

虽然大家普遍认为库伦姆-兰克湖不够洁净，不适合游泳，但一些人不这么想。事实上，库伦姆-兰克湖里的水比希拉特湖里的水更干净（也比较凉）。菲舍尔胡滕(Fischerhuttenweg)

8 兰德韦尔运河 (Landwehrknanl)

1845年至1850年建造，柏林最早的人工水道。运河从东到西蜿蜒而流，中途经过城市中心的西部，并将施普雷河上游和下游连接起来。沿运河坐船观光，会看到一些柏林最具魅力的桥梁。人们可以躺在城市中部运河岸边的一些绿地上小憩，如位于克劳茨堡区（Kreuzberg）的保罗-林克岸（Paul-Lincke-Ufer）草坪就比较有名。

船铃

9 太葛湖 (Tegeler See)

柏林最北边的湖，位于环境优雅的住宅区。这里有一条最具魅力的格林尼治步行街（Greewich Promenade)，能从太葛港口到施瓦泽路(Schwarzer Weg)。这里有一条有些隐蔽的湖畔小径，可以通向湖的另一侧和一个半岛。半岛上有一栋博西格别墅(Villa Borsig)，是一位实业家于1905年建造的，现在这栋建筑为基金会所有，不对外开放。如果沿施瓦泽路（Schwarzer Weg）继续朝南，可抵达太葛湖海滨浴场。老太葛

兰德韦尔运河上的游艇

10 新湖 (Neuer See)

游人们会惊奇地发现，位于城市中心平静的新湖，被严严实实地遮蔽在大蒂尔加藤公园西部。河岸上有一个新湖咖啡馆（参见101页）。乘船观光或沿湖边散步令人非常惬意，是消磨时间的好办法。大蒂尔加藤公园 · 地图M3

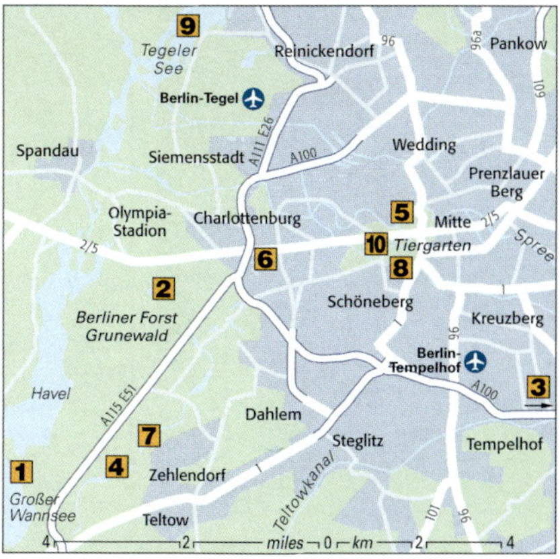

蒂尔加藤公园：直排轮滑场所

玛林道夫小跑赛马跑道

运动场地

TOP10 十大运动和健身场所

1 奥林匹亚体育馆 (Olympiastadion)

尽管奥林匹亚体育馆没有举办运动赛事，却也值得参观。这一能容纳8万人的庞大建筑于1936年由维纳·马赫（Werner Mach）建造，典型的纳粹时期的建筑风格。两尊由亚诺·布雷克（Arno Breker）设计的雕塑被安放在主入口两侧。体育馆的对面，是神似古罗马建筑的五月广场（Maifeld）。在此处的钟楼可以一览柏林壮观的景色。体育馆本身在2000至2001年重新修复，部分作了保护处理。柏林一流的足球俱乐部柏林赫塔BSC（Hertha BSC）在此进行国内比赛。这座体育馆的相关历史可从一个展览会中的相关文献中获知。（参见84页）

2 赛马跑道 (Galopprennbahn Hoppegarten)

赛马跑道沿用了1867年联邦俱乐部（Union Club）传统赛马比赛时的跑道，这条跑道被认为是莫斯科和巴黎之间最棒的赛马场地。在前来观看赛马和赌马的疯狂观众当中，颇有一些来自上层社会的名流。歌德巷1号，达维兹-霍普嘉顿（Goetheallee 1, Dahlwitz-Hoppegarten）·比赛时间：周日下午2点·（03342）389 30

柏林赫塔队在奥林匹亚体育馆踢球

3 赛马运动场玛林道夫（Trabrennbahn Mariendorf）

激动人心的小跑赛马比赛，诸如每年一次的“蓝色丝带”，在赛马运动场（Trabrennbahn）的玛林道夫（Mariendorf）举办。马林道夫大街222号·比赛时间：周三晚上6点，周日下午1点30分·（030）740 12 12

4 室内自行车运动馆 (Velodrom)

这一银色的未来派风格竞技场是柏林自行车运动员关注的焦点。每年1月，都在这里举办六日赛。保罗-海泽街（Paul-Heyse-Str.）26号·时间依比赛而定·（030）44 30 44 30

5 骑车场所 (Cycling)

柏林和波茨坦最大的绿色空地是骑车远游的理想场地。犹太居民区（Scheunenviertel）或达莱姆（Dahlem）等区也适合自行车运动。这些地方有租用自行车的场所，诸如弗雷德里希大街车站中心。（参见162页）

6 新克尔恩室内游泳馆 (Stadtbad Neukolln)

这里有柏林最好的游泳馆，始建于19世纪末。馆内新艺术风格的

柏林赫塔BSC: www.herthabsc.de

新克尔恩室内游泳馆

豪华浴室使游泳成为一种特殊的体验。刚霍夫街（Ganghoferstr.）3号 · 周一：下午2点至5点；周二：上午6点45分至晚上8点，下午2点15分至晚上6点30分；周三：下午2点15分至晚上6点30分；周四：上午6点45分至晚上8点，下午1点30分至晚上10点；周五：上午6点45分至晚上8点，中午12点30分至晚上10点；周六：上午9点至下午4点 · （030）394 50 94

7 运动馆 (Sport Oase)

这是一个非常可爱的羽毛球运动和壁球运动中心，其前身是舒海斯（Sch-ultheiss）酿酒厂。馆内有四个大厅，23个球场，并按运动级别划分场地。馆内有一酒吧，可供赛后休息之用。斯特吕姆街（Stromstr.）11-17号 · 地图 D3 · 每日上午8点至晚上11点 · （030）394 50 94

8 女子健身中心 (Jopp Frauenf-itness)

女子健身中心位于城市西部中心，这里环境舒适、令人愉快。中心配有标准锻炼器械，开设多种健身课堂，而且教练都非常专业。陶恩采大街（Tauentzienstr.）13号 · 地图 P5 · 周一至周五：上午8点至晚上11点；周六、周日：上午10点至晚上8点 · （030）21 01 11

9 蒂尔加藤公园：直排轮滑场所 (Inline-Skating Tiergarten)

轮滑跑道设在大蒂尔加藤公园北半部，以及6月17日街周围地区。这里没有车辆，是最佳的直排轮滑场所。尽管德国明文禁止在繁华的城市街道轮滑，但仍有个别人违反这项规定。蒂尔加藤 · 地图M5/6

10 阿斯普里亚健身俱乐部 (Aspria)

柏林最早的健身俱乐部，服务设施一应俱全：从游泳池、桑拿浴，到美容院，保健餐厅，并提供按摩服务，屋顶设有休闲区。卡尔斯鲁厄街（Karlsruher Str.）20号 · 周一至周五：上午6点至晚上11点；周六、周日：上午8点至晚上10点 · （030）890 688 80 · 凭票入内

在阿斯普里亚健身俱乐部做瑜珈

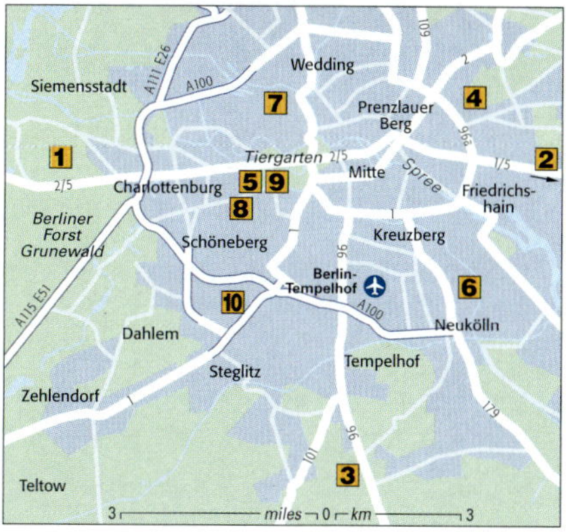

有关柏林公园和花园信息，参见70～71页

布瑞兹宫殿和公园

新湖

夏洛腾堡宫花园

TOP 10 十大公园和花园

1 大蒂尔加藤公园 (Großer Tiergarten)

蒂尔加藤公园是柏林最著名的公园，也是柏林天然的空气净化器。公园占地203公顷（500英亩），坐落在城市中部。1833年至1840年由约瑟夫·彼得·林内（Joseph Peter Lenne）建造，最初是大选候的狩猎行宫。19世纪后半期，这里成为柏林人的休闲娱乐场所。现在，特别是在周末，这里有一大群骑车手、慢跑者、日光浴者和前来聚餐的土耳其家庭。蒂尔加藤·地图 M5/6

2 夏洛腾堡宫花园 (Schlosspark Charlottenburg)

德国最具魅力的绿地之一。紧接夏洛腾堡宫花园之后，有一个规模不大但却颇有气势的巴洛克式花园，以此为基础又延伸出了一个始建于19世纪初的广阔公园。其风景设计采用了英式风格，有人工河流和湖泊，玲珑小巧的隐蔽建筑，池塘和溪流两岸则有充满诗情画意的小树林。夏洛腾堡宫花园是一个理想的散步场所，也是日光浴的好地方（参见28～31页）。施潘道大街夏洛腾堡宫·地图A/B3·开放时间：从日出到日落

孔雀岛的露伊丝像

3 格鲁内瓦尔德森林和鬼山 (Grunewald and Teufelsberg)

格鲁内瓦尔德森林或“绿色森林”，是柏林西南部的公共森林，林地几乎保留了原有的天然风貌，是柏林城里最少有人为建设的地方。格鲁内瓦尔德森林的部分地带很安静，远离喧嚣，森林里甚至还有野猪——这给居住在策伦多夫（Zehlendorf）区附近拥有花园的人们带来了不少麻烦。格鲁内瓦尔德森林是骑马和徒步旅行的好地方。格鲁内瓦尔德区

4 孔雀岛 (Pfaueninsel)

孔雀岛是万湖中的一个岛屿，可乘坐渡轮抵达。此岛可谓是柏林最为浪漫的景点。19世纪，这里是腓特列·威廉二世国王的爱巢，岛上建造的宫殿（现已是废墟）虽华而不实，但还算漂亮，与昔日格调保持一致。现在，宫殿建筑周围还生活着几十只骄傲的孔雀。（参见89页）

5 植物园 (Botanischer Garten)

该园始建于19世纪，是柏林城内植物和花的海洋。广阔的园区内共有15处温室，四周则是轮廓柔和的山岗和风景如画的池塘。在阿尔佛雷德·柯纳（Alfred Koerner）建造的温室里，人们能够看到令人叹为观止的兰花，直径粗达2米（6英尺）的巨型维多利亚睡莲。博物馆里则还可引领观光者在微生物的世界里畅游一番。橡树下大街5-10号（Unter den Eichen）（花园）·博物馆：路易森皇后街（Königin-Luise-Str.）6号·（花园）上午9点至日落；博物馆上午10点至晚上6点·(030) 83 85 01 00·凭票入内

6 维多利亚公园和克劳茨堡区 (Viktoriapark and Kreuzberg)

这个古老的市政公园建造于1888年至1894年，起初是当地工人的

娱乐场所，现在成为柏林最受欢迎的绿地之一。克劳茨堡区（或十字山区）周围的草坪，高出周围地面30米（98英尺），是极佳的日光浴场地。在山顶之上，有一座普鲁士解放战争纪念碑。（参见104～105页）

植物园里盛开的芙蓉

7 弗雷德里希海因人民公园 (Volkspark Friedrichshain)

该公园是柏林最老的公园，建于1840年，园内主要是一些人工湖泊、草坪和碎石堆等人造景观，其中一个被戏称为“Mont Klamott”，意为“瓦砾山”。这里还有一个童话喷泉，其中有一些最受欢迎的童话人物的雕塑（参见146页）。

8 弗雷德里希菲尔德动物园 (Tierpark Friedrichsfelde)

位于风景秀美的弗雷德里希公园，是柏林第二大动物园，园内大约有950种动物，园内的狮子特别值得一看。（参见147页）

9 特雷普托公园 (Treptower Park)

位于施普雷河岸边，建造于19世纪，主要因苏维埃纪念碑而有了名气，该碑矗立在5000名苏联红军的坟墓旁。（参见146页）

10 布瑞兹宫殿和公园 (Britzer Schloss and Park)

建于1706年，里面布置了“创建期（或德国经济发展期”（Grunderzeit）（1871年后）运来的古代家具。该宫殿位于布瑞兹（Britz）一个可爱的公园之中。旧布瑞兹（Alt-Britz）73号 · 周三：下午2点至5点30分（有宫殿导游），每日上午9点至日落（花园） · （030）609 792 30 · 凭票入内

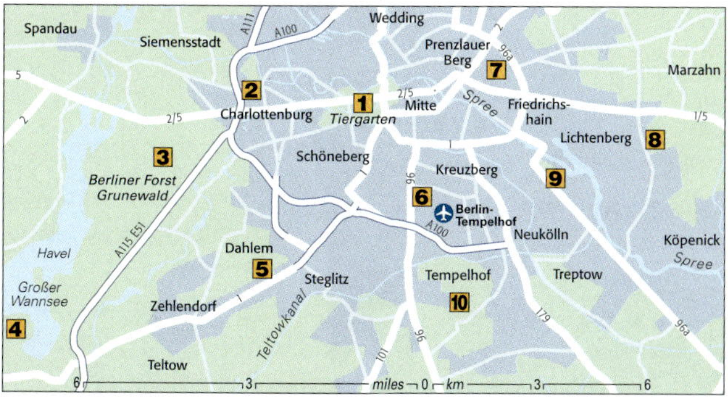

有关滨水娱乐场所，参见66～67页

勃兰登堡宫酒店

布里斯托尔柏林凯宾斯基酒店内

丽晶酒店的大厅

TOP 10 十大著名酒店

著名的阿德龙酒店室内一景

1 阿德龙酒店 (Hotel Adlon Berlin)

柏林顶级酒店，也是欧洲最好的酒店之一。在对原有的阿德龙酒店修复之后，1997年重新对外开放，受到来自世界各地名人和政客的欢迎。即使不在这里下榻，您也不妨在豪华的休息大厅里来一杯茶或是咖啡，感受一下这里的气氛。菩提树下大街77号 · 地图K3 · (030) 226 10 · www.hotel-adlon.de · €€€€

2 柏林丽晶酒店 (Regent Berlin)

从表面上看，酒店建筑极为现代化，实际上内部是19世纪晚期的建筑，楼里铺有红地毯，悬挂着枝形大吊灯，墙面贴有高品位的壁纸。酒店服务为处处细致入微的国际水准。夏洛特大街49号 · 地图K4 · (030) 203 38 · www.fourseasons.com · €€€€

3 华府凯悦大酒店 (Grand Hyatt)

位于波茨坦广场，属于日本最简派建筑风格。从宽敞的酒店房间里可以俯瞰玛雷娜-迪特里希广场（Marlene-Dietrich-Platz）。如果您觉得这样还不尽兴，可以到酒店的奥林匹亚山温泉俱乐部（Olympus Wellness Club）欣赏整个城市的美景。玛雷娜-迪特里希广场2号 · 地图F4 · (030) 25 53 12 34 · www.berlin.hyatt.com · €€€€

丽晶酒店搬运行李的服务生

4 格鲁内瓦尔德宫殿酒店 (Schlosshotel im Grunewald)

地处距中心有些距离的格鲁内瓦尔德（Grunewald），这里环境幽雅，虽规模不大，但价位很高。酒店尤其受到影星和社会名流的欢迎，他们试图借此避开追逐他们的人群。有意思的是，顾客只需花费1500欧元即可入住该酒店设计师卡尔·拉格菲尔德（Karl Lagerfeld）长期使用的寝室套房。布拉姆斯（Brahmsstr.）大街10号 · (030) 89 58 40 · www.schlosshotelberlin.com · €€€€

5 布里斯托尔柏林凯宾斯基酒店 (Kempinski Hotel Bristol Berlin)

位于西柏林的凯宾斯基酒店，就像一位老妇人，虽然上了年纪，但韵味犹存。所有房间均布置优雅，不会过时，而休息室和酒吧则全部以深色木板镶嵌。在库达姆大街上的凯宾斯基酒店烧烤店里（Kempinski-Grill），人们可边喝葡萄汽酒（Sekt），边注视着外面来来往往的人们。库达姆大街27号 · 地图P4 · (030) 88 43 40 · www.kempinski-berlin.ded · €€€€

6 哈克什市场 (Hackescher Markt)

柏林最好的酒店之一，

恰位于柏林中心地带。虽服务和设施都属四星级标准，但价格比较优惠。该酒店的最大优势是地理位置优越：位于柏林闹市区，而且离哈克什庭院（Hackesche Hofe）和犹太居民区（Scheunenviertel）只有几步之遥。总统街（Prasidentenstr.）8号 · 地图J15 · （030） 28 00 30 · www.loock-hotels.com · €€

7 柏林丽兹卡尔登酒店（Ritz-Carlton Berlin）

地处波茨坦广场，极受欢迎的一家超奢华酒店。外观令人想起纽约的洛克菲勒中心（Rockefeller Center）。设有大理石柱和许多金叶的大厅为帷幕俱乐部（Curtain Club）和Desbrosses brasserie餐厅（brasserie是指享受浪漫宴会和欢快时光的理想地点）做了极好的背景衬托。房间布置极为奢华，属普鲁士新古典设计，饭店甚至设有望远镜，用以欣赏都市风景。波茨坦广场3号 · 地图F4 · （030） 33 77 77 00 · www.ritzcarlton.com · €€€€

8 御林广场：多林特酒店（Dorint Hotel am Gendarmenmarkt）

该酒店优雅、别致，规模较小但风格独特，服务一流，历史上著名广场的景致可以一览无余。酒店所有的房间都是一流的，配置有精美的家具。（参见179页）

四方酒店：时代酒吧

9 四方酒店（Savoy Hotel）

该酒店保留了昔日的风格，并对自身优质的服务颇为自豪。格里塔·盖博（Greta Garbo）曾常下榻此酒店，许多影星也经常光顾。实际上，这个酒店更因其时代酒吧而闻名。法萨安大街9-10号 · 地图N4 · （030） 31 10 30 · www.hotel-sayon.com · €€€

10 勃兰登堡宫酒店（Brandenburger Hof）

酒店格调高雅，前身是19世纪所建的一处宅邸。休息室按传统风格布置，而酒店房间则属于朴素无华的鲍豪斯风格。酒店内有米其林（Michelin）之称的胜利战车饭店，主营法国菜肴。艾斯勒伯内街（Eisle-bener Str.）8号 · 地图P4 · （030） 21 40 50 · www.brandenburger-hof. com · €€€

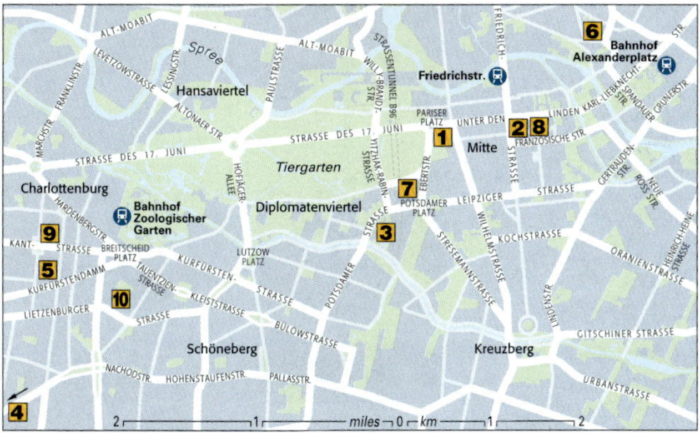

有关饭店价位目录，参见173页

一层饭店室内

鲁特-韦格纳户外餐桌

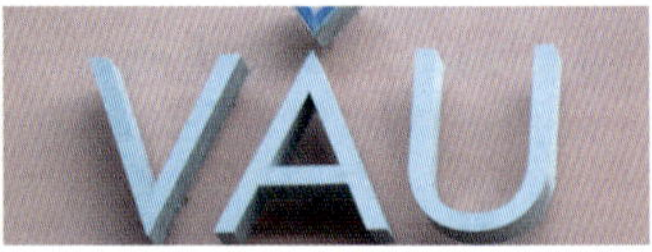

时尚的万餐厅

TOP 10 十大餐厅

1 万餐厅 (Vau)

在设计风格时尚的万餐厅，科加尔·克利伯格（Kolja Kleeberg）厨师能够烹饪出一流的奥地利菜。饭店曾被授予米其林名厨称号（Michlin star）。Jager大街 54-55号 · 地图L4 · 周一至周六：中午12点至下午2点30分，晚上7点至10点30分 · （030）202 97 30

2 沃克斯餐厅 (Vox)

该饭店餐厅简约、优雅，经营精美的亚洲和与国际菜式相融合的讲究和最新式的菜肴，特别是日本料理（寿司）和法国意大利新式菜。它是柏林首先开放厨房的一家餐厅。玛雷娜-迪特里希广场2号 · 地图F4 · 周二至周六：晚上6点至11点 · （030）323 1046

3 雨果餐厅 (Hugo's)

美食餐厅中兴起的一颗新星，享有米其林称号。这里能够观看到城市地平线270度的景致。餐厅内木制镶嵌，设有长毛绒皮椅，经营的国际菜肴有些德国名厨麦克尔·卡梅尔（Michael Kammeier）烹饪的味道。服务无可挑剔，且不令人约束（服务自然），酒单上有顾客喜爱的种类。布达佩斯特街2号 · 地图N5 · 周一至周六：晚上6点至凌晨1点 · （030）260 212 63

雨果餐厅

4 波卡-贝卡餐厅 (Bocca di Bacco)

柏林最棒的意大利餐厅，能够烹饪新鲜的鱼肉和独具匠心的肉菜，如配有沙拉尖果的马肉（Bresaola di Cavallo）。弗雷德里希大街167-8号 · 地图K4 · 每日：中午12点至午夜12点 · （030）20 67 28 28

5 布查德特餐厅 (Borchardt)

每一重要人物包括前任总理都曾在布查德特餐厅就餐。餐厅原是一处按照威廉时代风格（高柱，马赛克墙和砖地）建造的历史性建筑，现在则是能够烹调最好的法国菜的场所。如果没有提前预订，即使政府要人也无法就餐（参见121页）。法兰西大街（Franzosischestr.）47号 · 地图K4 · 每日：上午11点30分至凌晨1点 · （030）2038 71 10

6 一层饭店 (First Floor)

这是一处专门创造德国新式菜肴的高档美食餐厅，然而这一点作为严守的秘密而不广为人知。从菜单上看，都是柏林传统菜肴，如猪蹄爪配德国泡菜和以鱼为原材料的新式烹饪。每日特价菜价格优惠很多。布达佩斯特大街42号，饭店宫 · 地图N5 · 周一至周六：中午12点至下午2点30分，晚上6点开始营业 · （030）25 02 10 20

7 费舍尔斯-弗里兹餐厅（Fischers Fritz）

餐厅的特色鲜明，主营地方和异国鱼肉菜肴。克里斯汀·罗士（Chris-

受欢迎的布查德特餐厅

tian Lohse）厨师曾荣获两枚米其林星，制作乡村最美味的海上菜肴。夏洛腾街49号 · 地图K4 · 每日中午12点至下午2点，晚上6点30分至10点 · （030）203 363 63

8 法西尔餐厅（Facil）

“米其林名厨”餐厅之一，位于麦迪逊酒店（Madison Hotel）顶部的绿色地带，乍看起来像是一家书房，布置俭朴却不失雅致。厨师迈克尔 · 凯幕夫（Michael Kempf）能够烹饪出受人欢迎的、带有法国口味的地中海式佳肴（参见101页）。波茨坦大街3号 · 地图L2 · 周一至周五：中午12点至下午3点，下午7点至11点 · （030）59 00 52 22

9 御林广场上的鲁特-韦格纳餐厅（Lutter&Wegner Gendamenmarkt）

餐厅的前身是柏林葡萄汽酒地下室（Sektkellerei）（推测是气泡酒或葡萄汽酒制作的地方），历史很悠久。该餐厅以奥地利菜著名。顾客在这里可以品尝到城内最好的维也纳炸肉片（wiener schnitzel），再配一份单价相对比较低廉但很经典的热土豆沙拉。夏天，人们可在露天进餐。夏洛腾街56号 · 地图L4 · 每日上午11点至下午2点 · （030）202 95 40

10 阿娜-伊-布鲁诺（Ana e Bruno）

该饭店也是柏林最好的饭店之一，在这里您当然可以品尝到柏林城内最好的意大利菜肴。当看到菜单时，先不要震惊：菜肴旁边的数字表示的是菜肴的卡路里量，而不是菜价（尽管这些在菜单顶部也有标注）（参见87页）。索菲-夏洛腾街 101号 · 地图A3 · 周二至周六：晚上6点30分至午夜 · （030）325 71 10

阿娜-伊-布鲁诺餐厅

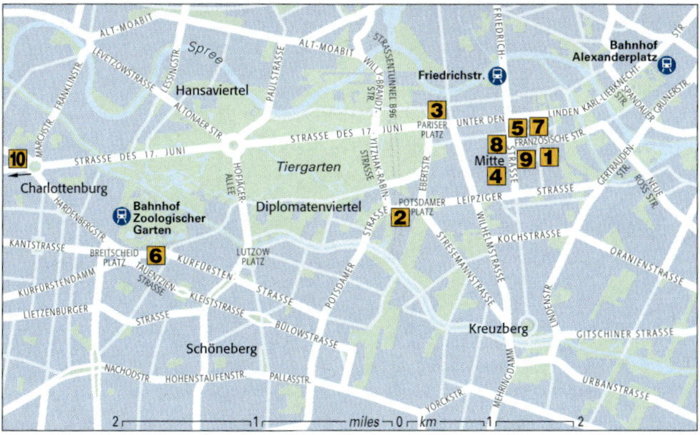

有关柏林地区餐厅更多信息，参见87，93，101，109和121页

UNSER GLAUBE IST
DER SIEG, DER DIE WELT
UEBERWUNDEN HAT.

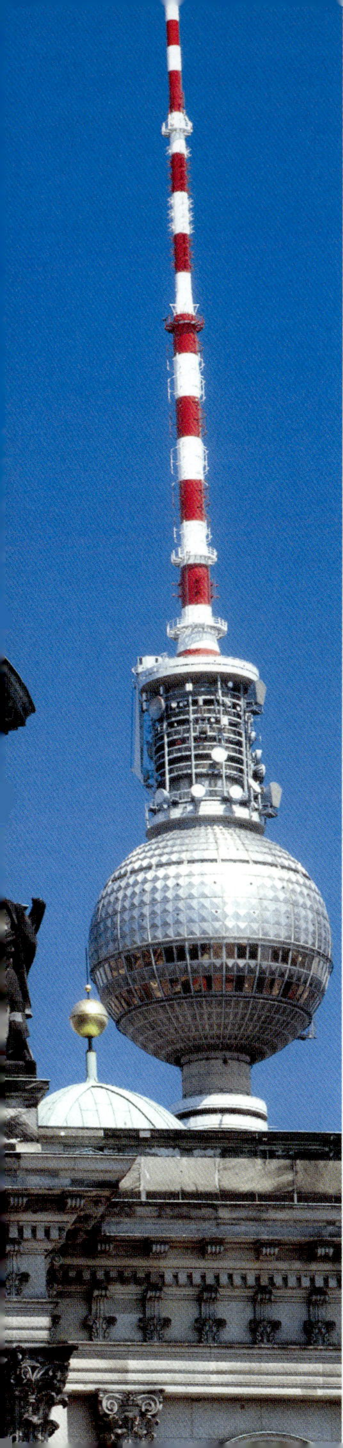

柏林十佳

分区逍遥游

萨维涅广场

夏洛腾堡宫前门上的雕塑

布里斯配德广场

夏洛腾堡区和施潘道区

夏洛腾堡区是柏林的核心区。在这里，人们可以感受到首都柏林比其他地方显得更加文质彬彬、更加国际化、更加开放、更加高雅。从库达姆大街拐进的古街上有小咖啡馆、餐厅、艺术画廊和服装精品店，店面都位于20世纪初坚固的住宅建筑之中。从这些街道和夏洛腾堡引以为豪的市政厅可以看出，这一地区曾是普鲁士王国最富有的城镇，也是1920年唯一被并入柏林城的地方。相比之下，同属于柏林一部分的施潘道区位于乡村地区，它唤起人们另一种特别的感受。施潘道区位于施普雷河和哈维尔河另一侧，中世纪末的古城和城堡使其看起来像一个独立的小城镇。

施潘道区的普鲁士鹰

TOP 10 十大景观

1. 库弗斯坦达姆大街
2. 夏洛腾堡宫
3. 柏林动物园
4. 施潘道城堡
5. 施潘道老城区
6. 萨维涅广场
7. 法萨安大街
8. 柏林电视塔和会展中心
9. 情色博物馆
10. 凯绥·珂勒惠支博物馆

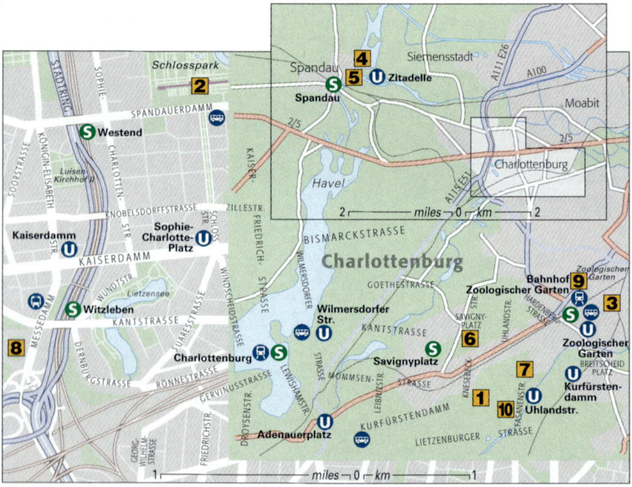

1 库弗斯坦达姆大街 (Kürfürstendamm)

柏林著名的林荫大道，也是夏洛腾堡区的骄傲所在。如今的景致比昔日更加优美。（参见24～25页）

2 夏洛腾堡宫 (Schloss Charlottenburg)

霍亨索伦王室的夏日行宫，宫内的巴洛克式和英式格调的花园是理想的漫步场所（参见28～31页）。施潘道路（Spandauer Damm）·地图A/B3·营业时间参见28页·（030）32 09 11·凭票入内

3 柏林动物园 (Zoologischer Garten)

德国最大、也是最老的动物园，是所有柏林人家庭游玩必去的地方。

4 施潘道城堡 (Zitadelle Spandau)

柏林唯一仅存的防御阵地，位于哈维尔河和施普雷河交会的地方，具有重要的战略地理位置。1560年由甘地诺（Francesco Chiaramelle de Gandino）仿照意大利城堡设计建造，四周以星形壕沟环绕。城堡有四个非常显著的坚固角堡，分别称为勃兰登堡（Brandenburg）、国王（Konig）、王后（Königin）和太子（Kronprinz）。早在12世纪，这里就坐落着一座城堡，现只有尤利乌斯瞭望塔（Juliusturm）得以幸存——该城堡在19世纪成为一座监狱。当时，当罪犯被押往监狱时，柏林人经常说“发放到尤利乌斯塔”（off to the Julio）。后来，这里用来存放帝国战争后法国赔偿的珍宝——1870年至1871年，爆发了普法战争。法国战败后，向德意志帝国做出了赔偿。王后角堡内现有一个城市历史博物馆。尤利乌斯瞭望塔（Am Juliusturm）·周二至周五：上午9点至下午5点；周六、周日上午10点至下午5点·（030）354 944 200·凭票入内

施潘道城堡

施潘道老城区：尼古拉教堂内景

5 施潘道老城区 (Spandau Old Town)

漫步在施潘道老城区，游人很快就会忘记自己还身处柏林这一事实。尼古拉教堂周围狭窄的弄堂和犄角旮旯到处充斥着中世纪末的房屋建筑。施潘道建于1197年，比柏林还要早，这些房屋就是一种见证。柏林最老的房屋，即16世纪初建造的哥特式房屋坐落该区布莱特大街（Breite）大街32号。

施潘道和柏林

西柏林人把居住在施潘道的人看作是另类人群：他们观念狭隘、行为粗俗，根本不能算是“真正的”柏林人。而施潘道人确定一点，即施潘道的历史比柏林要早60年，并能骄傲地讲述其发展历史。由于受施普雷河和哈维尔河之隔，施潘道从柏林城其他地方隔离出来，但是地理位置并不单是造成施潘道和柏林隔阂的原因。另外一个原因是：直到1920年，施潘道才被划入柏林。至今，施潘道人还会说要“前往柏林”之类的话，尽管柏林市中心距离施潘道乘坐地铁只有几站的路程而已。

萨维涅广场上的一块铭碑

法萨安大街上的文献大楼

拍卖会所

6 萨维涅广场 (Savignyplatz)

广场恰位于夏洛腾堡区心脏地带，以19世纪德国一位法学者命名，是柏林最具魅力的广场之一。在夏洛腾堡区，这里是艺术家和知识分子聚集的地方，也是外出就餐和娱乐的时尚住宅区。广场上有两片绿色空地，分别位于康德大街（Kantstraße）两侧。广场建于20世纪20年代，作为当时城市中心公园建设的一部分。其中辟有小径，设有长椅、凉棚，是休息的好去处。

萨维涅广场的楼房阳台

萨维涅广场周围分布着饭店、街道咖啡馆和商铺，特别是在横跨广场的三条大街上：格鲁曼大街（Grolmanstraße）、克尼斯贝克大街（Knesebeckstraße）和卡默尔大街（Carmerstraße）。许多饮酒狂欢者曾在晚上大肆庆祝后迷失方向，因此该区也被戏称为“萨维涅大三角”。萨维涅广场北部非常值得一去，这里有夏洛腾堡区最为著名的大街：克尼斯贝克大街、施吕特尔大街（Schlüterstraße）和歌德街（Goethestraße）。同时，这里也是夏洛腾堡区的一个繁荣社区。小商铺、书店、咖啡厅和专门零售店云集在此，生意很火，尤其是在周六。红瓦的轻轨拱廊坐落在广场以南，这里有商铺、咖啡厅和酒吧，因此游人络绎不绝；大部分位于布莱布特落伊街（Bleibtreustraße）附近通向萨维涅广场的过道，及位于广场对面的格鲁曼大街和乌兰德街（Uhlandstraße）之间的通道。康德街（An der Kantstra-ße）· 地图N3

萨维涅广场上的雕塑

7 法萨安大街 (Fasanenstraße)

这条景色优美的大街是库达姆岔道上最具魅力、最时尚的街道，一些创意商铺、画廊和饭店都隐匿于此。对那些将库弗斯坦达姆大街看作是纯粹的零售地带的大多数人来说，这里可谓是购物者的天堂。法萨安大街和库达姆大街的交会处是柏林最繁华的地带之一。享有盛名的一流“布里斯托尔柏林凯宾斯基酒店”（Bristol Berlin Kempinski）（参见72页）就坐落在法萨安大街北端。其对面是新老建筑巧妙融合的卢贝克合作银行（Lubbec-ke & Co bank）。它旁边是犹太人社区（Judis-ches Gemeinde-haus，参见84页），更远一些，在与康德大街交会的地方，是康德三

法萨安大街上的犹太人住宅

法萨安大街：布里斯托尔柏林凯宾斯基酒店

角（参见41页）。柏林证券交易所(Berliner Borse)，坐落在哈登堡大街拐角处极为现代的路德维希-艾哈德大楼(Ludwig-Erhard-Haus)里（参见40页）。街道南端是住宅别墅，一些看起来有些华而不实；另外这里也是文献大楼（Literaturhaus)、艺术品拍卖会所(Villa Grisebach)、凯绥·珂勒惠支博物馆（Käthe-Kollwitz-Museum，参见83页）所在地。此外，一些非常昂贵的时装店和几家舒适的餐厅也坐落在此。在南端，街道一直通向法萨安广场，1933年前许多艺术家曾在此居住。夏洛腾堡区 ·地图N/P4

8 柏林电视塔和会展中心 (Funkturm and Messegelande)

高达150米（492英尺）的柏林电视塔令人想起巴黎的艾菲尔铁塔(Eiffel Tower)。从远处眺望，它是目所能及的柏林标志性建筑之一。此塔1924年由海因里希·斯特劳莫（Heinrich Straumer）设计建造，用作天线和航空交通控制

法萨安大街上的商铺

夏洛腾堡区一日游

上午

从布里斯配德广场出发，向西方向沿库弗斯坦达姆大街（Kurfurstendamm，参见24～25页）步行。左拐进入法萨安大街（Fasanen-sraBe)，在此可参观凯绥·珂勒惠支博物馆（Kathe-Kollwitz-Museum，参见83页）和文献大楼（Literaturhaus)。晌午时分，可到位于文献大楼的冬日花园咖啡馆（Café Wintergarten）吃些东西，然后，向北沿法萨安大街返回。在左侧，人们会途经布里斯托尔柏林凯宾斯基酒店（Kempinski Hotel Bristol Berlin)，右侧会看到犹太人大楼和路德维希－艾哈德大楼（Ludwig-Erhard-Haus)。斜对面，即康德大街另一侧，坐落着西部戏剧院（Theater des Westens，参见57页）。沿康德大街左侧继续前行，可到达斯蒂尔沃克时尚商品购物中心（Stilwerk，参见60～61页），一般在此人们都不会空手而归。

下午

位于斯蒂尔沃克时尚商品购物中心的灵魂餐厅(Soultrane）是午餐的一个好去处（参见87页）。午餐过后，沿康德大街继续前行，到达萨维涅广场（Savignyplatz)：人们可到广场周围的街道四处逛逛，如格鲁曼街、克尼斯贝克街、卡默尔街和蒙森街(MommsenstraBe)。这里有众多的小商铺，人们情不自禁地会掏出钱包购物。在萨维涅咖啡馆（Café Savigny，参见86页），人们可品尝到生奶油的果馅饼和咖啡。接近傍晚时分，推荐去德雷斯勒餐厅(Dressler，参见87页)，可品尝各式地道的法国菜肴。

会展中心的荣誉厅

塔。在125米（410英尺）的高处，有一望景台，从上可俯瞰到壮观景象。55米（180英尺）高处，设有一餐厅，从餐厅向下望，可看到电视塔最古老的地方、会展中心和周围的看台。东边一座巨大的建筑物是1936年由里查德·厄密斯（Richard Ermisch）设计建造的荣誉厅（Hall of Honour），是一种庞大的法西斯主义建筑风格。

荣誉厅对面，耸立着银光闪闪的国际会展中心（ICC）——1975年至1979年由马库斯·舒勒（Ralf Schuler）和鲁舒莉娜·舒勒·维特（Ursulina Schuler-Witte）

柏林电视塔

夏洛腾堡区的历史

雄伟壮观的夏洛腾堡区市政厅（Charlottenburger Rathaus）位于奥托巷（Otto-Suhr-Allee），它令人回忆起当时有着20万人口的独立小城镇。夏洛腾堡区以夏洛腾堡宫命名，1705年从中世纪的Lietzow居民区发展起来。19世纪末，夏洛腾堡区成为普鲁士最富有的城镇，有过短暂而辉煌的岁月：居民在西区兴建了别墅和库弗斯坦达姆大街。由于这里汇聚了大量的剧院、歌剧院和工业大学，该区在20世纪20年代发展成为柏林的西区。

建立。迄今为止它仍是世界上最先进的会展中心之一：内有80多间房屋，能容纳5000多人。柏林巨大的展览场所是世界上最大的，占地16万平方米（40英亩）。除其他展览外，绿色周农业展（Grune Woche）、国际旅游展（Internationale Tourismusborse）和国际电视展（Internationale Funkausstellung）都在此举办。会展路（Messedamm）22号·地图A4/5·周一：上午11点至晚上9点；周二至周日：上午10点至晚上11点·（030）30 38 29 96·凭票入内

9 情色博物馆 (Erotik-Museum)

贝亚特·乌泽（Beate Uhse），2001年逝世，生前一直是情色工业的先锋人物。她以这座不同寻常的博物馆为自己创建了一座纪念碑。不同时代、不同文化背景的情色艺术作品和拙劣的工艺品在此都公诸于众。博物馆旁边有一家影院和一个贝亚特-乌泽成人用品商店。康德大街5号·地图N4·每日：上午9点至午夜12点·

(030) 886 06 66 · 凭票入内（18岁以下不得入内）

10 凯绥·珂勒惠支博物馆 (Käthe Kollwitz -Museum)

博物馆里主要收藏了柏林艺术家凯绥·珂勒惠支（Kathe Kollwitz, 1897－1945）的艺术作品。她通过大量油画、平面画和素描记录了20世纪20年代工人的苦难。在第一次世界大战经历丧子和丧孙之痛后，她的作品主题主要用于表现战争和母爱。博物馆里收藏了大约200幅凯绥的作品，其中包括几幅自画像。法萨安大街24号 · 地图P4 · 周三至周一：上午11点至晚上6点 · （030）882 52 10 · 凭票入内

凯绥·珂勒惠支：母与子

施潘道一日游

上午

在城中心，乘坐去往鲁赫本（Ruhleben）方向的U2号线地铁，俾斯麦大街站（BismarckstraBe）下车换乘去往施潘道市政厅方向的U7号线。十分钟后，抵达施潘道老城区（Spansau Old Town，参见79页），在这里，人们可游览参观布莱特街和尼古拉教堂。

一定要在游览过施潘道城堡（Zitadelle Spandau）后，再返回夏洛腾堡区。在施潘道博物馆咖啡厅，有人还可以享受一顿延迟的早餐。之后乘地铁返回，但这次在威尔马多夫大街（Wilmersdorfer Straße）站下车——这里是柏林为数不多的步行区之一，对于购物狂和喜欢淘东西的人而言，不失为一个好地方。

下午

从威尔马多夫大街出发，沿凯撒大道（Kaiserdamm）向西步行20分钟，就到了柏林电视塔（Fuinkturm）和建有荣誉厅(Ehrenhalle)的会展中心（Messegelande）。游人可在柏林电视塔餐厅边吃午餐，边欣赏壮观的景色。附近的广播大楼（haus des Rundfunks）和乔治-科尔贝博物馆（Georg-Kolbe-Museum）（参见84页）也值得一观。参观完博物馆之后，如果仍有时间和精力，可以由此乘坐218路巴士到奥林匹亚体育馆（Olympiastatdion）（参见68页）。傍晚，乘坐149路巴士可以返回夏洛腾堡区和萨维涅广场。之后可在弗洛里安餐厅（Florian's）享用名副其实的法兰克式（Franconian）美味佳肴。

德国歌剧院

本诺·奥内佐格纪念像

西部戏剧院

TOP 10 十佳休闲去处

1 奥林匹亚体育馆 (Olympiastadion)

1936年为奥运会兴建，属典型法西斯建筑风格（参见68页）。奥林匹亚广场（Olympischer Platz）·4月至10月：每日上午10点至晚上7点·（030）25 00 23 22

2 乔治-科尔贝博物馆 (Georg-Kolbe-Museum)

乔治-科尔贝（1877－1947）的雕塑作品在其家乡和工作间都有展示。森斯伯格街（Sensburger Allee）25号·地图P4·周二至周日上午10点至下午5点·（030）304 21 44·凭票入内

3 柯布西耶大楼 (Le-Corbusier-Haus)

此栋公寓大楼初为1957年的国际贸易展而建，法国建筑师柯布西耶（Corbusier）曾在此居住。大楼的设计旨在缓解二战后住房急剧短缺的问题，这在当时非常具有创新意义。弗拉托夫街（Flato-wallee）16号

4 犹太人社区 (Jüdisches Gemeindehaus)

柏林犹太人社区位于夏洛腾堡区犹太教堂周边。1938年11月9日在纳粹对犹太商铺的大毁坏中受到重创，二次世界大战中几乎全部毁灭，现在只残留有大门。法萨安大街79-80号·地图P4·每日上午11点至晚上8点·（030）88 02 82 01

5 西部戏剧院 (Theatre des Westens)

剧院坐落在1895至1896年间建造的一所漂亮的大楼里。因演出轻松的文娱节目而富有盛名，被认为是德国最好的音乐剧院之一。康德大街12号·地图N4·周二至周六晚上8点；周日晚上6点·（0180）599 89 99

6 德国歌剧院 (Deutsche Oper)

1961年开放，专门上演意大利和德国经典剧目。俾斯麦大街（Bismarckstr.）34-37号·地图B4·（030）341 02 49·凭票入内

7 本诺·奥内佐格纪念像 (Denkmal Benno Ohnesorg)

1971年阿尔弗雷德·尔德里卡（Alfred Hrdlicka）创作，用以纪念1967年4月2日游行示威中被击毙的学生本诺·奥内佐格。俾斯麦大街（Bismarckstr.）·地图B4

8 柏林技术大学 (Technische Universität)

柏林技术大学成立于1879年。6月17日街·地图C4·周一至周五：早8点至晚8点·（030）31 40

9 柏林艺术学院 (Universitat der Kunste)

柏林艺术学院是德国最好的美术、建筑和设计院校之一。哈登堡大街32-33号·地图N4·周一至周五：上午8点至晚上8点·（030）318 50

10 情色博物馆 (Erotik-Museum)

馆内展有各种情色作品。康德大街5号·地图N4·每日：上午9点至午夜12点（周日下午1点开放）·（030）886 06 66·凭票入内（18岁以下不得入内）

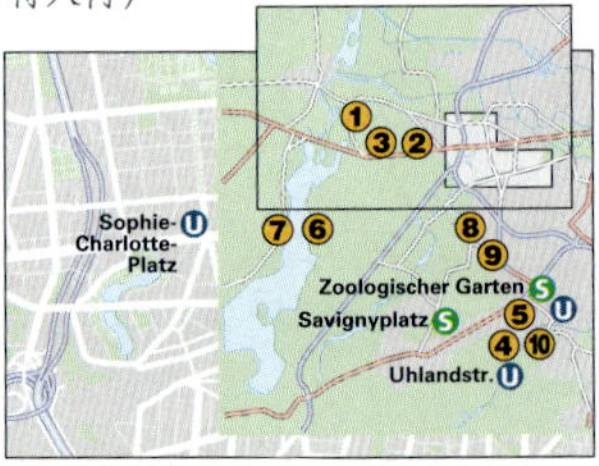

齐勒宫

林德纳乳制品店

花茶店

TOP 10 十佳商铺和市场

1 斯蒂尔沃克时尚商品购物中心（Stilwerk）

该购物中心专门经营时尚创意商品（参见60页）。康德大街17号 · 地图C4 · （030）31 51 50

2 艺术品和古玩市场6月17日街

柏林最大的古玩和跳蚤市场，出售一些非常好的商品（参见60页）。6月17日街 · 地图M4 · 周六、周日：上午10点至下午5点

3 皮克与克洛彭堡时装店（Peek & Cloppenburg）

五层大楼，经营男女服装和童装，是柏林最受欢迎的百货商店。陶恩采大街（Tauentzienstr.）19号 · 地图P5 · 周一至周六上午10点至晚上8点 · （030）212 900

4 霍尔胡贝服装店（Hallhuber）

一家高档服装店，经营男女最新款式的品牌服装（如：DKNY，保罗-史密斯等一流品牌）以及价格不算昂贵的自产品牌。库弗斯坦达姆大街13号 · 地图P4 · （030）881 20 78

5 高架桥书屋（Bücherbogen）

柏林具有领先地位的美术摄影书店，地处隐蔽，位于轻轨高架桥下的三间拱廊之内。萨维尼广场 · 地图N3 · （030）31 86 95 11

6 吉尔·桑德服装店（Jil Sander）

一流服装精品店，专营男女流行服装，设计简洁而雅致。库弗斯坦达姆大街185号 · 地图P4 · （030）3886 7020

7 林德纳乳制品店（Butter Lindner）

传统的柏林商店，专营新鲜的自制食品和熟食。它有很多分店，其中最著名的一家位于夏洛腾堡区。克尼斯贝克大街（Knesebeckstr.）92号 · 地图P3 · 周一至周五上午8点30分至晚上8点；周六上午8点30分至下午4点 · （030）710 910

8 帕特里克-海尔曼服装店（Patrick Hellmann）

制作男女时装，取料上乘。服装设计师包括海尔曼（Hellmann）本人和其他知名业内人士。库弗斯坦达姆大街53和布莱布特罗伊街（Bleibtreustr.）20号 · 地图P3 · 周一至周五：上午10点至晚上8点；周六：上午10点至下午4点 · （030）8822 565

9 花茶店（Tee Gschwendner）

店面极小，是茶叶爱好者喜欢光顾的地方。楼上设有茶室，人们可在此品尝新茶。库弗斯坦达姆大街217号 · 地图P4 · 周一至周五上午10点至晚上7点；周六早8点至下午1点 · （030）313 43 33

10 齐勒市场（Zille-Market）

老柏林小古玩市场。商品价格不菲，但有大量东西可供选择。法萨安大街15号 · 地图P4 · 周一至周五上午10点至晚上6点；周六上午10点至下午2点 · （030）313 43 33

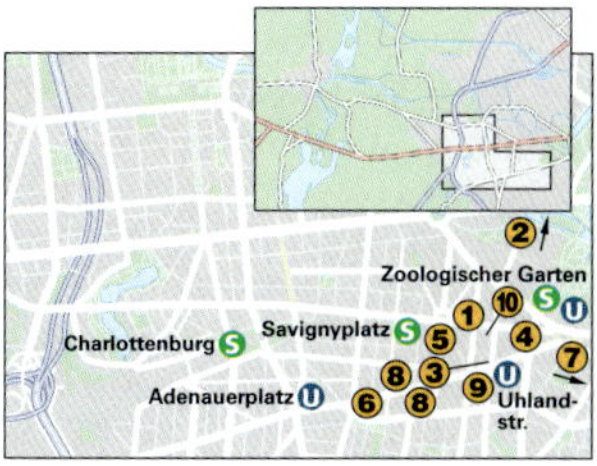

更多购物信息，参见170页

冬日花园咖啡馆

现代派咖啡屋

位于斯特恩广场的电影舞台咖啡馆

TOP10 十佳咖啡馆

1 文献大楼中的冬日花园咖啡馆（Café Wintergarten im Literaturhaus）

柏林最漂亮的咖啡馆之一，坐落于老城区一栋房子的温室之中。夏季，游人可坐在文献大楼花园外面。法萨安大街23号 · 地图P4 · 每日上午9点30分至第二天凌晨2点 · （030）882 54 14 · 不接受信用卡

2 萨维涅咖啡馆（Café Savigny）

独特的咖啡馆：传统的内部装潢，宽松的氛围。这里的水果派尤其值得一试。格鲁曼大街（Grolmanstr.）53-54号 · 地图N3 · 每日上午9点至第二日凌晨1点 · （030）312 81 95

3 莱西弗咖啡屋（Café Leysieffer）

柏林最老的法式蛋糕店，位于前中国大使馆内。库弗斯坦达姆大街218号 · 地图P4 · 周一至周六上午9点至晚上7点；周日上午10点—下午5点 · （030）885 74 80

4 克兰次勒咖啡馆（Café Kranzler）

新克兰次勒咖啡馆与一战前的老咖啡馆虽大有不同，但窗外库达姆大街上的景色依然如故，十分迷人。库弗斯坦达姆大街18号 · 地图P4 · 每日：早上8点30分至晚上10点 · （030）887 18 39 25

5 斯特恩广场：电影舞台咖啡馆（Café Filmbuhne am Steinplatz）

其他咖啡馆也许会供应美味的糕点，但这家咖啡店因为众多学生光顾，尤其显得出类拔萃。哈登堡大街12号 · 地图N3 · 每日上午9点至午夜 · （030）312 65 89

6 哈登堡咖啡馆（Café Hardenberg）

柏林技术大学学生咖啡馆，气氛热烈，价格公道。哈登堡大街10号 · 地图N3 · 每日上午9点至第二天凌晨1点 · （030）312 26 44 · 不接受信用卡

7 巴尔扎克咖啡馆（Café Balzac）

位于柏林技术大学对面，其风格效仿了美国连锁咖啡店星巴克咖啡馆。哈登保街4号 · 地图M3 · 周一至周五早上7点30分至晚上8点；周六早上7点30分至晚上6点 · （030）31 80 01 02 · 不接受信用卡

8 爱德斯咖啡馆（Café Aedes）

这家现代咖啡馆位于轻轨拱廊之下，是建筑画廊的一部分。艾尔斯-乌利拱桥（Else-Ury-Bogen）· 地图N3 · 每日上午9点至午夜12点 · （030）31 50 95 35

9 克莱恩橘园咖啡店（Café Kleine Orangerie）

位于夏洛腾堡宫的一家小花园咖啡店。施潘道街20号 · 地图A3 · 每日上午10点至晚上10点 · （030）322 20 21

10 施瓦茨咖啡屋（Schwarzes Cafe）

标新立异的摇滚咖啡屋，全天有早餐供应。康德大街148号 · 地图N4 · 全天营业 · （030）313 80 38 · 不接受信用卡

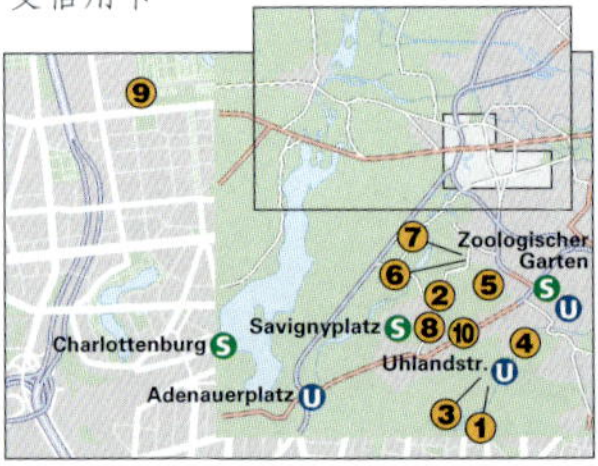

提示：除有特别标注外，所有餐厅都接受信用卡和供应素食

巴黎酒吧入口处

康德大街：库奇饭店

价格分类

以每人三道菜、半瓶酒（或等值的餐点内容）、税金以及其他费用来估算	€	低于20欧元
	€€	20～30欧元
	€€€	30～45欧元
	€€€€	45～60欧元
	€€€€€	60欧元以上

TOP10 十佳餐厅

1 巴黎酒吧（Paris Bar）

柏林最著名的法国餐厅，烹饪考究。因有名人光顾，氛围不同凡响。康德大街152号 · 地图N3 · 中午12点至次日凌晨2点 · （030）313 80 52 · €€

2 老卢森堡餐厅（Alt-Luxemburg）

卡尔 · 万纳马切尔厨师（获米其林名厨称号）不仅能烹饪一手漂亮的德国菜，还能做出国际菜肴。温德沙特街（Windscheidstr.）31号 · 周一至周六下午5点至午夜12点 · （030）323 87 30 · €€€€

3 灵魂餐厅（Soultrane）

就餐环境时尚，经营精美的国际菜肴。厨师将德式烹饪与亚洲烹饪结合并加以创新。康德大街17号 · 地图N3 · 周一至周六上午10点至次日凌晨1点；周日晚上6点至次日凌晨1点 · （030）3151860 · €€€

4 刘别谦餐厅（Lubitsch）

饭店小而别致，经营德式和意式烹饪相融合的菜肴。Bleibtreustr. 47 · 地图N/P3 · 周一至周六上午10点至午夜；周日晚上6点至午夜 · （030）882 37 56 · €€

5 弗洛里安餐厅（Floria）

电影爱好者经常光顾的时尚餐厅，主要经营德国菜肴。Grolmanstr. 52 · 地图N3 · 每日晚上6点30分至次日凌晨3点 · （030）313 91 84 · €€

6 一层餐厅（First Floor）

20世纪20年代风格的餐厅，经营传统的柏林菜肴和法国菜肴。布达佩斯特街45号 · 地图N5 · 周日至周五中午至下午2点30分；晚上6点至晚上11点30分；周六晚上6点至晚11点30分 · （030）25 02 10 20 · €€

7 德雷斯勒餐厅（Dressler）

德雷斯勒餐厅，无论从室内布置还是烹制的菜肴，处处都让人有如临法国浪漫餐厅之感。冬日，不妨品尝一下这里的野味和家禽菜肴。库弗斯坦达姆大街207-208号 · 地图C5 · 每日上午10点至次日凌晨1点 · （030）883 35 30 · €€

8 奥斯特里亚海鲜餐厅（Austeria）

这是一家新开的家常鱼肉和海鲜餐厅，在此可品尝到精品牡蛎。库弗斯坦达姆大街184号 · 地图C5 · 周一至周六上午11点至次日凌晨1点 · （030）881 84 61 · €€€

9 库奇饭店（Kuchi）

主要经营精美的寿司和混合亚洲辛辣菜肴，饭店风格简约，受当地人青睐。康德大街30号 · 地图M3 · 周一至周四中午12点至午夜；周五至周日中午12点至第二天凌晨1点 · （030）315 078 15 · €€

10 阿娜-伊-布鲁诺餐厅（Ana e Bruno）

柏林最好、也是最贵的一家意大利餐厅，这里服务热情，菜肴鲜美。索菲-夏洛腾街（Sophie-Charlotten-Str.）101号 · 地图A3 · 周二至周六每日晚上6点30分至午夜 · （030）325 71 10 · €€€€

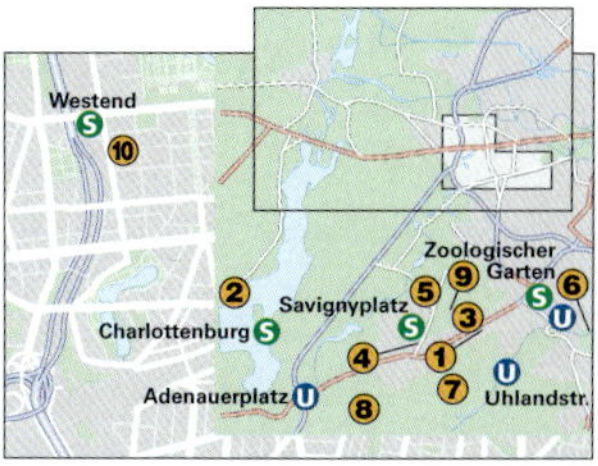

有关柏林饭店更多信息，参见74页

万湖：栈桥

孔雀岛：城堡遗迹

孔雀岛：雅各布水井

格鲁内瓦尔德区和达莱姆区

柏林的绿色南部包括格鲁内瓦尔德区和达莱姆区。这里到处分布着湖泊、河流，坐落着小的城堡、私人宅邸和住宅别墅，还有林荫路及供旅行者小憩的咖啡馆。尽管富人和柏林的名人相继在此建造房屋，格鲁内瓦尔德区和达莱姆区还是设法保留了其乡村特色。在柏林西南部，有很多景点：游人可在格鲁内瓦尔德森林里自由漫步，或者渡船经过美丽的湖泊抵达孔雀岛，岛上有一个充满浪漫气息的城堡遗迹，是当地人喜欢的地方。万湖的海滨浴场是欧洲最大的内陆海滩，每天欢迎着近4万名游客，他们到这里散心、嬉戏，或在美丽的白色海滩上戏水。达莱姆博物馆建筑群中的人种文化和艺术收藏，也很值得一看。同时，同盟国博物馆和万湖会议纪念馆不禁让人忆起柏林那段令人辛酸的往事。

孔雀岛上的孔雀

TOP 10 十大景观

1. 达莱姆博物馆
2. 孔雀岛
3. 小格林尼克宫
4. 万湖会议纪念馆
5. 万湖海滨浴场
6. 同盟国博物馆
7. 莫斯科广场
8. 达莱姆别墅
9. 格鲁内瓦尔德狩猎行宫
10. 杜普尔博物馆村庄

1 达莱姆博物馆 (Dahlem Museum)

柏林南部的这4座博物馆，主要展现了外国文化和其他各个民族的风貌，是德国最好的民族文化收藏馆之一。民族博物馆收藏有世界各地大约100万件展品，具有艺术价值的非洲祭拜物品和来自北美印第安的展品尤为特别。这里还有原尺寸大小的南太平洋岛居民居住的木屋和使用的船只。此外，玛雅人、阿芝台人、印加人的大量陶制雕刻和石雕同样能给人留下深刻的印象。东亚艺术博物馆（Museum fur Ostasiatische Kunst）主要展示了1000多年以来的远东文化，馆内陈列了来自韩国、中国和日本的陶瓷和漆器制品。古中国的翡翠非常抢眼。兰斯街（Lansstr.）8号（欧洲文化博物馆：温克尔/Winkel 6-8）·周二至周五：上午10点至晚上6点；周六、周日：上午11点至晚上6点·（030）830 11·凭票入内

达莱姆博物馆的展品

2 孔雀岛（Pfaueninsel）

岛上罗曼蒂克的宫殿遗址和与之齐名的孔雀不断吸引着观光的游人。万湖岛是柏林最具魅力的景点之一，需乘渡船抵达（参见70页）。孔雀岛路（Pfaueninselchaussee）·上午10点至下午1点；下午1点30分至晚5点·（030）80 58 68 32·凭票入内

3 小格林尼克宫 (Scholss Klein-Glienicke)

小格林尼克宫是柏林霍亨索伦王室宫殿中最漂亮的宅邸之一。城堡内有一个开阔的庭院，充满了浪漫气息。1824年至1860年由辛克尔（Schinkel）建造，作为普鲁士卡尔（Carl）王子的避暑行宫。庭院景观由彼得·约瑟夫·林内（Peter Joseph Lenne）设计，其中隐藏着很多秘密，比如称为“大好奇”（GroBe Neugierde）和“小好奇”(Kleine Neugierde)的亭台楼阁、花园房和茶房、水上的游乐场（前身是招待宾客的地方）和橘园温室。国王大街（Konigstr.）36·5月中旬至10月中旬，周六、周日：上午10点至下午5点·（030）805 30 41·凭票入内

小格林尼克宫里的格兰芬塑像

4 万湖会议纪念馆 (Gedenkstatte Haus der Wannsee-Konferenz)

很难令人相信，惨绝人寰的大屠杀竟是在这般风景如画的地方——万湖之上一栋优雅的别墅中策划出来的。1914年至1915年保罗·鲍姆加登（Paul Baumgarten）仿造小新巴洛克宫殿，为恩斯特·马里耶（Ernst Marlier）商人建造了这栋别墅。就是在这里，纳粹中坚分子，其中就有臭名昭著的阿道夫·艾希曼（Adolf Eichmann），于1942年1月20日开会并讨论屠杀犹太人的细节。纪念馆设有一个展览，文献证实了此次会议的真实性和其后果。另外，陈列的物品也展现了此栋建筑的历史。大万湖（Am GroBe Wannsee）56-58页·上午10点至晚上6点·（030）80500 10·免票入内

万湖会议纪念馆外

普鲁士和古代建筑

自1821年起，庭院设计师彼得·约瑟夫·林内（Peter Joseph Lenne）和建筑师卡尔·弗雷德里希·辛克尔（Karl Friedrich Schinkel）就设法将波茨坦乡村、周边的树林和湖泊建设成为一个“天堂岛”。他们的方案基于建筑和庭院的古典理念，即和谐一体化，这恰与新古典时代盛行的建筑观相符合。所以普鲁士宫殿的建筑风格常令人追忆起古希腊和罗马的建筑及意大利文艺复兴建筑。

5 万湖海滨浴场 (Strandbad Wannsee)

欧洲最大的内陆海滩，位于城市中部，这里风景独特，每日吸引着4万人前来游玩。海滨浴场于1929年至1930年建造，最初用于周边地区工人的休闲娱乐场所（参见66页）。万湖海滨路（Wannseebadeweg）25号·4月至10月：周一至周五：上午10点至晚上7点；周六、周日：早上8点至晚上8点·（030）803 56 12·凭票入内

6 同盟国博物馆 (Alliiertenmuseum)

漫步于博物馆中，人们不禁追忆起西柏林与西联盟近50年的合作伙伴关系。博物馆位于前美国军营，展品有制服、文献、武器和军事设备。博物馆不仅从军事角度出发，也同时向游人讲述了柏林战后的历史。克雷街（Clayallee）135号·除周三外，每日上午10点至晚上6点·（030）818 19 90·门票免费

7 莫斯科广场 (Mexikoplatz)

位于策伦多夫南区的莫斯科广场极具情调，非常有气氛；从建筑学角度，可谓是柏林最吸引人的广场之一。广场中间是两片圆形绿地，两侧是别致的半圆形新艺

托尼·莱斯勒街23号别墅的雕像

术公寓楼，前方坐落着柏林最后仅存的艺术装饰风格的轻轨站。黄色建筑外以绿色鹅卵石覆盖，夏季时，阳台上摆满了绿植和鲜花。柏林最宏伟的一些房屋就坐落在阿根廷街和菩提巷上。许多名人居住在广场附近。莫斯科广场

8 达莱姆别墅 (Dahlem Villas)

柏林最具魅力的别墅之一，初建于19世纪，位于格鲁内瓦尔德轻轨站附近的街道上。特别值得一看的是温克尔街（Winklerstraße）15号和11号住宅。11号别墅由赫尔曼·慕特修斯（Hermann Muthesius）建造，其样式仿照了英国乡村宅邸。旁边的12号玛兰别墅（Villa Maren）属新文艺复兴建筑风格。托尼·莱斯勒街（Toni-Lessler-StraBe）和富特文格勒街上（FurtwanglerstraBe）的别墅也非常值得观看，即使费一些周折，也不枉此行。大万湖（Am GroBe Wannsee）

9 格鲁内瓦尔德狩猎行宫 (Jagdscholss Grunewald)

这座白色耀眼的小宫殿建于1542年，初为大选侯的狩猎行宫。城

温克尔大街11号别墅

同盟国博物馆：www.alliiertenmuseum.de

格鲁内瓦尔德狩猎行宫

堡建筑风格属文艺复兴建筑和巴洛克式风格，内收藏有德国和荷兰的绘画。鲁内瓦尔德胡腾街(Hüttenweg) 100号 · 5月至10月：周二至周日：下午2点至5点；11月至4月：周六、周日：上午11点至下午1点或下午3点（仅限于旅行团） · (030) 813 35 92 · 凭票入内

10 杜普尔博物馆村庄 (Museumsdorf Düppel)

位于杜普尔的一座露天博物馆，它让人想起柏林曾经由几座村庄组成，最古老的村庄要追溯到13世纪。这座博物馆被演员们活化了：他们身穿中世纪的服装，将中世纪人们的日常生活加以重现。这里有古老手工艺的现场演示，如烤面包、制陶和篮状编织。村庄中的绿植具有广泛的用途，如同中世纪时期一样。克劳尔街(Clauertstr.) 11号 · 4月至10月：周日，上午10点至下午5点；周四，下午3点至晚上7点 · (030) 802 33 10 · 凭票入内

杜普尔博物馆村庄

南部一日游

上午

首先乘坐轻轨（S7号线和S1号线）到达莫斯科广场。这里，人们可欣赏到漂亮的别墅和可爱的绿色广场。然后到阿根廷街（Argentinische Allee）的科隆咖啡馆（Café Krone）吃上一顿晚早餐。待精力充沛之后，继续向西步行或乘坐211路公车抵达露天博物馆：杜普尔博物馆村庄（Museumsdorf Duffel）。参观完毕，乘公车由此返回，途经阿根廷街，然后抵达同盟国博物馆（Alliiertenmuseum）。从博物馆出发，漫步走过路易森王后街（Königin-Luise-Straße），穿过景色优美的街道，就到达自由大学（Free University）的路易森啤酒坊（Luise，参见93页），人们可以在此解决午餐。

下午

下午的参观从达莱姆博物馆（Dahlem Museum）（参见89页）开始。在此小憩之后乘坐地铁（U2号线，达莱姆村庄）到达库伦姆-兰克湖（Krumme Lanke）。由此步行便可到达莫斯科广场轻轨站，然后乘坐轻轨抵达万湖轻轨站，从这里人们可以去往柏林西南部所有景点。如果天气好，可到万湖海滨浴场（Strandbad Wannsee）或万湖会议纪念馆（Haus der WannseeKonferenz）游览一圈（参见89页），然后去欣赏一下花园和小格林尼克宫（Scholss Klein-Glienicke，参见89页）。参观完毕，不妨到小格林尼克宫的莱米斯（Remise）喝杯咖啡，吃些糕点或在此用晚餐。从万湖返回最佳方式是乘坐轻轨。

杜普尔博物馆村庄：www.dueppel.de

汤姆叔叔的小屋

圣安娜教堂

柏林自由大学的外观

TOP10 十佳休闲去处

1 斯托尔普村庄（Stolpe）
至今为止，这座小村庄还保存着最原始的风貌。

2 格鲁内瓦尔德塔楼（Grunewaldtrum）
新哥特式红砖建筑。登高望去，景色迷人。塔楼始建于1897年，用以纪念凯撒·威廉一世。现内设一家餐厅。哈维尔道（havelchaussee）

3 汤姆叔叔的小屋（Onkel-Tom-Siedlung）
“汤姆叔叔的小屋”所在地，依据布鲁诺·陶特（Bruno Taut）和其他人的设计，1926年至1932年建造，最初是为工人们设计的现代化居民区，这与他们当时所居住的黑乎乎的破旧公寓楼大有不同。阿根廷街（Argentinische Allee）

4 自由大学（Free University）
1948年创建以与东柏林洪堡大学相抗衡。它是柏林最大的校园，占据了达莱姆区大部分地区。值得一看的是20世纪50年代的亨利-福特大楼（Henry-Ford-Bau）和所谓的锈迹斑斑的房子（Rostlaube），目前所见的建筑是经诺曼·弗斯特勋爵（Sir Norman Foster）重新设计而成的。（Garystr.）

5 鬼堡（Teufelsberg）
这里有山有水、有深绿的鬼湖，是周末一日游的好去处，人们在此可以放风筝、骑车、日光浴。

6 圣彼得-保罗教堂（St-Peter-und-Paul-Kirche）
这栋魅力非凡的石砌教堂，1834年至1837年由史都勒（Stüler）设计建造，其风格仿效了俄国东正教教堂。人们经常在此举办婚礼仪式。尼古拉街（Nikolskoer Weg）11号·每日：上午11点至晚上6点·（030）805 21 00

7 尼古拉木屋（Blockhaus Nikolskoe）
这座小木屋，建于1819年，是国王腓特列威廉三世送给女儿夏洛特（Charlotte）和女婿（即后来的尼古拉沙皇一世）的礼物。1985年大火之后，这座俄式木屋（dacha）得以重修。尼古拉街（Nikolskoer Weg）15号·周五至周一：上午10点至晚上6点·（030）805 29 14

8 亨利希·冯·克莱斯特的墓地（Heinrich von Kleist's Tomb）
德国剧作家克莱斯特和其伴侣亨利涅特·沃格尔（Henriette Vogel）于1811年双双自毙；死后被葬在一起（轻轨天桥附近）。万湖克莱恩（Am Kleinen Wannsee）俾斯麦大街（Bismarckstr.）3号

9 圣安娜教堂（St-Anna-Kirche）
14世纪的哥特式教堂，在柏林乡村极具代表性。教堂内壁画描述了圣安娜的平生经历，非常引人入胜。另外，教堂还陈列有11位后哥特式圣徒塑像和巴洛克式的讲道坛。路易森皇后街（Konigin-Luise-Str.）/（Pacelliallee）

10 电视塔大道（Teltower Damm）
策伦多夫的主要购物街，一直以来沿袭了其乡村风貌，1768年所建的巴洛克式教堂也保留至今。策伦多夫轻轨站

价格分类	
以每人三道菜、半瓶酒（或等值的餐点内容）、税金以及其他费用来估算	€ 低于20欧元 €€ 20～30欧元 €€€ 30～45欧元 €€€€ 45～60欧元 €€€€€ 60欧元以上

保尔斯伯恩餐厅标志　　尼古拉木屋餐厅

TOP 10 十佳餐厅和啤酒坊

1 万湖洛蕾塔餐厅 (Loretta am Wannsee)

到万湖游玩的人们都喜欢光顾此地。餐厅内有一个很大的啤酒园，园中栗树成荫，氛围颇佳，因而受到顾客青睐。太子路（Kroprinzessinnen-weg）260号 · 上午11点至午夜 · (030) 803 51 56 · €

2 保尔斯伯恩餐厅 (Forsthaus Paulsborn)

乡村风味餐厅，位于鲁内瓦尔德狩猎行宫附近。餐厅前身是一座古老的狩猎小屋。Hutten-weg 90号 · 夏季：周二至周日上午11点至晚上11点；冬季：周二至周日上午11点至晚上6点 · (030) 818 19 10 · €€

3 施尔德荷恩餐厅 (Wirtshaus Schildhorn)

格鲁内瓦尔德的新式烹调餐厅，位于万湖海岸线上，风景优美。夏天人们可在户外享用煎香肠。施尔德荷恩，哈维尔路（Havelchaussee/StraBe am Schildhorn 4a）· 夏季每日上午11点至午夜；冬季周六、周日上午11点至晚上10点 · (030) 305 31 11 · €€

4 尼古拉木屋餐厅 (Blockhaus Nikolskoe)

在这栋古老的俄式木屋中，可品尝到德国传统美食。Nikolskoer Weg 15号 · 周五至周三上午10点 · (030) 805 29 14 · 不接受信用卡 · €€

5 孔雀岛饭店 (Wirtshaus zur Pfaueninsel)

经营德国乡村美食的户外小饭馆。游览孔雀岛之前，在此补充能量，是最佳的选择。孔雀岛道（Pfauenin-selchasussee）100号 · 夏季每日上午9点至晚上8点；冬季每日上午10点至晚上6点 · (030) 805 22 25 · €€

6 旧克鲁格达莱姆啤酒坊 (Alter Krug Dahlem)

很大的啤酒坊，经营多种美食，并供应美味葡萄酒和甜点。路易森王后街52号 · 每日上午11点至午夜 · (030) 84 31 95 40 · €€

7 路易森（Luise）

柏林最好的啤酒坊之一，位于自由大学校内。即使在午餐时间，也非常拥挤，氛围很是热烈。极力推荐这里的可口沙拉和三名治。路易森王后街40号 · 每日上午10点至第二天凌晨1点 · (030) 304 12 03 · €€

8 格鲁内瓦尔德塔楼餐厅 (Grunewaldturm-Restaurant)

置身于该餐厅，人们可边品尝鲜美的蘑菇和野味佳肴，边欣赏万湖的美景。哈维尔路61号（Havel-chaussee）· 夏季：每日上午10点至午夜；冬季：每日上午10点至晚上6点 · (030) 304 12 03 · €€

9 小格林尼克宫的莱米斯斯餐厅（Remise in Schloss Klein-Glienicke)

餐厅饭菜考究，环境优雅；夏季有低脂肪的鱼肉，冬季经营烤肉。王后街36（Konigstr.）号 · 4月至10月：每日中午至晚上10点；11月至3月：周三至周日，中午12点至晚上10点 · (030) 805 40 00 · €€

10 瑞士农舍（Chalet Suisse)

置身于格鲁内瓦尔德瑞士农舍惬意舒适的氛围之中，人们能充分感受到瑞士人的热情好客。餐厅除经营当地菜肴外，特色招牌是精美的瑞士菜肴。克雷街（Clayallee）99号 · 上午11点30分至晚上10点 · (030) 832 63 62 · €€

下页图为帝国大厦穹顶内景

世界文化宫

蒂尔加藤公园

谢尔大楼

蒂尔加藤区和联邦行政区

1999年，柏林的绿色中心成为政府所在地：帝国国会大厦、联邦总理府、观景宫、德国联邦总统的宅邸都坐落在蒂尔加藤公园四周（柏林最大最受欢迎的公园）。与此同时蒂尔加藤公园也是一个极好的散步和骑车场所，这里有新湖、施普雷河和柏林动物园。夏季，草坪上还可以进行足球比赛、举办烧烤聚餐。

重新翻修的帝国大厦

TOP 10 十大景观

1. 帝国国会大厦
2. 文化中心
3. 大蒂尔加藤公园
4. 胜利女神纪念碑
5. 外交使馆区
6. 汉堡火车站
7. 苏维埃烈士纪念碑
8. 德国反抗组织故居
9. 西柏林汉莎区
10. 范海德特博物馆

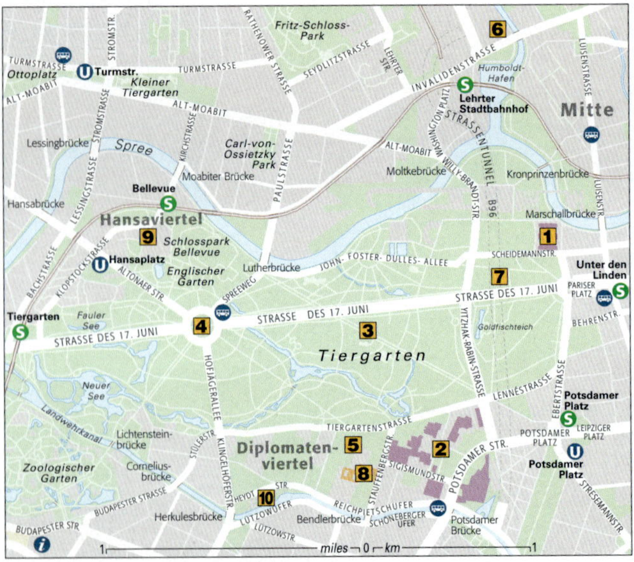

1 帝国国会大厦 (Reichstag)

象征德国历史的标志性建筑，也是德国议会的所在地。（参见10～11页）

2 文化中心 (Kulturforum)

柏林唯一拥有最佳博物馆和音乐厅的综合性建筑。（参见32～35页）

3 大蒂尔加藤公园 (Großer Tiergarten)

柏林最大的公园，占地200公顷（494英亩），东西柏林各占一半。前身是大选侯的狩猎地点，19世纪30年代经彼得·约瑟夫·林内（Peter Joseph Lenne）设计，改造成为一个花园。19世纪末，公园东部树立了一座胜利女神纪念碑，高500米（1640英尺），其周围树立着君主和政治家的雕塑。二次世界大战后，饥寒交迫的人们几乎砍掉园内所有的树木以作薪柴之需，并开垦草坪种植粮食。20世纪50年代起，政府开始对蒂尔加藤公园重新造林，使其成为现在颇受人们喜爱的绿地，也是柏林天然的空气净化器。蒂尔加藤 · 地图 M5/6

4 胜利女神纪念碑 (Siegessäule)

蒂尔加藤公园中部，矗立着一座62米（203英尺）高的胜利纪念柱，用以纪念1864年普鲁士抗击丹麦的胜利。在1866年和1871年分别击败奥地利和法国后，雕塑上被冠以35吨重的镀金胜利女神的塑像。登眺景台远望，景色极佳。大斯特恩（Großer Stern）· 地图M6 · 4月至10月：每日上午9点30分至晚上6点30分；11月至3月：上午9点30分至下午5点30分 · 凭票入内

胜利纪念柱上的雕塑

5 外交使馆区 (Diplomatenviertel)

19世纪末，使馆区得以迅速发展。至今，其外围仍然是两栋浮夸的法西斯式建筑（意大利和日本使馆，分别建于1938年和1943年）。柏林大部分建筑毁于二战，而使馆楼在德国统一后才日渐萧条。由于被视作危楼，自1999年起，使馆区被注入了新机，加以修复，成为柏林最吸引人地方。特别值得浏览的是蒂尔加藤街上的奥地利使馆和印度使馆，还有克莱金佛尔大街（Klingelhöferstraße）街上的北欧国家使馆（参见41页）和莫斯科使馆。施陶芬堡大街（Stauffenbergstr.）和利希腾史丹大街（Lichtensteinallee）及蒂尔加藤街（Tiergartenstr.）· 地图E4

6 汉堡火车站 (Hamburger Bahnhof)

前身是汉堡火车站，现为“现代博物馆”。这里为现代绘画提供了一个展示平台，用来举办最新的多媒体艺术作品和设计。其中一个亮点是埃里克·马克思（Erich Marx）的私人收藏，其中包括鲍依斯（Beuys）和其他人的作品。这里除了展示著名艺术家，诸如

日本使馆顶部

奥地利使馆

有关现代建筑更多信息，参见40～41页

彼得·约瑟夫·林内（Peter Joseph Lenne）

林内（1789－1866），德国最为著名的庭院建筑师。他出生于波恩一个园丁家庭，1816年在巴黎学习并在波茨坦皇家园林实习。在那里，他结识了辛克尔，两人都认同当时和谐的建筑理念，从而共同设计了柏林和波茨坦的公园。

安迪·沃霍尔（Andy Warhol）、杰夫·昆斯（Jeff Koons）和罗伯特·劳申伯格（Robert Rauschenberg）的作品外，还有安塞尔姆·基弗（Anselm Keifer）和桑德鲁·齐亚（Sandro Chiao）的作品。尹瓦利登大街（Invalidenstr.）50-51号·地图F2·周二至周五：上午10点至晚上6点；周六、周日：上午11点至晚上6点·凭票入内

7 苏维埃烈士纪念碑（Sowjetisches Ehrenmal）

勃兰登大门附近巨大的苏维埃纪念像正式于1945年11月7日公诸于众，适逢俄国十月革命周年。塑像两侧是两架象征首批进驻柏林的坦克。此纪念碑用以纪念二战中为解放柏林而殉难的30多万名苏联红军。巨大的石柱材料来自希特勒帝国时代总理大臣的大理石官邸（已被拆毁）。纪念碑柱体由尼古拉·赛杰维斯基（Nicolai Sergijevski）设计，列夫·柯尔贝尔（Lev Kerbel）在其上冠以巨大的铜像雕塑。纪念碑后，埋葬着2500名俄国士兵的骸骨。6月17日街·地图K2

苏维埃烈士纪念碑

8 德国反抗组织故居（Gedenkstatte Deutscher Widerstand）

20世纪30年代的综合建筑，即众所周知的原纳粹战争指挥部，位

原纳粹战争指挥部主入口

于前普鲁士战争指挥部后方，二战期间作军事总部。就是在此，一群军官策划了刺杀阿道夫·希特勒的计划。1944年7月20日，计划失败后，施陶芬伯格（Claus Schenk Count von Stauffenberg）和其他相关人等被拘捕在此。当晚，许多人被击毙于庭院。1953年，理查德·赛伯（Richard Scheibe）设计了一座纪念碑以示纪念。在楼房顶层，有一个小型展览，其文献资料反映了德国人民反抗纳粹政权的史实。现在，该战争指挥部已成为联邦国防部柏林的分支机构。施陶芬大街（Stauffenbergstr.）13-14号·地图E4·周一至周三及周五：上午9点至晚上6点；周四上午9点至晚上8点；周六、周日上午10点至晚上6点·（030）2699 5000·凭票入内

9 西柏林汉莎区（Hansa-Viertel）

位于观景宫（Schloss Bellvue）西部，1957年为国际交易会（interbau）而建。二战期间，炮弹将蒂尔加藤夷为平地，来自世界各地的著名建筑师在此设计兴建了36处住宅综合楼，其中有设计师沃尔特·格罗佩斯（Walter Gropius）（Handelallee 3-9），阿尔瓦·阿尔托（Alvar Aalto）（克洛普斯托克街 Klopstockstr. 30-32）和奥斯卡·尼迈耶（Oscar Niemeyer）

蒂尔加藤公园：劳而静纪念碑

（阿托纳大街 Altonaer Str. 4-14）蒂尔加藤公园（Hanseatenweg）·地图D3

10 范海德特博物馆（Villa von der Heydt）

晚期新古典风格，是幸存为数不多的典型蒂尔加藤别墅建筑之一。依据赫尔曼·恩迪（（Hermann Ende）和G.A.林克（G.A.Linke）方案，于1860年至1861年间建造，在当时可谓是柏林最为高雅的住宅区。1980年后，普鲁士文化遗产基地总部坐落于此处。范海德特街（Von-der-Heydt-Str.）18号·地图E4

范海德特博物馆

蒂尔加藤一日游

上午

帝国国会大厦（Reichstag）（参见10～11页）是蒂尔加藤之旅的首站。之后从联邦总理府（Bundeskanzleramt）（联邦总理办公楼，帝国大厦斜对面）出发开始政府区的参观游览。帝国大厦设有卡夫餐厅（Restaurant Kafer）（参见101页），可稍作停留，在此用早餐。取道约翰·福斯特·杜勒斯街（John-Forster-Dulles-Allee），在去往大蒂尔加藤公园（Großer Tiergarten）（参见97页）的途中经过钟琴（Carillon）和世界文化宫（Haus der Kulturen der Welt）。继续沿其中一条道路朝公园方向前行，可直接抵达6月17日街（公园恰在旧议会厅Kongresshalle对面）。在此右拐，直向前行，便可看到胜利女神雕塑（Siegessaule）（参见39页）。再由此沿法萨安巷（Fasanerieallee）向西南方前行，有一新湖咖啡馆（Café am Neuen See）（参见101页），游人在此可享用午餐。

下午

外交使馆区（参见97页）的步行游览路线：从新湖（Neuer See）出发，沿利希腾史丹大街（Lichtesteinallee）和汤姆斯-德勒大街（Thomas-Dehler-Straße）向东前行，仅数步之遥，就可以抵达克莱金佛尔大街（Klingelhöferstraße），那里有斯堪的纳维亚使馆区。在这条大街上，除其他使馆大楼外，游人还可看到日本、意大利、印度和奥地利的大使馆建筑。由此沿克莱金佛尔大街继续南行，绕一小弯在爱因斯坦咖啡馆（Caf-e Einstein，参见101页）稍作休息。沿吕佐夫街（Lutzowufer）前行，过波茨坦桥（Postsdamer Brücke），最后抵达文化中心（参见32～33页）。晚餐最佳地点是沃克斯餐厅（Vox，参见101页）。

新湖

狮桥

爱沙尼亚大使馆；希腊使馆遗址

TOP 10 十佳小景观

1 新湖 (Neuer See)

一汪翠绿的湖水，透着一丝神秘感，日光下微微闪烁——这就是蒂尔加藤最大的湖泊。这里适宜划船，之后，游人可在新湖咖啡馆稍作休息。蒂尔加藤轻轨站 · 地图M5

2 狮桥 (Lowenbrucke)

狮桥悬吊于四头狮雕之上，横跨新湖附近的一条小溪。这里景色宜人，是柏林同性恋者喜欢聚集的地方。大路（GroBer Weg）· 地图M5

3 劳而静 (Lortzing-Denkmal)

蒂尔加藤公园中有70座哲学家、诗人和政治家的雕塑。位于新湖一端的作曲家劳而静雕塑，堪称是园内最美的雕塑之一。东大街（Ostlicher GroBe Weg）· 地图M5

4 游艇 (Houseboats)

柏林为数不多的部分游艇停泊在施普雷河岸边，这里地处城市中部的一个港口，风景宜人。蒂尔加藤6月17日街 · 地图M3

5 钟琴 (Carillon)

1987年由官方捐献，是欧洲最大的钟乐器，上有68个钟，悬挂于42米（138英尺）高的塔楼之上。每天中午12点和下午6点，就会被敲响。约翰-福斯特-杜勒斯街（John-Foster-Dulles-Allee），世界文化宫（Haus der Kulturen der Welt）· 地图E3

6 英式花园 (Englischer Garten)

位于观景宫（Schloss Bellevue）附近，仿造英式花园而建，是理想的散步之所。克洛普斯托克街（An der Klopstockstr.）· 地图M5

7 爱沙尼亚大使馆 (Estonian Embassy)

位于希腊使馆遗址旁边，坐落在一条幽静的街道上。从建筑角度而言，该使馆在外交使馆区具有一定特色。广岛街（Hiroshimastr.）· 地图E4

8 河道 (Locks)

两条带有船闸的运河河道位于动物园后方，游人就此可穿越兰德韦尔运河。这里是休闲的好去处。动物园，蒂尔加藤轻轨站 · 地图M5

9 蒂尔加藤的煤气灯 (Gaslights in Tiergarten)

公园道路两侧，共有80盏历史遗留下来的煤气灯。傍晚时分，漫步在蒂尔加藤公园的小径上，非常的罗曼蒂克。蒂尔加藤轻轨站 · 地图M5

10 兰德韦尔运河 (Landwehrkanal)

兰德韦尔运河岸边斜坡上小草青青，是乘凉的好场所。科尔内留街（Corneliusstr.）· 地图M/N5/6

新湖咖啡馆

麦迪逊大饭店的法西尔餐厅

价格分类

以每人三道菜、半瓶酒（或等值的餐点内容）、税金以及其他费用来估算	€	低于20欧元
	€€	20～30欧元
	€€€	30～45欧元
	€€€€	45～60欧元
	€€€€€	60欧元以上

TOP10 十佳餐厅和咖啡馆

1 新湖咖啡馆（Café am Neuen See）

这里不仅是远游者享受美食的地方，而且是柏林最受欢迎的啤酒坊。咖啡馆供应沙拉、意大利面和比萨饼。利希腾史丹大街（Lichtensteinallee）1号 · 地图M5 · （030）（03）254 49 30 · 不接受信用卡 · €€

2 水闸餐厅（Schleusenkrug）

恰位于一条河道旁边，内设啤酒坊。乡村风味，深受学生喜爱。蒂尔加藤-水闸（TiergartenSch-leuse）· 地图M5 · 每日上午10点至第二天凌晨1点 · （030）313 99 09 · 不接受信用卡 · €

3 爱因斯坦咖啡馆（Café Einstein）

位于影星亨尼 · 波顿（Henny Porten）的别墅内，最完美的维也纳风格布置。经营奥地利菜肴，草莓奶油蛋糕堪称一绝。库弗斯坦达姆大街58 · 地图E5 · 每日上午9点至下午1点 · （030）261 50 96 · 不接受信用卡 · €€€

4 卡夫餐厅（Käfer im Reichstag）

一家非常自负的餐厅，相对于菜肴来说，餐厅外的景致更为出名。共和国广场（Platz der Republik）· 地图K5 · （030）22 62 99 33 · €€€

5 法西尔餐厅（Facil）

精美呈现地中海式美食，餐厅格调极其优雅。波茨坦街3号 · 地图L2 · （030）59 00 52 22 · €€€€€

6 哈利克餐厅（Harlekin）

一家加拿大烹饪美食餐厅，一直以来在努力争取米其林厨艺的称号。吕佐夫（Lutzowufer）15号，广场大饭店（Grand Hotel Esplanade）· 地图N6 · （030）254 78 86 30 · €€€€€

7 雨果餐厅（Hugo's）

餐厅景色宜人，经营荣获米其林厨艺称号的地中海式菜肴。布达佩斯特大街2号 · 地图N4/5 · （030）26 02 12 63 · €€€€€

8 沃克斯餐厅（Vox）

餐厅布置时尚，供应与亚洲烹饪"融合"的菜肴——人们在此可观看食物的制作过程。玛雷娜-迪特里希广场（Marlene-Dietrich-Platz）2号，华府凯悦大饭店（Grand Hyatt Hotel）· 地图L2 · （030）25 53 17 72 · €€€€€

9 巴黎-莫斯科餐厅（Paris-Moskau）

一家历史悠久的柏林餐厅，房屋为木制框架。餐厅经营法国菜，尤以烹制野味出名。旧莫阿比特（Alte-Moabit）141号 · 地图J1 · （030）394 20 81 · 不接受信用卡 · €€€

10 老泵站餐厅（Alte Pumpe）

这家老字号柏林餐厅位于一处泵站内，餐厅气氛极佳，经营德国乡村饭菜。吕佐夫大街（Lutzowstr.）42号 · 地图E5 · （030）2648 4265 · €€

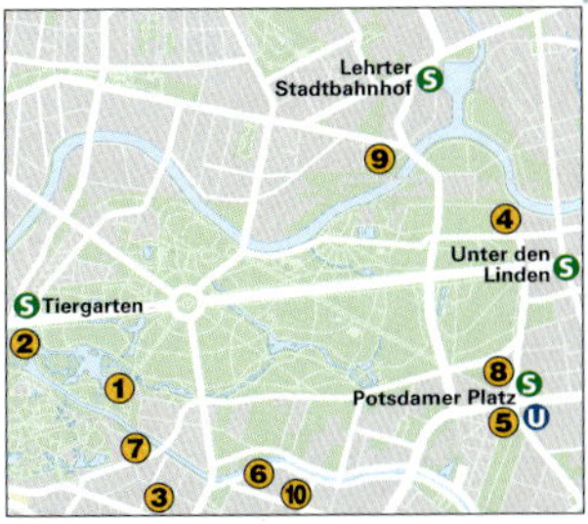

注：除有特殊注明外，所有餐厅均接受信用卡并提供素食

马丁-葛罗皮乌斯展览馆

宣伦山区：门户之上的雕塑

犹太人博物馆：盾

克劳兹堡区（或十字山区）和宣伦山区

克劳兹堡区或许是柏林最为著名的一个区，人们明确地将其定位成最多元化、最绚丽多彩的一个地区。在这里，历史上的公寓住宅建筑正处于复原中，尽管进展缓慢。与土耳其家庭为邻的，有那些半途辍学的学生、标新立异的人，还有艺术家和学生。克劳兹堡区有着显著的社会危机感，这也是造成该区具有多种特点、吸引人的原因，但同时，该区也是一个问题区域。邻区宣伦山区相对而言就显得非常安静，该区既没有克劳兹堡区那般大胆的对生活的实验，也无法与夏洛腾堡区的雅致相比，这里仅仅为当地居民所喜欢。冬原广场周围有许多不错的酒吧。诺伦多夫广场周围的所有街道都成了柏林同性恋活动的场所，这里有他们的商铺、酒吧和夜总会。

梅林广场上的雕塑

TOP 10 十大景观

1. 德国技术博物馆
2. 犹太人博物馆
3. 查理检查站
4. 恐怖地形展
5. 安哈尔特火车站
6. 奥拉宁大街
7. 诺伦多夫广场
8. 维多利亚公园
9. 马丁-葛罗皮乌斯展览馆
10. 莱莫斯-霍夫加顿区

1 德国技术博物馆 (Deutsches Technikmuseum)

德国技术博物馆目前坐落的地方以前是一处车站。馆内主题主要展现了技术和工艺的历史。在新建筑之内，游人可了解航空发展的历史，观看40架飞机，包括容克Ju 52（Junkers Ju 52）和“葡萄干轰炸机”(raisin bomber)——柏林空运物资时使用的飞机。馆内收藏有陈旧的海船和蒸汽机车，置身其中仿佛回到了工业革命的时代。特勒宾街（Trebbiner）9号 · 地图F5 · 周二至周五：上午9点至下午5点30分；周六、周日：上午10点至晚上6点 ·（030）90 25 40 · 凭票入内

2 犹太人博物馆 (Jüdisches Museum)

犹太人博物馆不仅在建筑上独具特色，而且也是柏林最具魅力的博物馆之一。馆内收藏呈现了德国和犹太人近1000多年的文化历史；其中有一项专门展览描述了19世纪末以后柏林犹太人的日常生活。(Lindenstr.) 9-14号 · 地图G5 · 周一上午10点至晚上10点；周二至周日上午10点至晚上8点 ·（030）25 99 33 00 · 凭票入内

3 查理检查站 (Checkpoint Charlie)

与盟军的前交叉路口相邻，展示了柏林墙的历史和人们设法从东柏林逃往西柏林所使用的各种手段：从热气球到安有假底的汽车。该检查站只是对以前边界控制站遗址的复制。弗雷德里希街43-45号 · 地图G4 · 每日上午9点至晚上10点 ·（030）253 72 50 · 凭票入内

查理检查站的一个老的告示牌

4 恐怖地形展 (Topographie des Terrors)

1934年之后，三个恐怖纳粹机构的总部设于此：安全部（Sicherheitsdienst, SD），位于阿尔布雷特太子宫（Prinz-Albrecht-Palais）；威廉大街102号；德国盖世太保坐落于阿尔布雷特太子街（Prinz-Albrecht-Straße）8号：美术工艺学校；亨利希·希密勒（Heinrich Himmler），柏林党卫战旗护卫队（SS）的头目，驻扎在太子街9号：阿尔布雷特太子饭店（Hotel Prinz Albrecht）。二次世界大战后，所有建筑都被铲平，只保留了一些地下室：也就是1933年至1945年间用来审问和拷打犯人的地方。此外这里还设有一个展览，记载了该区历史的变迁。斯特来斯曼大街（Stresemannstr.）110号，奈德教堂街（Niederkirchner Str.）入口 · 地图F4 · 5月至9月：每日上午10点至晚上10点；10月至4月：每日上午10点至晚上6点 ·（030）25 48 67 03 · 门票免费

德国技术博物馆内景

恐怖地形图展览：纳粹分子罪行展示

诺伦多夫广场上的铭牌

都市大剧院的外观

安哈尔特火车站遗址

5 安哈尔特火车站 (Anhalter Bahnhof)

曾经是欧洲最大的火车站，如今已是令人颇感惋惜的残垣断壁。1880年弗朗茨·舒维登（Franz Schwechten）建造设计，具有炫耀性质：旨在让来访帝国的官员在抵达车站的瞬间，就感受到德国的辉煌和荣耀。1943年，车站遭受轰炸；1960年，被拆除。车站正面后方的废墟原本要建设成为一个花园；而今，顶蓬建筑Tempodrom建于此，用来举办音乐会和歌舞表演。阿斯克尼斯广场（Askanischer Platz）6-7号 · 地图F5

6 奥拉宁大街 (Oranienstraße)

奥拉宁大街是克劳兹堡区的心脏，也是该区最放荡不羁、最色彩斑斓、最与众不同的街道。这里，反传统的商铺和酒吧为争有一席之地，而与烤肉串的外卖和土耳其蔬菜水果商相互竞争。克劳兹堡区生活、政治的方方面面都通过这条街的四周尽显出来。位于林登街（Lindenstr.）和斯卡里茨大街（Skalitzer Str.）· 地图H5

7 诺伦多夫广场 (Nollendorfplatz)

诺伦多夫广场和周边的冬原广场（Winterfeldplatz）恰位于宣伦山区中心。前者一直以来是柏林同性恋聚集的地方，在诺伦多夫广场地铁站有一铭牌，用以纪念在集中营里被纳粹屠杀的大约5000多名同性恋者。如今，很多同性恋者居住在街道四周。二战以前，诺伦多夫广场也是一个娱乐场所，这里坐落着都市大剧院（Metropol-Theater）（现已成为迪斯科厅），剧团团长曾是富有创新精神的艾尔文·皮斯卡托尔（Erwin Piscator）。作家克里斯托夫·伊斯伍德（Christopher Isherwood）曾在剧院附近居住，著名音乐歌舞剧《酒店》（Cabaret）就是基于他的小说改编的。地图E5

冬原广场的鲜花店

8 维多利亚公园 (Viktoriapark)

1888年至1894年，依据赫尔曼·麦克蒂格（Hermann Machtig）设

柏林的土耳其人

20世纪60年代，柏林劳动力短缺，数以千计的土耳其外来工人来到柏林。如今，土耳其社区大约有19万人，城市生活的印记主要是第一批外来土耳其人的后代留下的。现在，外来工人已为数不多，大多土耳其裔柏林人拥有自己的店铺，已把自己当成真正的柏林人。但是，德国柏林本土人对土耳其社区的生活一无所知，柏林的土耳其人也很少能融入他们的生活。土耳其柏林人的失业率高达40%，极其不乐观。

维多利亚公园：辛克尔设计的纪念碑

计方案，在十字山区兴建了一片公园作为工人的娱乐场所。园内有一人工瀑布，位于十字山区顶部；还有一座新克尔设计的新哥特式纪念碑，高66米（216英尺），用以纪念普鲁士反对拿破仑解放战争的胜利。克劳兹堡大街 · 地图F6

9 马丁-葛罗皮乌斯展览馆 (Martin-Gropius-Bau)

柏林最具魅力的展览中心之一，前身是艺术工艺博物馆，装修十分华美。奈德教堂街（Niederkirchnerstr. 7）9号 · 地图F4 · 展览和开放时间会有变化，通常周三至周一上午10点至晚上8点 · (030) 25 48 60 · 凭票入内

10 莱莫斯-霍夫加顿区 (Riehmers Hofgarten)

该区有20多栋楼房建筑，是“创建时期”（Grunderzeit，1871年的德意志帝国建立之后）为官员们兴建的住宅楼。近几年，该区得以修复，非常漂亮。此外，这里还有一家不错的饭店，内设餐厅。约翰街（Yorckstr.）83-86号 · 地图F6

莱莫斯－霍夫加顿区

克劳兹堡区一日游

上午

乘坐轻轨，首先抵达著名的安哈尔特火车站遗址。据此朝西北方向，沿斯特莱斯曼大街（Stresemannstraße）前行，到达马丁-葛罗皮乌斯展览馆。如果恰逢举办展览，会发现参观浏览的时间转瞬即逝，令人流连忘返。游人可在博物馆咖啡厅里小憩，吃些早餐，以补充体力。之后，参观毗邻的展览——恐怖地形展（参见103页），游人在此可直视纳粹在这里统治的黑暗岁月。沿奈德教堂街（Niederkirchnerstraße）街继续前行，经过柏林墙最原始的一段，抵达威廉大街。然后拐进科奇大街（Kochstraße），参观查理检查站和位于前边界的博物馆（参见103页）。

下午

在科奇大街的烟草店餐厅（Sale e Tabacchi）（参见109页），游人可买上一份可口的午餐。向东方向沿科奇大街前行，抵达克劳兹堡区的心脏地带。在林登大街（Lindenstraße）朝南拐一个弯，就来到了犹太人博物馆（参见103页）或继续前行抵达奥拉宁大街。从科特布瑟门（Kottbusser Tor）站乘坐地铁U6号线，可抵达航空桥广场（Platz der Luftbrucke），附近的维多利亚公园是一处休闲的好去处。伯格曼大街（Bergmannstraße）是购物狂钟爱的地方。最后，向北走进贝尔瓦德街（Baerwaldstraße），继续前行到达卡尔-赫兹岸（Carl-Herz-Ufer），游人可在老海关餐厅（Altes Zollhaus）（参见109页）享用一顿美味晚餐以结束这一天的十字山区之旅。

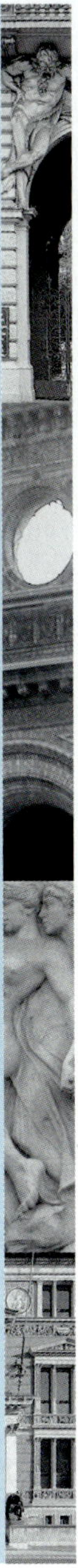

宣伦区市政厅

奥巴鲍姆桥

玛丽亚广场

十佳休闲去处

1 宣伦山区市政厅 (Rathaus Schöneberg)

1963年6月26日，就是在这座市政厅，约翰·F·肯尼迪总统发表了一篇题为《我是柏林人》的演讲，表达了为西柏林解放事业而奋斗的决心。约翰·F·肯尼迪广场

2 玛丽亚广场（Mehringplatz）

昔日曾是克劳兹堡区最漂亮的广场，二战中毁于一旦。现在，其四周兴建了许多现代住宅大楼。地图G5

3 滕伯尔霍夫机场 (Flughafen Tempelhof)

滕伯尔霍夫机场，1939年恩斯特·赛杰比埃尔（Ernst Sagebiel）建造，曾是当时欧洲最大的机场，现是欧洲幸存的最大的法西斯式风格建筑。在其前方，矗立着一座被戏称为“饿爪”的纪念碑，它使人想起1948年至1949年间柏林空运时机场的作用。卢弗特桥广场（Platz der Luftbrucke）·地图G6

4 玛丽亚广场（Mariannenplatz）

艺术家白塔尼恩（Bethanien）哥特式的房屋俯瞰着整个广场。昔日的医院现已成为试验艺术家的工作空间。地图H5

5 奥巴鲍姆桥 (Oberbaumbrücke)

柏林最可爱的桥之一，建于1894年至1896年。从这架红砖桥，人们步行或骑车便可穿越到施普雷河的另一端，从克劳兹堡区到弗雷德里希海因区（Friedrichshain）。华沙大街 / 斯卡里茨大街（Warschauer/Skalitzer Str.）

6 老莫斯宫 (Altes Mosse-Palais)

柏林最重要的出版社之一，位于新艺术拐角大楼，该地区以前是报社区。科奇大街（Kochstr.）·地图G4

7 哈利什门墓地 (Friedhöfe Hallesches Tor)

许多名人死后都被埋葬在这四座公墓中，其中包括作曲家费利克斯·门德尔松·巴托尔迪（Felix Mendelssohn Bartholdy），还有作家E.T.A 霍夫曼（E T A Hoffmann），他的作品激发了奥芬巴赫（Offenbach）的灵感，从而著有《霍夫曼的故事》（The Tales of Hoffmann）一书。梅林路（Mehringdamm）·地图G5

8 拉皮达瑞园（Lapidarium）

以前是一处泵站，现供游人参观；花园内的雕塑以前摆放在胜利街道（Siegesallee）上。哈利什河岸（Hallesches Ufer）78·地图F5

9 科特布瑟门（Kottbusser Tor）

它体现了未经雕琢的克劳兹堡区：在该区中心地带，即土耳其社区，社会的苦难已被新建的大楼所湮没。地图H5

10 柏林州高等法院（Kammergericht）

1947年至1990年间，气势宏伟的高级法庭（1909—1913年建立）一度成为盟军控制委员会的基地（Allied Control Council）。波茨坦大街186·地图E6

宣伦山区网站：http://www.engr.psu.edu/deutschlandsarchitektur/berlin/rathaeuser/schoeneberg.html

冬原广场的一家水果摊位

马赖内克-马克特厅

大傻瓜漫画店

TOP 10 十大商铺和市场

1 冬原广场（Winterfeldtmarkt）
柏林最大的、也是最好的市场。平日里人们在此购买新鲜的水果和蔬菜，以及来自世界各地的商品，诸如衣服和新世纪的物品。冬原广场 · 地图E5 · 周六：早上8点至下午2点

2 五月溪运河畔的土耳其市场（Türkenmarkt Maybachufer）
柏林最具异国情调的市场。柏林人同土耳其人一样喜欢来此购买未发酵的面包和新鲜的绵羊奶干酪。五月溪运河畔（Maybachufer）· 地图H5 · 周二、周五：中午12点至晚上6点30分

3 莫罗托夫时装店（Molotow）
由柏林设计师设计，这些新颖、时尚的服装也许不能迎合所有人的品位，但肯定会引起一定的轰动。格奈森诺街（Gneisenaustr.）112 · 地图G6 · （030）693 08 18

4 奥拉宁广场和奥拉宁大街（Oranienplatz and Oranienstraße）
克劳兹堡区的主要广场，非官方的主要大街上经营一些稀奇古怪的玩意儿。奥拉宁大街/奥拉宁广场拐角（Oranienstr./corner Oranienplatz）· 地图G5

5 马本十边形店（MaaBenZehn）
这里有最新款的牛仔或时尚腰带，只是都有一些小的瑕疵，因此价格上有很大优惠。马本街（MaaBen-str.）· 地图E5 · （030）215 54 56

6 bizzi店（bizzi）
在这里，人们可以买到一些与众不同、希奇古怪的东西带回家，如瓷器、陶器和居家用品。格里姆街（Grimmstr.）19号 · 地图H5/6 · (030) 69 81 95 51

7 亮点（High-Lite）
在克劳兹堡区,如果担心置于异类人群当中会很显眼，这里可以让你装扮一新，店内能够身体刺孔，并出售其他一些必备的装饰。伯格曼街（Bergmannstr.）99 · 地图F/G6 · （030）691 27 44

8 阿拉若山文具店（Ararat）
柏林库存最全、最时尚的文具店之一，阿拉若山文具店有许多创意商品销售。伯格曼街（Bergamannstr.）99a · 地图F/G6 · （030）693 50 80

9 马赖内克-马克特厅（Marheineke-Markthalle）
柏林仅存的市场之一，有多种多样的水果和蔬菜摊位。在此游逛一番，可真正感受老柏林的气息。马赖内克广场（Marheinekeplatz）· 地图G6 · 周一至周六：早上8点至晚上6点

10 大傻瓜漫画店（Grober Unfug Comics）
商店出售不同时期、不同语种的连环漫画册，店名含意为“全都是无稽之谈”。措森纳（Zossener）· 地图G6 · （030）69 40 14 90

胡先生酒吧里的酒吧间

矿工巢3000酒吧间内景

阿德勒咖啡厅

TOP 10 十大酒吧和迪斯科舞厅

1 矿工巢3000 (Kumpelnest 3000)
极受欢迎的一家酒吧。室内墙壁全部用印花棉布装潢。这里供应美味的巴西甘蔗甜酒（Caipirinhas），不过鸡尾酒倒是很一般。吕佐夫街（Lutzowstr.）23号 · 地图E5 · （030）261 69 18

2 约克宫酒馆餐厅 (Yorkschlosschen)
置身其中，能够让人们感受到老柏林气息。周末有现场爵士音乐会演奏。约克街（Yorkstr.）15号 · 地图F6 · （030）215 80 70

3 胡先生酒吧（Mister Hu）
当地居民都认可一点：即胡先生酒吧能够调制出一些柏林城最好的鸡尾酒（参见55页）。戈尔茨街（Goltzstr.）39号 · 地图E5 · （030）217 21 11

4 房龙餐厅（Van Loon）
位于都市码头（Urbanhafen）停泊的驳船之上。餐厅内尽是一些航海方面的装饰物，人们可在此享用快餐。夏天，坐在绿色岸边畅饮啤酒倍感惬意。卡尔-赫兹岸（Carl-Herz-Ufer）街5-7号 · 地图G5 · （030）692 62 93

5 蓝调酒吧（Blue Note Bar）
年近不惑的夫妇，怀着一颗年轻的心，经常光顾这家古典酒吧：他们品味着鸡尾酒，并在五尺见方的舞池内伴着乡土音乐和爵士灵歌的节奏翩翩起舞。古比艾尔街（Courbierestr.）13号 · 地图P6 · （030）21 47 73 37

6 90格莱德夜总会（90 Grad）
柏林夜总会的火热程度总是此长彼落，但由于这家俱乐部充满变幻，而且有非常棒的家庭音乐，所以一直以来颇受欢迎。德里维兹街（Dennewitzstr.）37号 · 地图E5 · （030）23 00 59 54

7 高尔夫伽泰（Golfgatha）
这家老啤酒坊位于十字山区，是学生们喜欢聚集的地方；同时也吸引年老的顾客前来，他们在小小的舞厅中踩着博普乐点，快乐起舞。维多利亚花园杜登街（Dudenstr.）48-64号 · 地图F6 · （030）785 24 53

8 戈雅俱乐部（Goya）
柏林最大的俱乐部，设于一座时尚的大厅内，有些像简朴的教堂。内有画廊，灯光柔和。诺伦多夫广场（Nollendorfplatz）5号 · 地图E5 · 周四至周六：晚上6点至第二天凌晨5点 · （030）267 599 74

9 死亡天使酒吧（Wurgeengel）
事实上，"死亡天使"酒吧供应的酒并不是致命的，但是酒吧和顾客就如布努埃尔（Bunuel）电影中的人物一般。德莱斯登街（Dresdner）122号 · 地图H5 · （030）615 55 60

10 阿德勒咖啡厅（Café Adler）
置身于这间舒适的酒馆咖啡店，时光似乎停滞不前。饭菜价格不贵，其旁边就是横跨查理检查站的前东西柏林边界。弗雷德里希街206 · 地图G4 · （030）215 89 65

鹳餐厅　　烟草店餐厅招牌

价格分类

以每人三道菜、半瓶酒（或等值的餐点内容）、税金以及其他费用来估算

€	低于20欧元
€€	20～30欧元
€€€	30～45欧元
€€€€	45～60欧元
€€€€€	60欧元以上

TOP10 十大饭店和咖啡馆

1 老海关餐厅（Altes Zollhaus）

位于兰德韦尔运河岸边、前边界的检查站，经营国际菜肴和德国菜系。建议品尝一下这里的家庭特色菜肴Brandenburger Landente aus dem Rohr，这是一种烤鸭，或在时令季节，尝试一番野蘑菇菜肴。卡尔-赫兹岸（Carl-Herz-Ufer）30 · 地图G5 · （030）692 33 00 · €€€

2 52号餐厅（No. 52）

位于极有艺术个性的十字山区，哈维尔运河（Havelkanal）甲板之上，人们在此可以品尝到德式烹鱼和水果拼盘。孔雀街5 · （030）61 65 28 18 · €€

3 头号意大利餐厅（Osteria No. 1）

当地最棒的意大利餐厅：虽有些嘈杂且价格昂贵，但这里的比萨饼和意大利面食却独一无二。就餐完毕，人们可接着转到隔壁的酒吧。克劳兹劳堡街71 · 地图F6 · （030）786 91 62 · €€

4 土耳其餐厅（Hasir）

阿拉伯土耳其快餐连锁店的一个分店，经营沙拉三明治和各种美味佳肴，一直营业到夜晚。马本街（MaaBenstr.）10 · 地图E5 · （030）215 60 · 不接受信用卡 · €

5 烟草店餐厅（Sale e Tabacchi）

室内装潢别致的一家意大利餐厅，很受中层阶级的欢迎。夏季，庭院中央的座位需提前预订。科奇大街（Kochstr.）18 · 地图G4 · （030）25 29 50 03 · €€€

6 百里香-素食餐厅（Thymian）

城内最好的、也是最贵的素食餐厅之一。格奈森诺街（Gneisenaustr.）57 · 地图G6 · （030）69 81 52 06 · €€€€

7 布尔茹瓦猪肉餐厅（Le Cochon Bourgeois）

经营一流的法国菜肴，而且价格公道，当地的波西米亚人和其他人经常前来光顾。费希特街（Fichtestr.）24 · 地图H6 · （030）693 01 01 · 不接受信用卡 · €€

8 玛哈巴餐厅（Merhaba）

柏林最好的土耳其餐厅之一，经营最好的烤羊肉串和其他土耳其特色菜。尼斯曼街（Nissmannstr.）22号 · 地图H6 · （030）6921713 · €€

9 鹳餐厅（Storch）

饭店经营阿尔萨斯最好的菜肴，以诚实经营为本；室内木制镶嵌，呈古典装修风格。沃特伯格街（Wartburgstr.）54 · 地图D5 · （030）784 20 59 · €€€

10 午餐-晚餐餐厅（Pranzo e Cena）

意大利餐厅，比萨饼经陶制烤炉制作而成，味道无与伦比，成为餐厅的主要特色。这家餐厅经常有学生前来光顾，生意一直不错。戈尔茨街（Goltzstr.）32 · 地图E5 · （030）216 35 14 · 不接受信用卡 · €€€

下页图为御林广场夜景

太子宫入口

歌剧院宫

轻歌剧院

柏林中部：菩提树下大街

许多柏林的观光者视这条气势宏伟的大街为这座历史城区的心脏所在：柏林许多景点都集中这条宽广的大道上和倍倍尔广场四周。从18世纪早期直至今日，它在普鲁士和德国的历史上都占有非常重要的地位。菩提树下大街的南面是御林广场——欧洲最具魅力的广场之一。近几年，新古典广场四周开设了许多格调优雅的餐厅和咖啡馆。不远处是时尚的弗雷德里希大街，那里奢侈品店铺、商店和现代办公楼鳞次栉比。

桥宫雕塑

TOP 10 十大景观

1. 勃兰登堡门
2. 柏林古根汉美术馆
3. 弗雷德里克花园
4. 御林广场
5. 博物馆岛
6. 弗雷德里希大街
7. 大屠杀纪念碑
8. 威廉大街
9. 柏林市中心的官殿广场
10. 通讯博物馆

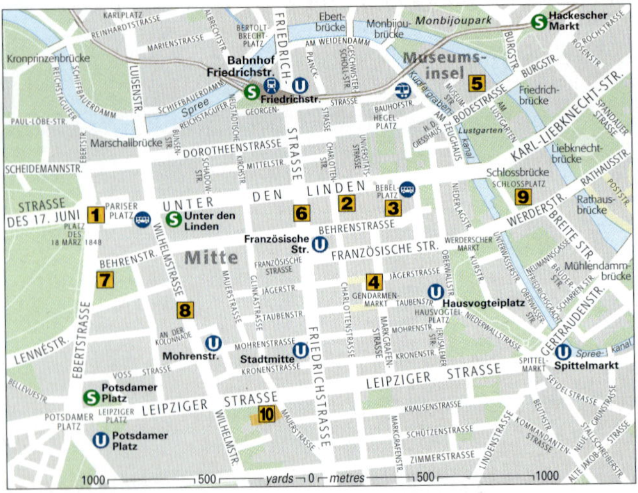

1 勃兰登堡门 (Brandenburger Tor)

柏林著名的标志性建筑，位于巴黎广场，一直通往菩提树下大街。(参见8～9页) 巴黎广场 · 地图K3

2 柏林古根汉美术馆 (Deutsche Guggenheim)

美国古根汉博物馆的分支机构，它连同德意志银行菩提树下大街分行，一起举办来自美国最高水准的、不断变化的现代艺术展览。最近几年，德国古根汉美术馆已努力成为柏林最成功和最受欢迎的美术展览中心之一，并且将重点放在装置艺术展上（installation)。1999年，丹 · 弗拉文（Dan Flavin）的艺术作品回顾展就是一大亮点。德意志银行档案馆的珍宝也在此展出。游人可随时去博物馆小商铺或到博物馆咖啡厅喝些东西，借此休息一下。菩提树下大街13-15号 · 地图K4 · 周一至周三，周五至周日：上午11点至晚上8点；周四：上午11点至晚上10点 · (030) 202 09 30 · 凭票入内，周一免门票

3 弗雷德里克花园 (Forum Fridericianum)

位于菩提树下大街，这些历史性建筑是柏林最具魅力的景点之一。1740年来，腓特列大帝下令在现在的倍倍尔广场周围兴建了以下著名的早期新古典建筑，

菩提树下大街：柏林古根汉美术馆

弗里德里克花园：旧宫

并且将他个人的想法融入在设计当中：德国国家歌剧院——欧洲第一座无支撑的歌剧院、天主教圣 · 海德薇格斯大教堂、旧图书馆和亨利希王子宫（Prinz-Heinrich-Palais)，还有后来的洪堡大学。倍倍尔广场本身的建设也非常引人关注。广场上设有一个纪念碑，令人回忆起那段黯淡的岁月：1933年，纳粹党在此焚书。腓特列的继承者又下令修建了老宫殿和“老腓特列”的纪念雕像，周围环绕着他生前修建的建筑物。1840年，克里斯蒂安 · 丹尼尔 · 劳赫（Christian Daniel Rauch）设计了高达13.5米（44英尺）的腓特列骑马铜像：头戴标志性的三角帽，身披加冕的斗蓬，手执拐杖。雕像一直背朝东，一些幽默的人开玩笑道：东德政府将雕塑的方向完全摆放反了。菩提树下大街和倍倍尔广场 · 地图K4

4 御林广场 (Gendarmenmarkt)

御林广场可谓是柏林最美的地

建筑师腓特列

弗里德里克花园不仅为腓特列本人树立了一座丰碑，而且使得菩提树下大街成为欧洲最为著名的大街之一。腓特列国王，非常偏爱严谨的新古典主义风格，亲自设计了国家歌剧院和其他建筑，诺贝尔斯多夫（Knobelsdorff）按要求实现了其设想。

有关菩提树下大街更多信息，参见12～15页

音乐厅内景

德意志教堂

旧博物馆正面图

方，其严谨的布局令人想起意大利文艺复兴时期的一处建筑“露天广场”(piazza)。在柏林剧场(Schauspielhaus)即现在的音乐厅的左侧和右侧，分别矗立着两座建于18世纪末的姊妹教堂：德意志教堂（Deutscher Dom）和法兰西教堂（Französischer Dom）。御林广场于17世纪末建立，因驻扎在附近的军团（gens d'armes）而得名，最初只是一个市场。广场北侧是柏林剧场，1818年至1821年由辛克尔设计建造，1945年才改为剧院。后来在二战中被毁，1984年重新开放后，成为现在的音乐厅，其前方立有剧作家弗雷德里希·席勒（Friedrich Schiller）的雕塑。音乐厅右首，是著名的后期巴洛克式法兰西教堂，隐藏其后的是法国弗雷德里克国家教堂（Friedrichstadtkirche），即柏林胡格诺教徒礼拜的地方。对面的德意志教堂，1708年建立，位于广场南面，最初是革新派的清教徒教堂（Refor-med Protestant Church），1785年才成为德国第一座教堂。现在，教堂里设有一些德国民主派展览。市中心·地图L4

佩加蒙博物馆：雅典娜雕塑

5 博物馆岛(Museuminsel)

博物馆岛，已被列为联合国教科文组织的世界文化遗产，是世界上最重要的博物馆群之一。馆内有重要的艺术品收藏和壮观的古代建筑原尺寸模型。这里有佩加蒙博物馆、旧国家画廊、博德博物馆和新旧博物馆。新旧博物馆到2008年才开放（参见20～23页和46～49页）。佩加蒙博物馆，博德街1-3号·地图J5·周二至周日：上午10点至晚上6点；周四：直到晚上10点·（030）20 90 55 55。旧国家画廊·博德街·地图J5·周二至周日：上午10点至晚上6点；周四：直到晚上10点·（030）20 90 55 55·凭票入内

柏林的胡格诺派

1685年，大选侯发布了著名的《波茨坦布告》(Edict of Potsdam)，为2万胡格诺教徒提供了庇护所：他们因为信奉新教，而在法国本土遭受迫害。这些人都是有识之士，或怀有一技之长，他们的到来塑造了柏林的社会和文化生活，并且将法国的生活方式带到了柏林，丰富了柏林的生活。直至今日，法国社区的人们仍然到御林广场上的弗雷德里克国家教堂做礼拜。

佩加盟博物馆：古花瓶

林广场音乐厅的网址：www.konzerthaus.de

弗雷德里希大街：206号店

6 弗雷德里希大街 (Friedrichstraße)

弗雷德里希大街现在已经渐渐恢复了二战前的魅力和生机。近几年，柏林的第五大街又重新开张了精美的商铺、时尚的的餐厅和咖啡馆。特别值得参观的是位于弗雷德里希购物商廊（Friedrichstadtpassagen）的205号、206号和207号商铺，包括老佛爷百货公司（Galeries Lafayette）和206号百货商店（Department Store 206）。街道北端，是著名的杜斯曼文化商店（Dussmann store）（经营书籍、音乐和各类竞赛用品）、弗雷德里希大街轻轨站和前娱乐区，即弗雷德里希歌舞厅（Friedrichstadtpalast）所在地，现大都市剧院（Metropoltheater）坐落于此。市中心 · 地图J-L4

7 大屠杀纪念碑 (Holocaust-Denkmal)

2005年，经多年讨论之后，决定为纪念在欧洲被谋杀的犹太人建立一座纪念碑。美国著名建筑师彼得·埃森曼（Peter Eisenman）将纪念碑置于勃兰登堡门旁。碑高2米（6英尺），占地面积很大，目的是提醒人们：1933年至1945年，600万犹太人和其他人在集中营被纳粹谋杀。纪念碑之下，有一文献中心，记载了大屠杀的原因、过程和后果。艾伯特街（Ebertstr.）· 地图L3

8 威廉大街 (Wihelmstraße)

帝国时期，威廉大街是德意志帝国权力的中心。大约100年之后，与伦敦唐宁街10号（No.10

菩提树下大街文化之旅一日游

上午

从勃兰登堡门（参见8～9页）前方的巴黎广场出发：沿宽阔的街道向东前行，经过阿德龙饭店（Hotel Adlon Berlin），然后向右拐，走进威廉大街（参见116页）——前政治神经中枢。右首，可途经英国大使馆。在贝衡大街（Behrenstraße），可看到大屠杀纪念馆的建设进程。左拐进入法兰西街，由此可抵达弗雷德里希大街。人们可在老佛爷百货公司或在206号百货商店购物（参见119页）。购物之后，可在老佛爷百货公司地下室的食品美食部买一份快餐，借以歇脚。

下午

在继续游览弗雷德里希大街之前，绕道前往御林广场，这里可参观音乐厅、法兰西教堂和德国教堂。由此返回到建有现代大楼的弗雷德里希大街，沿街前行左拐抵达莱比锡大街（Leipziger），在其左首，可看到前航空部的大楼，现为联邦财政部所在地。然后由此沿路返回菩提树下大街或御林广场。极力推荐在亚洲餐厅朗-汉斯（Lang-hans）享用晚餐。

威廉大街：前航空部大楼

阿德龙饭店

城市宫殿

纳粹时期的建筑

前航空部大楼是为数不多的法西斯建筑中幸存的纪念性建筑之一。1935年至1936年赫尔曼·戈林（Hermann Goring）下令，恩斯特·赛杰比埃尔（Ernst Sagebiel）建造而成。在当时，这座单调的沙石建柱是世界最大的、也是最现代的办公大楼。为抵御空袭，加以钢钎加固。东西德统一之后，成为信托集团的（Treuhandanstalt）（负责东德工业企业私有化）基地，现为联邦财政部所在地。

Downing Street）或巴黎凯多赛街（Quai d'Orsay）有着同等分量的大街却成为一片废墟。昔日所有的政治决定都在此定夺：帝国总理府（77号）、总统府（73号）就位于该街的老宅中。老宅中的花园就是著名的“政府花园”（ministerial gardens）。阿道夫·希特勒曾将此街发展成为系统的纳粹权力的神经中枢。新总理办公室（Neue Reichskanzlei）于1937年至1939年由艾伯特·施佩尔（Albert Speer）建造，位于沃斯街（VossstraBe）和威廉大街拐角处，1945年遭轰炸。总理办公室后面，就是所谓的希特勒地堡（Fuhrerbunker）——阿道夫·希特勒于1945年4月30日在此地自杀（现在这里是一块操场）。航空部大楼是这条街上仅存的历史性建筑。现在，威廉大街上兴建了现代化办公大楼，2000年迈克尔·威尔福德（Michael Wlford）设计建造的英国大使馆也坐落在这条街上，从而为这条街赋予了重要的国际意义。位于菩提树下大街和莱比锡大街之间·地图K/L3

威廉大街：英国大使馆

9 柏林市中心的宫殿广场（Schlossplatz）

现在看去，宫殿广场似乎很是荒凉，但昔日曾是霍亨索伦王室的城市宫殿。1950年至1951年被东德政府军炸毁，只留有一些残垣断壁。早在20世纪90年代，人们就开始对其是否复原进行讨论，1993年，一座非常壮观的模型建成，但资金短缺，不能按照设计完成。原宫殿入口的外观还有残留，1918年，卡尔·李卜克内西（Karl Liebknecht）曾在此宣告社会主义共和国的成立。现在宫殿入口改在广场南侧的枢密院大楼（Staatsratsgebaude）入口处。东侧的宫殿广场曾与共和国宫（前东德议会所在地）接壤。共和国宫于1976年建造，2006年被拆除。市中心·地图G3，K5

10 通讯博物馆（Museum für Kommunikation）

世界最大的邮政博物馆，早在1872年就对外开放。展品表现了从中世纪时期第一批邮票到现代卫星技术通讯的发展历程。最值

枢密院大楼入口处

得一看的是一枚蓝色和一枚红色的毛里求斯邮票、首批安装的电话（追溯到1863年）和三个能够与游客交谈的机器人。孩子们无论大小都喜欢计算机展厅，他们在玩的过程中，获得了知识，开拓了视野。莱比锡大街16 · 地图L4 · 周二至周五：上午9点至下午5点；周六、周日：上午11点至晚上7点 · (030) 20 29 40 · 凭票入内

通讯博物馆夜景

菩提树下大街文化之旅一日游

上午

从弗雷德里希大街拐角出发：这里曾是柏林最繁华的街道交叉口，如今仍有很多看点。如果想吃些上午餐或休息一会，可随时到爱因斯坦咖啡馆。之后，沿大街继续东行，途经众多气势非凡的大楼，例如右首边的德国古根汉美术馆（参见49页），馆内有德意志银行，银行内有工艺博物馆。由此，还可看到腓特列大帝的骑马雕塑，位于弗雷德里克花园(Forum Fridericianum)（参见113页）中心。该地区和倍倍尔广场都位于柏林老城的中心，国家歌剧院、圣·海德薇格斯大教堂、旧官和洪堡大学都坐落于此。游客可在剧院官的一家饭店享用午餐。

下午

如果愿意，可继续沿菩提树下大街前行，向北绕一个弯，就可到达博物馆岛（参见114页）。之后，如果感觉精力还算充沛，可以参观柏林大教堂。教堂对面便是官殿广场（参见116页），其未来的建筑方案仍在激烈的讨论之中。晚上，原路返回，沿菩提树下大街向西行，有一家菩提树下大街德雷斯勒餐厅 (Dressler Unter den Linden)（参见121页），游人可在此享受一顿美味的晚餐，当天行程也宣告结束。

通讯博物馆网址：
www.museumsstiftung.de/berlin/d211_rundgang.asp

泪水宫

莫伦拱廊建筑

海军上将宫

TOP 10 十佳休闲去处

1 泪水宫 (Tranenpalast)

短暂相聚之后，当西柏林人与在东柏林的家人或朋友分别之际，泪水宫每每会目睹这令人伤感的离别时刻。现在，位于弗雷德里希大街轻轨站的前检查站已成为一家音乐厅。弗雷德里希大街/Reichstagsufer17号 · 地图L4 · (030) 20 61 00 11

2 俄国大使馆 (Russian Embassy)

建筑庞大，典型的斯大林主义“婚礼蛋糕”风格。1948年至1953年建于原沙俄大使馆处。菩提树下大街63-65号 · 地图K3

3 WMF大楼 (WMF-Haus)

瓷器和餐具制造商WMF以前的总部，房屋正面镶嵌有漂亮的马赛克，格外醒目。茂尔街 (Mauerstr.) 拐角处，莱比锡大街16号 · 地图L3

4 旧图书馆 (Alte Bibliothek)

旧图书馆，当地人戏称为“五斗柜”。大楼于1775年建造，属宏伟的巴洛克式风格。倍倍尔广场 · 地图K4

5 马克西姆-高尔基剧院 (Maxim-Gorki-Theater)

享有盛名的一家剧院，前身是柏林音乐学校 (Singakademie)。除其他人之外，帕格尼尼 (Paganini) 和李斯特 (Liszt) 都曾在此演出。要塞文化中心 (AmFestungsgraben) 2 · (030) 20 22 11 29 · 地图K5

6 弗雷德里希大街轻轨站 (S-Bahnhof Freidrichstaße)

几经改造，成为柏林最为著名的车站之一。1961年至1989年间是东西柏林主要的交会点。弗雷德里希大街 · 地图J4

7 海军上将宫 (Admiralspalast)

旧日柏林娱乐区仅存的一家剧院。现为大都市剧院 (Metropoltheater) (目前关闭) 所在地。弗雷德里希大街101-102号 · 地图J4

8 文化中心 (Palais am Festungsgraben)

巴洛克式官殿，1753年所建，室内装潢典雅别致，至今仍维持着最初的风貌。要塞文化中心 (Am Festungsgraben) · 地图K5 · (030) 208 40 00

9 轻歌剧院 (Komische Oper)

德国最壮观的歌剧院之一，1892年建立，外观呈现代风格。所有的演出都用德语。贝衡街 (Behrenstr.) 55-57号 · 地图K3 · (030) 47 99 74 00

10 莫伦拱廊建筑 (Mohrenkolonnaden)

新古典拱廊建筑，1787年卡尔 · 戈特哈德 · 朗汉斯 (Carl G. Langhans) 设计建造，最初用来装饰横跨护城河的一架桥梁。莫伦街 (Mohrenstr.) 37b u. 40-41 · 地图L4

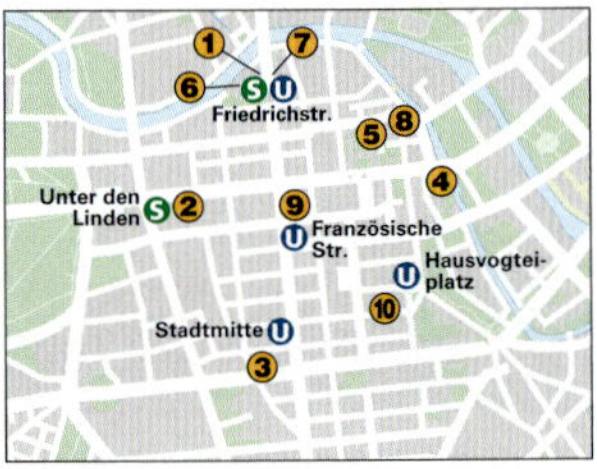

艺术沙龙外景

老佛爷百货公司时装店

206号商铺

TOP 10 十大商铺

1 老佛爷百货公司（Galeries Lafayette）

柏林最受欢迎的商场，也是奢华的法国商场在德国的唯一分店。人们在此可购买精美时装，在底层能够品尝美食。弗雷德里希街76-78号L4 · 周一至周五：上午9点至晚上8点；周六：上午9点至下午4点 · （030）20 94 80

2 206百货商店（Department Store 206）

时尚的柏林人喜欢来此购物，这里有最新款式、顶级设计的服装。弗雷德里希街71号 · 地图L4 · （030）20 94 62 93

3 206号商铺（Quartier 206）

除了百货商店，许多名牌服装店，诸如古奇（Gucci）和DKNY都位于弗雷德里希商廊。弗雷德里希街 · 地图L4

4 艺术沙龙（Kunstsalon）

这家商铺出售可以触摸和可带回家的艺术品，包括各种生活用品（例如古装），并按要求加工纪念品。菩提树下大街 41号 · 地图K4 · 030）20 45 02 03

5 巧克力店（Fassbender & Rausch）

商铺橱窗里的巨大的帝国大厦和勃兰登堡门巧克力雕塑不断吸引人们前来光顾。对于喜欢巧克力的人来说，这里可算得上是天堂。夏洛腾街60号 · 地图L4 · （030）20 45 84 40

6 维兰德·盖贝尔柏林故事（Berlin Story Wieland Giebel）

在这家商铺，几乎可找寻有关柏林的一切书面资料、照片和纪念品，没有人能够像盖贝尔（Herr Giebel）一般了解这座城市了。菩提树下大街10号 · 地图K4 · （030）20 45 38 42

7 杜斯曼文化商店（Kulturkaufhaus Dussmann）

文化爱好者喜欢光顾的一家多媒体商铺，出售各种文化商品，从书籍到电脑游戏光盘。据称这里有各类古典音乐CD可供挑选。商店晚上也营业。弗雷德里希街90号 · 地图K4 · （030）202 50

8 布达佩斯特鞋店（Budapester Schuhe）

一家连锁分店，出售高级男鞋。弗雷德里希街81号 · 地图L4 · （030）20 38 81 10

9 爱斯卡达服装店（Escada）

专门为女士量身定做流行服饰的裁缝店（价格昂贵），服装用料极为讲究。弗雷德里希街200号 · 地图L4 · （030）238 64 04

10 基督珠宝店（Juwelier Christ）

知名度很高的一家珠宝经营商，出售高级手表和珠宝。弗雷德里希街176-179号 · 地图L4 · （030）204 10 49

生活艺术酒馆

925高级酒吧

轻轨拱廊：莱姆基酿酒厂

TOP 10 十大酒馆和酒吧

1 牛顿酒吧（Newton Bar）

柏林城里最时尚的酒吧之一。客人可置身于松软的皮质扶手椅上，慢慢品尝着鸡尾酒。酒吧周围是海莫特·牛顿（Helmut Newton）拍摄的高傲的女子照片。夏洛腾街57号·地图L4·每日：上午10点至第二天凌晨3点·（030）20 61 29 99

2 菩提树生活吧（Lindenlife）

一时尚咖啡厅，内设酒吧和小餐厅。这里不仅是游人光顾的地方，也是政客和新闻工作者光顾的聚会场所。菩提树大街44-40号·地图K4·每日上午11点至晚上11点·（030）206 29 03 33

3 剧院酒吧（Operntreff）

室内全部用皮革装潢，小而精致，位于历史建筑剧院宫内。喜欢夜生活的人在欣赏歌剧之后，可前往这里。菩提树下大街5号·地图K3·每日：上午8点至午夜·（030）20 26 83

4 艾米尔（Emil）

集咖啡馆、酒馆和餐厅于一身，特别受演员的欢迎。舒曼大街（Schumannstr.）·地图J3·周一至周五：下午5点至第二天凌晨1点；周六：下午5点至第二天凌晨1点·（030）559 74 54

5 生活艺术酒馆（LebensArt）

与其说是一间酒馆或酒吧，不如说是一间咖啡馆，经营早餐和午后糕点。夜间营业，这在菩提树下大街为数不多。菩提树下大街69a·地图K4·周一至周六：上午9点至晚上8点；周日：上午10点至晚上8点·（030）229 00 18

6 爱因斯坦咖啡馆（Café Einstein）

西城一家咖啡连锁分店，小而温馨，经营美酒和奥地利特色菜。菩提树下大街42号·地图K4·周一至周四：上午8点至第二天凌晨3点；周五、周六：上午8点至下午4点·（030）204 36 32

7 常驻代表酒家（Standige Vertretung）

虽然酒馆名称让人忆起西德在东德常驻的代表，但这里的酒都是时下最好的。希弗鲍尔道（Schiffbauerdamm）8号·地图J3·每日：上午10点至第二天凌晨1点·（030）285 99 46

8 标识205吧（Label 205）

酒吧布置雅致，位于地下，经营凉爽的饮品，室内有钢琴音乐。弗雷德里希街，205区（Quartier 205）·地图L4·每日上午10点至晚上10点·（030）20 94 45 45

9 莱姆基酿酒厂（Brauerei Lemke）

位于轻轨拱廊下方，庭院之中，氛围颇佳。德克森街（Dirksenstr.）轻轨拱廊下143号·地图J5·每日中午12点至第二天凌晨1点·（030）24 72 87 27

10 温德霍斯特酒吧（Windhorst）

时尚的鸡尾酒吧——环境优雅、服务上乘。多罗逊街（Dorotheenstr.）65号·地图K3·周一至周五：晚上6点营业；周六：上午9点营业·（030）20 45 00 70

价格分类		
以每人三道菜、半瓶酒（或等值的餐点内容）、税金以及其他费用来估算	€	低于20欧元
	€€	20~30欧元
	€€€	30~45欧元
	€€€€	45~60欧元
	€€€€€	60欧元以上

菩提树下大街德雷斯勒餐厅外

TOP 10 十大餐厅和咖啡馆

1 玛葛餐厅（Margaux）

柏林高档餐厅中的后起之秀，经营法式德国新菜肴。菩提树下大街78号 · 地图K3 · 周二至周六：中午12点至下午2点；晚上7点至11点 · （030）22 65 26 11 · €€€€€

2 布查德特餐厅（Borchardt）

柏林最好的时尚新餐厅，位于一座历史建筑中，经营美味可口的法国菜肴。法兰西大街（Franzosische Str.）47号 · 地图K4 · 上午11点30分至第二天凌晨1点 · （030）20 38 71 10 · €€€

3 万餐厅（Vau）

主厨科加尔 · 西贝尔格，因烹制一手漂亮的德国菜肴，而获得米其林厨艺称号。亚格街（Jagerstr.）54-55号 · 地图L4 · 周一至周六：中午12点至下午2点30分；晚上7点至10点30分 · （030）202 97 30 · €€€€

4 费舍尔斯-弗里兹餐厅（Fischers Fritz）

地处豪华的丽晶饭店（Regent Hotel），是一家荣获米其林星称号的餐厅。主要经营海鲜，并烹饪具有想象力和考究的饭菜。餐厅里噼里啪啦的火苗声使顾客在品尝每道菜时都获得一份独特的享受。夏洛腾街49号 · 地图K3 · 每日：上午6点30分至下午2点30分；晚上6点至11点30分 · （030）20 33 63 63 · €€€

5 菩提树下大街德雷斯勒餐厅（Dressler Unter den Linden）

一家法国餐馆，时令季节是品尝牡蛎的好地方。其他时间，推荐享用三菜的套饭，价格不贵。菩提树下大街39号 · 地图K3 · 每日上午8点至第二天凌晨1点 · （030）204 44 22 · €€€

6 鲁特-韦格纳餐厅（Lutter&Wegner）

奥地利餐厅，供应柏林最美味的滚面包屑调料的犊肉条片（Wiener Schnitzel）和土豆沙拉。夏洛腾街56号 · 地图L4 · 每日上午11点至第二天凌晨2点 · （030）202 95 40 · €€€

7 西奥多-图赫餐厅（Theodor Tucher）

与勃兰登堡门相邻，是一家内设书店的优雅小餐厅，这里经营可口的柏林菜肴。巴黎广场（Pariser Platz）6a · 地图K3 · 每日上午9点至第二天凌晨1点 · （030）22 48 94 63 · €€

8 马拉特斯塔餐厅（Malatesta）

餐厅环境时尚，最简格调布置，经营美味意大利菜肴。夏洛腾街59号 · 地图L4 · 每日中午至午夜 · （030）20 94 50 70 · €€€

9 流亡者餐厅（Refugium）

与法国教堂相邻，是一家舒适的地下餐厅。这里经营国际和德国菜肴。安法萨广场 · 地图K5 · 周二至周六：晚上6点至晚11点 · （030）20 61 05 48 · €€€€

10 安格尔餐厅（Aigner）

原汁原味的维也纳餐厅，经营特有的奥地利菜肴。法兰西大街（Franzosische Str.）25号 · 地图K4 · （030）203 75 18 50 · €€

注：除特别标注外，所有餐厅均接受信用卡并提供素食

哈克什庭院

奥拉宁大街：塔贺勒斯剧院

哈克什庭院内

柏林中部：犹太区

犹太区（Scheunenviertel，柏林前犹太人社区）字面意思为“谷仓区”。最近几年，才得以恢复，其历程很不同寻常。起初，繁荣的犹太社区曾在附近的施潘道佛尔施塔德大街，远离城市，而“谷仓区”曾一度是众所周知的红灯区。纳粹党为了诽谤犹太人，将谷仓区的范围扩至整个犹太人社区。二战后，该区倍受忽视，日渐衰退。现在，许多以前的犹太商人的院落和狭窄的小巷得以修复，恢复了其独有的生机。这里有众多酒馆、餐厅、画廊和商铺，当地人和游客都喜欢到此光顾，尤其是晚上人更多。但曾在此上演的悲剧永远也不会在人们的记忆中被抹杀。

新犹太教堂

TOP 10 十佳景观

1. 奥拉宁堡街
2. 新犹太教堂
3. 哈克什庭院
4. 索菲街
5. 塔贺勒斯艺术中心
6. 自然历史博物馆
7. 多罗逊市政公墓
8. 贝尔托-魏格尔故居
9. 大汉堡街故居
10. 邮政大楼

1 奥拉宁堡街 (Oranienburger StraBe)

位于犹太区老城中心，与其他大街不同的是，它象征着犹太文化的兴起和衰落。从奥拉宁堡街上可看到犹太人过去岁月的痕迹，如新犹太教堂和几家犹太咖啡馆和餐厅（参见129页）。一些18世纪和19世纪的建筑目睹了这条街道昔日的辉煌，如邮政大楼（Postfuhramt，参见125页），71-72号处的建筑——德国共济会大楼（Freemasons）是克里斯蒂安·弗雷德日·贝彻雷（Christian Friedrich Becherer）于1789年建造。市中心，位于弗雷希里德大街和罗森塔勒大街（Rosenthaler Str.）之间·地图J4/5

2 新犹太教堂 (Neue Synagoge)

1859年至1866年建造，曾一度是欧洲最大的教堂。1938年，因为一位勇敢士兵的机警，才得以在“纳粹对犹太人商铺建筑的大毁坏”（Reichskristallnacht）中幸存，但二战中遭轰炸受到破坏。教堂外观为摩尔式建筑风格，内为一间祷告室和犹太中心教堂实体（Centrum Judaicum）。奥拉宁堡大街29-30号·地图J4/5·周日至周四：上午10点至晚上6点；周五：上午10点至下午2点·（030）28 40 13 16·免费入内

3 哈克什庭院 (Hackesche Höfe)

在复原的建筑中，哈克什庭院是柏林最大、也是最具魅力的商业大楼。它从奥拉宁堡街到罗森塔勒大街（Rosenthaler Straße），一直延伸到东边的索菲街。这栋综合性建筑包含九座相连的庭院，20世纪交替时期由新艺术领军人物库尔特·伯尔迪特（Kurt Berndt）和奥古斯特·恩代尔（August Endell）设计建造。尤其是第一座庭院融入了典型的新艺术元素：从地基到排水系统的釉面砖上，布有色彩鲜明的几何图案。1945年曾受毁坏，现在得以原样复原，成为城市夜生活中心最受欢迎的地方之一。这里开有饭店和咖啡厅（参见128至129页），变色龙综合演艺场（Variete Chamaleon）（参见56页）、画廊和小型商铺。罗森塔勒街40-41号·地图I5

4 索菲街 (Sophienstraße)

索菲街现已复原为18世纪末的模样：一条狭窄而漂亮的街道。在端庄的建筑大楼和庭院之中，有许多商铺和工艺美术中心。附近坐落着索菲教堂——第一座清教徒教堂，1712年由索菲·路易森（Sophie Luise）皇后建立。在巴洛克式教堂附近，有一处大约为18世纪的小墓地。大汉堡街29号·地图I5

5 塔贺勒斯艺术中心 (Tacheles)

前威廉-采购商廊（Wilhelm-Einkaufspassagen）遗址，20世纪初柏林最好的购物中心之一，现

老索菲教堂

贝尔托·布莱希特的书房

大汉堡街上的纪念碑

已被艺术家改造成为一处独具匠心的艺术中心。这里有工作坊、咖啡间，定期会举办一些活动。奥拉宁堡大街54-56a · 地图F3 · (030) 28 09 68 35

6 自然历史博物馆 (Museum für Naturkunde)

最大的自然历史博物馆之一，馆内有世界上最大的恐龙骨骼：坦桑尼亚发现的腕龙 (brachiosaurus)。展出的还有化石、陨石和矿石。Invalidenstr. 43 · 地图F2 · (030) 20 93 85 91 · 凭票入内

多罗逊市政公墓：辛克尔

7 多罗逊市政公墓 (Dorotheenstädtischer Friedhof)

1762年建造，许多名人都长眠在这风景迷人的墓地。公墓入口左侧是亨利希·曼 (Heinrich Mann, 1871—1950) 和贝尔托·布莱希特 (Bertolt Brecht, 1898—1956) 的坟墓；前面的柱状墓碑是为哲学家约翰·戈特利布·费希特 (Johann Gottlieb Fichte, 1762－1814) 和乔治·W·黑格尔 (Georg Wilhelm Friedrich Hegel, 1770－1831) 所设。在桦树巷 (Birkenallee，主道左侧)，可看到建筑大师卡尔·弗里德里希·辛克尔 (Karl Friedrich Schinkel, 1781－1841) 和弗里德里希·奥古斯特·史都勒 (Friedrich August Stuler, 1800－1865) 及约翰·戈特弗里德·沙多 (Gottfried Schdow, 1764－1850) 的墓碑。Chausseestr. 126 · 地图F2 · 夏季：每日上午8点至晚上8点；冬季：每日上午8点至下午4点

8 贝尔托-魏格尔故居 (Brecht-Weigel-Gedenkstätte)

贝尔托·布莱希特 (Bertolt Brecht)，20世纪最伟大的剧作家，生前与妻子海伦纳·魏格尔 (Helene Weigel) 生活在此处 (1953年至1956年)。屋内按原样布置，展示有文献资料和照片。同时这里也设有贝尔托作品档案馆。(Chausseestr.) 125 · 地图F2 · 周二至周六 (周四除外)：上午10点至11点30分；周四：上午10点至11点30分，下午5点至6点30分；

柏林犹太人

19世纪，柏林有20万犹太人，是德国最大的外来社区。除了城西富裕的犹太人外，还有大批的波兰和俄国穷苦的犹太人也来到这里，他们住在施潘道佛尔施塔德，该区的部分地段为犯罪红灯区，称为“Scheuneviertel (谷仓区)”。纳粹分子将“谷仓区”指代为整个“施潘道佛尔施塔”(Spandauer Vorstadt)，借此对犹太人进行诬蔑和诽谤。现在，尽管只有很少犹太人在此居住，犹太人居住地仍然被错误地沿用了“Scheuneviertel”这了名字。1933年至1945年间，只有5000名柏林犹太人在避难所幸存。

自然历史博物馆：www.museum.hu-berlin.de

周六：上午9点30分至下午1点30分；周日：上午11点至晚上6点·(030) 283 05 70 44·凭票入内

9 大汉堡街故居 (Gedenkstätte Große Hamburger Straße)

1939年前，大汉堡街是犹太人最重要的街道之一，街上有几家犹太学校、柏林最老的犹太公墓和一家养老院。养老院在纳粹时期披上了一层悲剧色彩——柏林总理府卫队(SS)将这里作为拘禁室：柏林犹太人在转到集中营之前，在此关押。这里树立了一座纪念碑，用以纪念从这里走赴刑场的数以千计的犹太人。养老院左侧，是一家犹太人学校，前身为1778年启蒙哲学家摩西·门德尔松(Moses Mendelssohn)(1729－1786)建立的学校。纪念碑右侧是犹太公墓，1672年至1827年大约有1.2万柏林犹太人埋葬在这里。1943年，纳粹分子几乎毁坏了整个公墓。只有几座巴洛克式坟墓或大理石和砂岩墓碑(masebas)幸存，现在被嵌入在小小的公墓墙中。在摩西·门德尔松的坟墓上，现立有一块新的纪念碑。大汉堡街·地图J5

10 邮政大楼 (Postfuhramt)

装饰华丽的邮政大楼建于19世纪。现成为一个展厅，用来展示标新立异的摄影作品、艺术品，这里同时也是艺术表演中心。奥拉宁堡大街·地图J4

邮政大楼正面的中楣

犹太社区一日游

上午

首先乘坐轻轨抵达弗雷德里希大街，即柏林前娱乐区，开始参观游览，沿街向北到赖恩哈德大街(ReinhardstraBe)，然后左拐到贝尔托·布莱希特广场(Bertolt-Brecht-Platz)。朝南方向继续前行步入阿尔布雷特街(AlbrechtstraBe)，可看到柏林剧院(Berliner Ensemble)(参见126页)。如果你非常喜欢布莱希特这位伟大剧作家生前工作的地方，可绕道去绍斯街(ChausseestraBe)，参观一下他的故居——贝尔托-魏格尔故居(Brecht-Weigel-Gedenkstatte)，建议最好沿绍斯街步行。如果仍徘徊在弗雷德里希街，在弗雷德里希歌舞厅(Friedrichstadtpalast)后方右拐，到达奥拉宁堡街(Oranienburger StraBe)(参见123页)，这里可通向时尚的犹太人社区(Scheuneviertel)中心。街道拐角处坐落着塔贺勒斯艺术中心大楼(Tacheles)，朝东方向几步之遥就会看到金碧辉煌的新犹太教堂的穹顶(参见45页和123页)。

下午

参观犹太社区之前，可到教堂不远处的奥连咖啡馆(Café Oren)(参见129页)小憩以补充体力。沿图霍尔斯基街(Tucholskystraße)前行，右拐进入奥古斯特大街(Auguststraße)。这里，人们会发现一些漂亮的庭院，如花园大街(Gartenstraße)的艺术庭院(Kunsthof)。沿奥古斯特大街返回抵达大汉堡街故居(Gedenkstatte Große Hamburger Straße)，和哈克什庭院(Hackesche Höfe)(参见123页)，在此购物并享用晚餐。

索菲教堂内景　柏林剧院　德国剧院

TOP 10 十佳休闲去处

1 夏里特医院 (Charite)

1710年成立，许多著名的内科医生，诸如鲁道夫·魏尔消（Rudolf Virchow）和罗伯特·科奇（Robert Koch），曾在这家世界著名的医院工作和教学。病理学博物馆有大约2.3万件著名的展品。舒曼大街（Schumannstr.）20-21号·地图J3·病理学博物馆，周二至周日：上午10点至下午5点；周三：上午10点至晚上7点·（030）450 53 61 56

2 新旧舍恩豪森街（Alte and Neue Schonhause Straße）

新旧舍恩豪森街（Alte Schonhauser Straße）是施潘道佛尔施塔德最古老的街道。这里热闹非凡，充斥着各种各样的传统和时尚店铺。哈克什市场（Hackescher market）·地图J5

3 德国剧院 (Deutsches Theater)

马克斯·赖恩哈德（Max Reinhardt）曾在此工作。剧院被广泛认为是最好的德语剧院，主要上演德国经典剧目，并且经常会对其有新的阐释。舒曼大街（Schumannstr.）13a·地图J3·（030）28 44 12 25

4 柏林剧院 (Berliner Ensemble)

亨利希·斯灵（Heinrich Seeling）于1891年至1892年建造，主要上演贝尔托·布莱希特的剧本。贝尔托·布莱希特广场1号·地图J3·（030）28 40 81 55

5 碉堡 (Hochbunker)

二战中幸存的碉堡之一。阿尔布雷特街（Albrechtstr.）·地图J3

6 蒙比修公园 (Monbijoupark)

公园规模不大，前身为蒙比修官殿。人们喜欢在公园的绿地上休息。奥拉宁堡街/施普雷·地图J5

7 奥古斯特大街 (Auguststraße)

大街周边地区距离最初意义上的老犹太人社区最近，这里有古老的内部庭院和许多建筑，目前还未修复。位于奥拉宁堡街和罗森塔勒街之间·地图G2

8 柯本广场 (Koppenplatz)

广场之上，有一些纪念物：一张桌子和一张掀翻的椅子，它使人回忆起犹太人被驱逐的岁月。奥古斯特街附近·地图G2

9 索菲教堂 (Sophienkirch)

该教区教堂建于1712年，力图保留了传统老柏林的魅力。切记要参观巴洛克式的讲道坛。大汉堡街29号·地图G2

10 图霍尔斯基街 (Tucholskystraße)

这条狭窄的街道典型反映了犹太社区转变时的情景：时尚的商铺紧邻日渐衰退的外街。地图G4

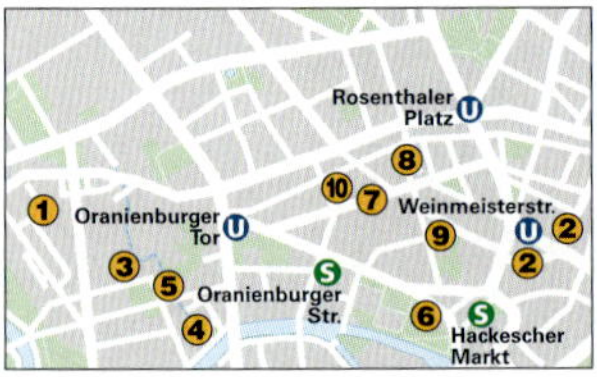

赫克曼庭院

索菲庭院

别具一格的当代艺术画廊

TOP 10 十大古老庭院

1 索菲-吉普斯庭院 (Sophie-Gips-Höfe)

因霍夫曼（Hoffman）艺术收藏而闻名，是当地人喜欢聚会的地方。其前身是缝纫机厂。索菲街21-22号 · 地图G3

2 索菲庭院 (Sophienhöfe)

红砖墙建筑，19世纪是一家工匠作坊，现为艺术家的工作室。索菲街17-18号 · 地图G3

3 赫克曼庭院 (Heckmann-Höfe)

耗巨资得以修复，堪称柏林最别致的庭院。内设有一家餐厅和一间时尚服装店，光顾的游人络绎不绝。罗森塔勒大街和图霍尔斯基街之间 · 地图J4

4 当代艺术画廊 (Kunstwerke)

在这家别具一格的艺术画廊，经常定期举办当地艺术家大规模的创作（installation）——最近一次展览是完全人工的芦苇园（reed garden）。庭院温室还设有一间咖啡屋。奥古斯特大街69号 · 地图G2

5 罗森塔勒大街37号 (Rosenthaler Straße 37)

这条狭窄的、未经修复的弄堂勾起人们对整条街的回忆。经拱门进入，四处游览一番，之后坐在左首的餐桌旁，要上一杯啤酒稍作休息。1933年，这里曾办过一所犹太盲人学校。罗森塔勒大街37号 · 地图G2

6 教育庭院 (Schulhof)

步入庭院，时间仿佛停滞在大约1900年。现在，庭院部分为文化办公室（Kulturamt）。奥古斯特街21号 · 地图G2

7 约阿希姆街庭院 (Hof Joachimstraße)

前邮政大楼庭院，十分开阔，由此可看到最为原始的大楼的外貌。约阿希姆街（Joachimstr.）11号 · 地图G2

8 奥古斯特街83号 (Auguststraße 83)

前缝纫机厂的院落，现设有一家咖啡馆和美术画廊。奥古斯特街83/(Linienstr.) 147号 · 地图G2

9 工艺庭院 (Kunsthof)

庭院内有很多犄角旮旯处，现设有多间工作室、办公室和咖啡馆。切记要浏览一下装饰华美的阶梯。奥拉宁堡街27号 · 地图J4/5

10 索菲街22和22a (Sophienstr. 22 and 22a)

两处小巧的内部庭院，种有一些绿植，四周为黄红相间的砖墙所环绕。索菲街22号22a · 地图G3

O&G酒吧标志

“我”餐厅的饮品

克蕾茜舞厅

TOP 10 十佳酒吧和舞厅

1 里瓦达酒吧（Riva）
酒吧环境优雅、清静，装潢时尚，不会出现酗酒闹事、打架斗殴之类的事情。酒吧以一位足球运动员命名。德克森街（Dircksenstr.）142号 · 地图J5 · 每日：晚上8点至第二天凌晨4点 · （030）24 72 26 88

2 贝利尼酒吧（Bellini Lounge）
在这家酒吧，可品尝到一些最正宗的热带鸡尾酒，混合着赤道以北的味道。奥拉宁堡街（Oranienburger Str.）42号 · 地图J4 · 周五至周六：下午4点至第二天凌晨5点；周日至周三：下午4点至第二天凌晨3点 · （030）970 056 18

3 救护车酒吧（Ambulance）
位于城中，酒吧氛围轻松，具有希普霍普（hip hop）风格。在此人们可以优惠的价格品尝到最好的饮品。奥拉宁堡街27号 · 地图J5 · 每日晚上7点开始营业 · （030）281 20 95

4 适吧（Komfort）
柏林一家最新、最为时尚的舞厅俱乐部，一群优雅的都市年轻人经常光顾，俱乐部中有R&B音乐、家庭和电子音乐。德克森街（Dircksenstr.）40号 · 地图J5 · 周二至周六：晚上10点开始营业

5 O & G酒吧（O & G）
前身为一家社会主义水果店，O&G酒吧的DJ为年轻的都市情侣营造出最具情调的音乐氛围。奥拉宁堡街 48-49号 · 地图J5 · 每日晚上6点至第二天凌晨1点 · （030）25 76 26 67

6 降b调（b-flat）
在这家小酒吧，有现场爵士乐演奏，偶尔也会有舞蹈表演。罗森塔勒大街13号 · 地图J5 · 晚上8点 · （030）283 31 23 · 凭票入内

7 美味甜甜圈俱乐部（Delicious Doughnuts）
在该区受欢迎的新俱乐部中，这家颇有资历，经营很火。置身其中，保证能带你找到根的感觉。这里的音乐演奏是一流的，震撼人心灵深处。罗森塔勒大街9号 · 地图J5 · 周四至周日晚上10点至次日凌晨5点 · （030）28 09 92 74 · 凭票入内

8 克蕾茜舞厅（Clarchen's Ballhaus）
柏林最后仅存的舞厅之一，热衷于舞蹈的人随华尔兹舞曲翩翩起舞并边唱边跳。奥古斯特街24号 · 地图G2 · 周三、周五、周日：晚上7点30分 · （030）282 92 95

9 “我”餐厅（Yosoy）
装潢漂亮的西班牙餐厅，美味的餐前小吃、美酒和令人心醉的鸡尾酒使得餐厅很红火，深夜还顾客盈门。罗森塔勒37号 · 地图J5 · 上午11点 · （030）28 39 12 13 · €€

10 万卓薛克餐厅（Wondratschek）
位于犹太素餐厅（参见129页）地下室的一家小酒吧，供应香槟酒和鸡尾酒。新舍恩豪森街（Neue Schönhauser Str.）3号 · 地图G2 · 周二至周日：晚上9点至第二天凌晨3点 · （030）28 59 97 10

哈克什庭院：矛盾餐厅　时尚中心区：拉菲尔餐厅

价格分类

以每人三道菜、半瓶酒（或等值的餐点内容）、税金以及其他费用来估算	€	低于20欧元
	€€	20～30欧元
	€€€	30～45欧元
	€€€€	45～60欧元
	€€€€€	60欧元以上

TOP 10 十佳餐厅和咖啡馆

1 泛亚餐厅（Pan Asia）
亚洲菜肴，主要经营鱼类和蔬菜，口味不是太辣。餐厅布置为20世纪60年代的极简风格。罗森塔勒大街38号 · 地图J5每中午到午夜 · (030) 27908811 · €€

2 奥连咖啡馆（Café Oren）
地处犹太区中心，很受人们欢迎，提供犹太风味素食。奥拉宁堡街28号 · 地图J5 · 周一至周五：中午12点至第二天凌晨1点；周六、周日：中午12点至第二天凌晨2点 · (030) 28599312 · €

3 犹太素餐厅（Schwarzenraben）
位于犹太社区中心，经营地道的素食犹太菜，颇受欢迎。新舍恩豪森街13号 · 地图J4/5 · 周一至周四上午10点至第二天凌晨1点；周五至周日：上午10点至午夜12点 · (030) 282 82 28 · €

4 麦斯威尔餐厅（Maxwell）
美食餐厅，位于新约克风格的楼阁之上，烹制比较随意，融合了多种制作方法。伯格街（bergstr）22号 · 地图G2 · 每日晚上6点至午夜12点 · (030) 28 59 98 48 · €€

5 贝丝咖啡厅（Beth-Cafe）
一家小犹太咖啡馆，位于Adass-Jisroel犹太社区，经营犹太小吃。图霍尔斯基街（Tucholskystr.）40号 · 地图J4 · 周四至周日：中午12点至晚8点 · (030) 281 31 35 · 不接受信用卡 · €€

6 哈克什庭院（Hackescher Hof）
位于哈克什庭院最好的餐厅，经营德国传统美食。罗森塔勒大街40号 · 地图J5 · 周一至周五：上午7点至第二天凌晨2点；周六、周日：上午9点至第二天凌晨2点 · (030) 283 52 93 · €€€

7 矛盾餐厅（Oxymoron）
位于哈克什庭院，小咖啡馆兼餐厅。餐厅内用印花棉布装饰，经营低脂肪的德国菜肴。罗森塔勒大街40-41号 · 地图J5 · 每日上午11点至第二天凌晨1点 · (030) 28 39 18 85/86 · €€

8 拉菲尔餐厅（La Fil）
一家令人舒适的西班牙餐厅，经营简单、可口的伊比利亚饭菜，包括家庭特色菜Pinchos，一种浇有西班牙餐前小吃的小片面包。戈尔曼大街（Gormannstr.）22号 · 地图G2 · 每日下午1点至第二天凌晨2点 · (030) 285 990 26 · €€

9 麦克布莱德餐馆（McBride's Brasserie）
位于哈克什庭院的麦克布莱德餐馆，以前曾是一间谷仓。这里经营丰盛的肉食和低脂肪沙拉。奥拉宁堡街32号 · 地图J4/5 · 周一至周五：上午6点开始营业；周六、周日：中午12点开始营业 · (030) 28 38 64 61 · €€€

10 贝瑞斯塔餐厅（Barist）
这里经营法国菜、意大利菜和奥地利菜。位于轻轨拱廊之下，氛围总是很好，周末有现场爵士乐演出。（Am Zwirngraben）13-14号 · 地图G2 · 每日上午10点至第二天凌晨3点 · (030) 24 72 26 13 · €€

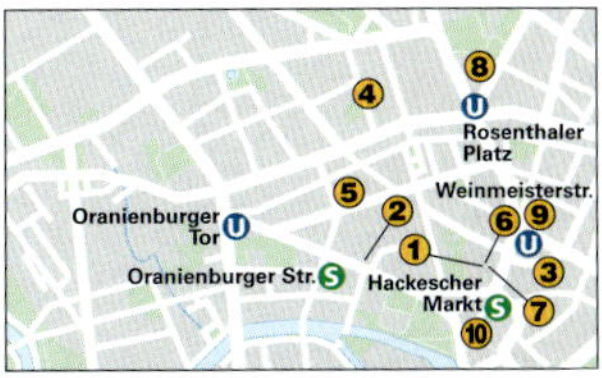

注：除有标注外，所有餐厅均接受信用卡并提供素食

玛丽亚教堂：祭坛上的绘画

铸币厂上的中楣

克诺布劳赫纪念馆

柏林中部：亚历山大广场及周边地区

亚历山大广场及周边地区是柏林最老的区域之一，13世纪就是在这里，科恩（Colln）和柏林（Berlin）两座双子城合二为一。柏林最古老的地方——18世纪的尼古拉区和中世纪所建的尼古拉教堂（城里最古老的教堂）位于电视塔附近，电视塔可谓是前东德“首府”的骄傲。1987年，在柏林750周年庆时，东德政府将其修复。但是，该区原有的建筑寥寥无几，大部分是重新建造的。据尼古拉区小巷几步之遥的地方，延伸着亚历山大广场，它被当地人简称为“亚里克斯”。二战前，该广场曾是城市动力的源泉，经战争的蹂躏，似乎变得空旷而有些荒芜。尽管巨大的广场现又恢复了活力，尤其是在夏天，但当寒冷的东风刮来时，又恢复了平静。广场的活力，正如阿尔弗雷德·德布林（Alfred Doblin）在他的小说中描绘的一样：亚历山大广场正在慢慢地恢复。在未来的日子里，这里计划要兴建和复原更多的建筑。

柏林市政厅

TOP 10 十佳景观

1. 亚历山大广场
2. 柏林市政厅
3. 柏林电视塔
4. 尼古拉区
5. 玛丽亚教堂
6. 马克思-恩格斯博览会
7. 边疆博物馆
8. 以色列民族官
9. 尼普顿海神喷泉
10. 卡尔-马克思街和法兰克福街

亚历山大广场，24小时网上游览：
www.berlinonline.de/spass/live_kameral/.html/alex.html

1 亚历山大广场 (Alexanderplatz)

市政厅的文章动物图案

一望无际的亚历山大广场地处东柏林中心，大片面积荒芜，柏林人称之为“亚里克斯”。但是二战前这里却是柏林最有活力的地方，相信总有一天这里会重新恢复活力。阿尔弗雷德·德布林(Alfred Doblin)在其著名的小说《柏林亚历山大广场》中，准确地把握住了这个城市的节奏。尽管考夫霍夫商廊(Kaufhof Galleria)(参见135页)百货商店周围人来人往，熙熙攘攘，但昔日的狂热氛围现已失去许多。最初，“亚里克斯”只是牲畜和羊毛交易市场。二战前的建筑所剩无几，只有1929年建立的亚历山大大楼（Alexanderhaus）和柏罗林娜大楼（Berolinahaus），位于前亚历山大轻轨车站。二战时广场几乎成为废墟，20世纪60年代，周围兴建了一些毫无灵魂的塔式大楼。现有计划在亚历山大广场上建造摩天大楼。市中心·地图I6

2 柏林市政厅 (Berliner Rathaus)

柏林引以为豪的市政厅、市长办公室，也是大柏林的权利政治中心。市政厅建于1861年至1869年，依据赫尔曼·弗雷德里希·韦泽曼(Hermann Friedrich Waesemann)设计方案在前市政厅位置兴建而成：旨在显示柏林的权力和荣耀。建筑师是从意大利文艺复兴建筑“露天广场”(palazzi)中获得的灵感。该建筑也被称为“红色市政厅”——并不是用以纪念社会主义的过去，而是指从勃兰登省运来砌楼的红砖(参见38页)。市议会厅街15号·地图K6·周一至周五：上午9点至晚上6点·（030）90 26 0

3 柏林电视塔 (Berliner Fersehturm)

电视塔高365米（1197英尺），是柏林最高的建筑。天气状况良好的情况下，能够眺望40公里（25英里）内的景致。在电视塔203米(666英尺）处，有一观景平台，上设有咖啡厅（自带旋转轴），每30分钟就会旋转一次。向远处眺望，可看到一座塔：东德政府于1965年至1969年建造，象征着东德“首府”东柏林的胜利。全景街1a·地图I6·3月至10月：上午10点至次日凌晨1点；11月至2月：上午10点至午夜12点·（030）242 33 33·凭票入内

4 尼古拉区 (Nikolaiviertel)

面积不大的尼古拉区位于中世纪尼古拉教堂（参见44页）周边，是柏林城的部分魅力所在，这里

位于亚历山大广场上的世界钟

电视塔上的咖啡厅

电视塔：www.berlinefernsehturm.de

尼古拉区的尼古拉教堂

马克思博物馆

尼古拉区的一条街道

有许多犄角旮旯的地方、老柏林餐厅和纪念品商店。施普雷河岸边和磨坊路（Muhlendamm）之间的地带在二战期间被夷为平地。东德政府在战后加以修复——不幸的是，不是很成功：一些房屋的外面覆盖的是预制建筑。克诺布劳赫纪念馆（Knoblauchhaus）是幸免于难的建筑。1835年建造，是克诺布劳赫家族以前的住宅（新犹太教堂由建筑师克诺布劳赫/Eduard Knoblauch建造）。现在，馆内有一家展现柏林日常生活的博物馆和全部按彼德麦式样（Biedermeier）装潢的房间。市中心，科诺布劳赫纪念馆：波茨坦街23号·地图K6·周二至周日：上午10点至晚上6点·（030）27 57 67 33·凭票入内

5 玛丽亚教堂(Marienkirche)

初建于1270年，15世纪基本上模仿原型重建。教堂塔楼，呈巴洛克式风格，1790年由卡尔·戈特哈德·朗汉斯（Carl Gotthard Langhans）建造，它使得玛丽亚教堂成为柏林最漂亮的教堂之一。教堂内有一雪花石膏讲道坛（1703年），是由安德里亚·施吕特尔（Andreas Schluter）建造，还有一个主祭坛（1762年），都非常值得参观。15世纪的哥特式圣水器和一幅22米长（72英尺）的壁画：“死亡之舞”（Der Totentanz）(1485年）是教堂内的最古老的两件宝物。卡尔·李卜克内西街（Karl-Liebknecht Str.）8号·地图K6·4月至10月：每日上午10点至晚上6点；11月至3月：每日上午10点至下午4点·（030）242 44 67

6 马克思-恩格斯博览会（MarxEngels-Forum）

马克思和恩格斯雕塑

1989年德国统一不久，“下一次会完全不同”的格言被潦草地写在社会主义之父卡尔·马克思和弗雷德里希·恩格斯的纪念碑上。马恩的青铜雕塑位于一座广场中心，1986年由路德维格·恩格哈特（Ludwig Engelhart）创作。地图K5/6

7 边疆博物馆(Märkisches Museum)

柏林市政博物馆，馆内展示有建筑珍藏，诸如勃兰登堡门口和勃兰登堡门顶部的一匹马头和各种有关柏林剧院和音乐的展示。柯尔尼斯公园(Am Kollnischen Park) 5·地图L6·周二至周日：上午10点至晚上6点·（030）30 86 60·凭票入内

边疆博物馆的圣坛

8 以色列民族宫(Ephraim-Palais)

弧形巴洛克式宫殿，1766年为富贾纳丹·费特尔（Nathan Veitel）兴建，在当时曾是城内最漂亮的景点

以色列民族宫

之一。旧宫殿拆除后，得以重建，现在建设成为一家博物馆，展示了当地艺术家的绘画作品。波茨坦街16号 · 地图K6 · 周二、周四至周日：上午10点至晚上6点；周三：中午12点至晚上8点 · (030) 24 00 20 · 凭票入内

9 尼普顿海神喷泉 (Neptune Fountain)

绿色的新巴洛克式喷泉，建于1895年，塑造了海神尼普顿的形象。海神周围有四座女性雕塑，象征着德国的莱茵河（Rhine）、魏克塞尔河（Weichsel）、奥得河（Oder）和易北河（Elb）。位于市政厅 · 地图K6

10 卡尔-马克思街和法兰克福街（Karl-Marx-Allee and Frankfurter Allee）

1945年至1955年间，街道两侧兴建了一些苏维埃式建筑，充分反映了社会主义时期的风貌。在当时，此街被称为“斯大林街”，街上坐落着极其现代的公寓大楼。市中心/腓特列海因区

尼普顿海神喷泉

亚历山大广场一日游

上午

首先抵达亚历山大广场（参见131页），人们在广场上可以随处看看或者买些东西，然后步行到玛丽亚教堂。不远处，就是令人心旷神怡的尼普顿海神喷泉，附近可在马克思-恩格斯博览会观看马恩的塑像。据此几步之遥，就是柏林市政厅（参见131页）。人们可提前在地窖餐厅或老鼠地下餐厅（Ratskeller）享用午餐，这些地方都很不错；游人还可在附近的古尼古拉区逛逛，然后在赖恩哈德餐厅（Reinhard's）（参见137页）之类的地方享用一顿美食，赖恩哈德餐厅经营乡村菜肴。

下午

如果可行，可穿越狭窄的巷道步行感受一下尼古拉老区的氛围。尼古拉教堂和克诺布劳赫纪念馆（Knoblauchhaus）特别值得一看。然后由此步行返回到亚历山大广场。如果天气不错，可乘坐电梯到柏林电视塔（参见131页）上的观景咖啡厅。在此小憩之后，继续步行或从亚力克斯乘坐地铁到广场斯特劳斯堡广场（Strausberger Platz），欣赏法兰克福街（参见133页）上的社会主义建筑。沿古鲁纳大街（Grunerstraße）前行，可抵达施普雷河对岸，人们可在位于拐角处的边疆博物馆仔细地了解柏林市政历史。晚上，在阿米勒餐厅（Ermelerhaus）用餐，享用美味佳肴。

市政大楼的台阶

博德维宫

弗朗西斯派教堂遗址

TOP 10 十佳休闲去处

1 市政大楼 (Stadtgericht)

市政大楼壮丽堂皇，大厅楼梯尤为奢华，栏杆弧线设计，支柱华美。利腾街（Littenstr.）13-15号 · 地图K6 · 周一至周五：上午8点至晚上6点

2 弗朗西斯派教堂 (Franziskanerkirche)

13世纪方济各会修道院遗址，周围草坪环绕，风景优美，是城中心一处好的休息场所。克劳斯特街（Klosterstr.）74号 · 地图K6

3 古城墙（Stadmauer）

目前看到的是13至14世纪的城墙碎片，昔日是环绕着柏林和科恩（Colln）的护城墙。维森街（Waisenstr.）74号 · 地图K6

4 博德维宫 (Palais Podewil)

淡黄色的巴洛克式宫殿，1701—1704年建立，现为文化中心，是现代音乐演奏得最好的场地之一。克劳斯特街（Klosterstr.）68-70号 · 地图K6 · 周一至周六：上午11点至晚10点 · （030）27 74 97 77

5 教区教堂 (Parochialkirche)

约翰·阿诺德·讷灵（Johann Arnold Nering）和马丁·格鲁伯格（Martin Grunberg）共同设计，堪称柏林最具魅力的巴洛克式教堂。不幸的是富丽堂皇的教堂内部在二战中毁于一旦，钟楼也倒塌了。近来，被改为现代音乐演奏的场地。克劳斯特街（Klo-sterstr.）67 · 地图K6

6 边疆河畔 (Markisches Ufer)

漫步在风景优美的河畔，让人充分回忆起18世纪末的城市风貌。地图L6

7 海里格教堂 (Heiliggeistkapelle)

13世纪的慈善教堂，是哥特式砖墙建筑的完美体现。施潘道街1号 · 地图K6

8 里贝克建筑 (Ribbeckhaus)

柏林中部唯一的文艺复兴时期建筑，外观装饰华美，分外显著。布莱特街36号 · 地图K5

9 施威林皇宫和铸币厂 (Palais Schwerin and Münze)

两座相邻的建筑，外观呈18世纪典雅风格：窗檐口美轮美奂，铸币厂装饰有新古典风格的中楣。莫尔肯市场（Molkenmarkt）1-3号 · 地图K6

10 历史港口 (Historic Port)

历史上曾在施普雷河上行驶的驳船和拖船停泊在此。港口的观光船可以预定。边疆河畔（Markisches Ufer）68-70号 · 地图L6 · 4月至10月，周二至周五：下午2点至晚上6点；周六、周日：上午11点至晚上6点 · （030）21 47 32 56

考夫霍夫商廊

玩偶店内

尼古拉区的茶店

TOP 10 十佳商铺和市场

1 考夫霍夫商廊（Kaufhof Galeria）

东柏林最大的百货商店，供应人们所需的各种东西。食品店备有各国食物，顾客络绎不绝。亚历山大广场 9号 · 地图I6 · 周一至周六：上午9点至晚8点 · （030）24 74 30

2 玩偶店（Die Puppenstube）

用瓷或其他材料制作而成的玩偶，比如成堆的可爱的毛茸茸的玩具熊，很是吸引逛街和购物的人。普罗蒲斯特街（Propststr.）4号 · 地图K6 · 周一至周六：上午10点至晚上6点30分；周日：上午11点至晚上6点 · （030）242 39 67

3 桦树店（Birken-Paradies）

如果想购买装饰性木雕，可到此店参观。从木制玩具到精致的圣诞装饰，这里应有尽有。普罗蒲斯特街（Propststr.）4号 · 地图K6 · （030）24 7 82 44

4 茶叶店（Der Teeladen）

位于尼古拉教堂对面的茶叶专营店，总是沁透着清香。普罗蒲斯特街（Propststrstr.）3号 · 地图K6 · 周一至周六：上午10点至晚上6点30分 · （030）242 32 55

6 亚历山大地铁站和轻轨站（U-and S-Bahnhof Alexanderplatz）

在这片热闹地段，开有很多商铺以满足每日过往人群之需，另外还有夜间营业的快餐店和德国食品货摊（imbisse）。亚历山大广场 · 地图J6

7 柏林方形购物街（Berlin Carré）

规模不大，设有拱廊的购物街。这里开有多家快餐店，经营美味小吃，人们可以购买带走也可现场品尝。卡尔 · 李卜克内西街（Karl-Liebknecht-Str.）13号 · 地图I6

8 图林根圣诞市场（Thüringischer Wihnachtsmarkt）

这里设有很多摊位，摆满了圣诞礼物和传统的木制雕刻。普罗蒲斯特街（Propststr.）8号 · 地图K6 · （030）241 12 29

9 捐赠书店（Wohltat'sche Buchhandlung）

一家大型书店，出售剩书、二手书、明信片、柏林日历、录像带、CD和DVD。亚历山大广场 2号 · 地图I6 · 周一至周六上午9点至晚8点 · （030）242 68 54

5 古董商业街（Hessisches Haus）（Gallery of Antiques）

城市最好的古董店之一，专营家具，同时可听取到专家的意见。邮政大街（Poststr.）12号 · 地图K5/6 · 每日上午11点至晚上6点30分 · （030）208 25 54

10 萨图恩多媒体店（Saturn）

一家大型多媒体连锁店，出售各种各样的CD、电脑游戏和各种电子游戏和娱乐产品，价格公道。亚历山大广场8号 · 地图I6号 · 周一至周五：上午9点30分至晚上8点；周六上午9点至晚上8点 · （030）24 75 16

玩偶店网址：www.puppen1.de

乔治酿酒房

最后当局酒吧

核桃树酒吧

TOP 10 十佳酒馆和咖啡馆

1 最后当局餐厅 (Zur letzten Instanz)

柏林最老的酒吧，始于1621年，拿破仑、德国艺术家亨利希·齐勒(Heinrich Zille)和前苏联领导戈尔巴乔夫都曾光顾过。室内因年代久远而显得陈旧，但魅力不减。维森街14-16号·地图K6·周一至周日，中午12点至午夜12点；周日：中午12点至晚11点·（030）2425 528·€€

2 乔治酿酒房 (Brauhaus Georgbräu)

这儿不仅吸引背井离乡的巴伐利亚人，还有许多旅游团光顾。这里经营柏林和慕尼黑的乡村菜肴和啤酒。施普雷岸4号·地图K5/6·夏季：上午10点至午夜12点；冬季，周一至周五12点开始营业·（030）2424 244·€€

3 核桃树酒吧 (Zum NuBbaum)

尼古拉区一间历史悠久的酒吧间，颇具魅力。夏天经营生啤和柏林韦伯啤酒。核桃树（Am NuBbaum）3号·地图K6·每日中午12点至晚11点·（030）242 30 95·€€

4 天空俱乐部（Sky Club）

这里是赌博的天地，但在夜晚，登上42层远处眺望，景致十分壮观。德克森街98-100号·地图I/K5 /6·每日晚11点·不接受信用卡·无电话

5 亚里克斯咖啡馆（Alex Café）

位于电视塔下，早上的自助餐格外丰盛，这里是东柏林之游的始发点。全景街1a·地图K6·周日至周四：上午9点至第二天凌晨1点；周五、周六：上午9点至第二天凌晨3点·（030）24 04 76 30·不接受信用卡·€€

6 格林咖啡馆（Green's）

位于尼古拉教堂斜对面的一家小咖啡馆，人们总是抵制不住家庭自制蛋糕的诱惑而在此停留。邮政大街（Poststr.）13号·地图K6·周一至周五上午10点至凌晨1点·（030）24 72 60 41·€

7 以色列咖啡馆 (Café Ephraim's)

咖啡、蛋糕以及施普雷河美丽的景致吸引着当地人和外来游客前来光顾。施普雷河岸（Spreeufer）1号·地图K5/6·（030）2472 5947·€€

8 电视塔咖啡厅 (Telecafe Fernsehturm)

人们可以在柏林上空享受快餐，咖啡厅每45分钟就会完全旋转一次。全景街1a·地图J6·每日上午10点至午夜12点·（030）2423 333·€€

9 菲舍尔凯茨 (Zum Fischerkietz)

酒吧餐厅，颇具情调，经营啤酒和特色啤酒柏林韦伯。菲舍尔岛（Fischerinsel）5号·地图L6·每日上午11点至午夜12点·（030）201 15 16·€€

10 老酒吧（Historische Weinstuben)

室内布置属传统风格。在此可以喝啤酒，品尝一些德国小吃。邮政大街23号·地图K6·每日中午12点至午夜12点·（030）2424 107·€

乔治酿酒房网址：www.georgbraeu.de

老市政厅餐厅

尼古拉区的赖恩哈德餐厅

价格分类

以每人三道菜、半瓶酒（或等值的餐点内容）、税金以及其他费用来估算

€	低于20欧元
€€	20～30欧元
€€€	30～45欧元
€€€€	45～60欧元
€€€€€	60欧元以上

TOP10 十佳餐厅

1 赖恩哈德餐厅（Reinhard's）
城市中心最具魅力的餐厅之一，经营国际菜肴。餐厅周围悬挂有当代名人的照片和绘画。邮政大街28号 · 地图K6 · 每日上午11点30分至午夜12点 · （030）24 25 295 · €€€

2 亚历山大地下餐厅（Alexanderkeller）
坐落于拱顶的地下室之中——阳光充足的温室附属建筑。餐厅考虑到儿童之需，并且经营当地和其他地方的各种菜肴。克佩尼克区92号 · 地图H4 · 周一至周六：晚上7点至午夜12点 · （030）275 01 42 · €

3 老市政厅餐厅（Zur Gerichtslaube）
位于以前宫廷建筑内，内部装修时尚，经营传统柏林特色菜。邮政大街28号 · 地图K6 · 每日上午11点30分至第二天凌晨1点 · （030）241 56 98 · €€€

4 博德维尔餐厅（Podewil）
地处克劳斯特街（Klosterstr.）的一家意大利小吃店，气氛愉悦、随意。置身于田园般的庭院，可倾听到艺术家对其作品的讨论。克劳斯特街（Klosterstr.）68-70号 · 地图K6 · （030）2426 745 · €€

5 派登沃特餐厅（Zum Paddenwirt）
酷爱柏林传统食物的人喜欢光顾这里。餐厅经营青鱼、腌制的野猪肉和烈性啤酒等。尼古拉广场6号 · 地图K6 · 每日中午12点至午夜12点 · （030）2426 382 · 不接受信用卡 · €€

6 齐勒屋（Zillestube）
以柏林民间画家亨利希 · 齐勒（Heinrich Zille）得名。这家小酒吧经营可口的柏林菜肴，供应传统啤酒。室内布置为乡村风格。普罗蒲斯特街（Propststr.）9号 · 地图K6 · 每日上午11点开始营业 · （030）242 52 47 · €€

7 马希里诺餐厅（Marcellino）
当地最好的意大利餐厅，内有一个大露台和一个漂亮的花园。炎炎夏日，人们可在其中乘凉。餐厅的意大利面食和每日特色菜尤其值得品尝。邮政大街28号 · 地图K6 · 每日中午12点至午夜12点 · （030）242 67 45 · €€

8 里瓦达餐厅（La Riva）
位于尼古拉地区的时尚意大利餐厅，经营美味的意大利面食。夏天可在户外用餐，并欣赏施普雷河的景致。施普雷岸（Spreeufer）2号 · 地图K6 · 每日上午11点至晚11点 · （030）24251 83 · €€

9 1号马铃薯餐厅（Kartoffelhaus No. 1）
餐厅主要经营鱼类和可口的肉菜。邮政大街（Poststr.）4号 · 地图K6 · 每日中午12点至午夜12点 · （030）24 72 09 45 · €€

10 慕特霍普餐厅（Mutter Hoppe）
经营传统德国美食，虽然服务不总是很热情，但每一份饭菜的量都很大。市政街21号 · 地图K6 · 每日上午11点30分至午夜12点 · （030）24 72 06 03 · €

注：除有标注外，所有餐厅均接受信用卡并提供素食。

哈根奥尔大街（Hagenauer Straße）：复原房屋的外观

犹太人公墓

柏林中部：普伦茨劳堡区

普伦茨劳堡区之所以能够吸引当地人和外来游客，是因为最近几年，这里经历了翻天覆地的变化，这在其他地区几乎是没有的。现在，前东柏林工人区的经济住宅房已被咖啡厅、酒馆和饭店取而代之，夜生活充满了生机和乐趣。即使在柏林分裂时，普伦茨劳堡区就是艺术家和另类人群喜欢的地方，现在基本上依然如此。位于幽静街道的许多房屋还没有修复，让人真真切切地忆起柏林过去的模样。但是普伦茨劳堡正在经历变化。自从东西德国统一后，这一区域开始成为最受欢迎的住宅区。许多西德人，被当地人谴责为“雅皮士”的人，在这里定居、修复建筑并购买公寓房。该区的生活标准有了很大的提升。时尚酒吧、饭店和咖啡厅主要云集中在珂勒惠支广场（Kollwitzplatz）和休斯大街（Husemannstraße）上。如今在普伦茨劳堡参观游览，也可同时感受到德国统一不久后的那段时光的氛围。

科隆酒店

十佳景观

1. 珂勒惠支广场
2. 舍恩豪森街
3. 维特拉设计博物馆
4. 文化酝酿厂
5. 犹太人公墓
6. 休斯大街
7. 犹太复国教堂
8. 水塔
9. 雷克街上的犹太教堂
10. 客西马利园教堂

维特拉设计博物馆：www.design-museum-berlin.de

珂勒惠支广场：珂勒惠支纪念碑

1 珂勒惠支广场 (Kollwitzplatz)

昔日安静的广场现已成为该区热闹、狂欢的中心。在绿色广场周围，有很多咖啡厅、酒馆、酒吧和饭店，是当地人聚集的地方；特别是在夏天，人们嬉戏直至深夜。从大幅度修复的外观来看，很难看出珂勒惠支广场曾是柏林最贫穷的地方。该区曾经属贫困地区，只有广场的名字还能让人回忆起19世纪的经济公寓住房。艺术家凯绥·珂勒惠支（1867－1945，参见51页）曾经在珂勒惠支广场25号（现已毁坏）生活和工作，毕生大部分时间在此度过，她的雕塑、素描和草图描绘了当地工人的贫苦，并对当时的社会加以抨击。普伦茨堡区·地图H2

2 舍恩豪森街 (Schönhauser Allee)

舍恩豪森街长3公里（2英里），是该区的主动脉。双向路中心是地铁U2号线的高架桥，桥身被粉刷成绿色。此街从罗莎-卢森堡广场（Rosa-Luxemburg-Platz）向东北延伸到城市边缘，沿街坐落着一些商铺和几家酒馆。许多建筑还未修复，让人充分回忆起“老”普伦茨堡区的面貌——特别是塞内菲尔德广场（Senefelderplatz）和但泽街（Danziger Straße）之间的建筑物。普伦茨堡区·地图H1/2

文化酝酿厂塔楼

3 维特拉设计博物馆 (Vitra Design Museum)

柏林最新的博物馆之一，主要陈列展示时尚创意作品。博物馆前身是发电厂，外部由红砖所砌。主要展示有家具、产品和室内装潢，以现代风格为主，大多为艺术家的作品，诸如米斯文得洛（Mies van der Rohe）和弗兰克·劳埃德·赖特（Frank Lloyd Wright）。博物馆更为强调斯堪的纳维亚设计，同时也试图将东欧和西欧的作品一起展出。哥本哈根（Kopenhagener）58号·地图G1·周二至周日：上午11点至晚上8点；周五至下午10点·（030）448 56 88·凭票入内

4 文化酝酿厂 (Kulturbrauerei)

建筑庞大，前身是柏林督导官（Schultheiss）酿酒厂，普伦茨堡区也因此扬名。这座综合大楼，部分已有150多年的历史，由弗朗茨·舒维登（Franz Schwechten）设计。1997年至1999年完全修复，成为当地居民喜爱的场所，热闹非凡。饭店、咖啡馆、酒吧、电影院、小商铺和剧院相继在这栋红黄相间的砖砌大楼中建起，现与众多的室内庭院相连。舍恩豪森街（Schonhauser Allee）36-39号（入口：Knaackstr.）·地图H1·（030）44 31 50

5 犹太人公墓 (Jewish Cemetary)

犹太人公墓不是很大，堪称柏林最美的墓地之一。墓碑横七竖八地分布在稠密的灌木丛和高大挺拔的树木之间。1827年建立了此公墓，当时位于汉堡大街的前犹太公墓关闭。有两位名人长眠于此，他们是画家马克斯·利伯

珂勒惠支广场的一栋住宅

普拉特餐厅

珂勒惠支街道

普伦茨堡还是普伦茨劳堡?

一些追求时髦的人在谈起“他们居住的”地区时，简单地说成“普伦茨堡”。实际上主要是新近搬过来西柏林人和西德人使用这样的叫法——真正的名称，正如书面文字缩写，应是“普伦茨劳堡”(Prenzlauer Berg)。替代的名称只是一个新发明的词汇，用来指代几乎一夜之间就变得很时尚的地区。

曼（Max Liebermann）(1847年至1935年）和作曲家吉亚克莫·梅耶贝尔（Giacomo Meyerbeer）(1791年至1864年）。舍恩豪森(Schonhauser）23-25号·地图H2

6 休斯大街 (Husemannstraße)

东德政府在柏林750周年纪念之时，对这条优美的街道进行了完美的修复。街道两边坐落着“创建期”（Grunderzeit）的房子(1871年德意志帝国建立后的日子)。漫步在林荫道上，可真正体验普伦茨劳堡的生活。古色古香的街灯、招牌、鹅卵石铺就的道路和古董店招牌、几家氛围不错的酒馆都会带领游人回到19世纪末。沃塞街(Worther）和但泽街(Danziger）之间·地图H1/2

7 犹太复国教堂 (Zionskirche)

犹太复国教堂于1866年至1873年建造。普伦茨劳堡区生气勃勃，热闹非凡，但该教堂，连同齐名的广场却成为该区中部宁静之所。新教教堂一直是一个政治中心，在第三帝国时期，反抗纳粹的军队集中于此。东德期间，标新立异的“环境图书馆”(信息和文献中心）就建立在这里。1989年至1990年，教堂其他活跃的对立方在东德政治改革方面起着决定性的作用，这也最终导致了东西德的统一。犹太复国教堂广场(Zionskirchplatz）·地图G2·周日：中午12点至下午4点；周三：中午12点至晚7点；周四：下午5点至晚上7点·（030）44 31 50

犹太复国教堂

8 水塔 (Wasserturm)

巨大的水塔高达30米（98英尺)，位于奈克街（Knnackstraße）上，成为普伦茨劳堡区的非正式象征。初建于1877年，当时是一个水库，1914年被拆毁。水塔消防车车库在1933年至1945年间成为德国纳粹冲锋队（SA）的监狱——纪念铭牌可让人记起这段岁月。水塔坐落在风车山（Windmuhlenberg)，山上有一些风车，19世纪普伦茨劳堡曾以制作风车而闻名。现在，圆形砖砌建筑已改为时尚住宅公寓。

9 雷克街上的犹太教堂 (Synagoge Rykestraße)

1904年建造，1938年11月幸免于Reichskirstall-

www.berlin.de/home/TouristCenter/Sightseeing/Sehenswuerdigkeiten/deutsch/Prenzlauer_Berg/juedfriedhofpberg.html nacht——纳粹对犹太人商铺建筑的大毁坏。该教堂是犹太人为数不多的敬神宫殿中幸存的一座。教堂内部红砖砌造，长方形会堂，现为一座公寓的一部分。雷克街（Rykestr.）53号 · 地图H2 · 提前安排 · （030）442 59 31

10 客西马利园教堂（Gethsemanekirche）

1891至1893年建立。就是在这座红砖教堂之外，东德秘密警察对非暴力反对者动之以武，成为东德政权开始崩溃的起点。斯达加德街（Stargarder Str.）77号 · 地图H1 · 5月至10月，周三、周四：下午5点至晚上7点（其他时间需提前预订） · （030）445 77 45

客西马利园教堂入口

普伦茨劳堡一日游

上午

首先从塞内菲尔德广场（Senefelderplatz）地铁站出发——普伦茨劳堡区最热闹的地方之一。在此可游览旧的公寓大楼和庭院。沿Fehrbelliner Straße大街向西方向继续前行，抵达犹太复国教堂广场（Zionskirchplatz），这里有一个与之齐名的教堂。广场上有众多的咖啡厅，可在Commode喝一杯卡布基诺咖啡（capuccino）。继续沿犹太复国主义教堂街（Zionskirchstraße）街西行，然后左拐到卡斯塔尼街（Kastanienallee）。这里是该地区最绚丽多彩的一条街。在街的尽头，可以到达普拉特餐厅（Prater）（参见143页）；在此右转，步入奥德堡（Oderberger）大街——该区保存最为完好的街道之一。继续沿Srzedzkistraße向东方向前行，抵达休斯大街（Husemannstraße）。游人可在柏林老街周围四处看看，能够买到一些有趣的商品。

下午

珂勒惠支广场（Kollwitzplatz）（参见139页）上有很多家餐厅，可在任何一家享用午饭：在此推荐一下古盖尔庭院餐厅（Gugelhof）和赞德餐厅（Zander）（参见143页）。用餐完毕，继续沿奈克大街（Knaackstraße）前行，可看到不大的雷克街犹太教堂（Synagoge Rykestraße）。据此几步之遥，就是位于奈克街的水塔（Wasserturm）。在塔周围的小块绿地上歇歇脚，然后继续沿贝弗特街（Belforter）和珂勒惠支街道（Kollwitzstraße）前行，步入舍恩豪森街（Schonhauser Allee），由此抵达犹太人公墓，游人在此可感受其宁静的氛围。

塞内菲尔德广场

胡椒堡

大天文馆

TOP 10 十佳休闲去处

1 格莱芬哈根纳大街 (Greifenhagener StraBe)

不是老柏林最漂亮的街道，但却是保存最完整的街道之一。地图H1

2 胡椒堡 (Pfefferberg)

别具风格的文化中心，举办音乐会、艺术表演和戏剧节。塞内菲尔德广场（Senefelderplatz）176号 · 地图H2 · 提前安排 · （030）4438 3110

3 塞内菲尔德广场 (Senefelderplatz)

楔形广场，用以纪念阿罗斯 · 塞内菲尔德（Alois Senefelder），他是现代印刷技术的一位先锋人物。广场中心是“建筑咖啡馆”（Café Achteck）。地图H2

4 大天文馆 (ZEISS-GroBplanetarium)

太空之旅——在天文馆的银色穹顶之下可观看星星、行星和银河。普伦茨劳堡街（Prenzlauer Allee）80号 · 周一至周五：上午9点30分至11点；周三、周六和周日下午 · （030）42 18 45 12

5 城墙公园 (Mauerpark)

位于前边界附近的一大片运动场，为2000年柏林奥运会所建，公园由麦克斯 · 斯迈林大厅（Max Schmeling Hall）和杨运动公园（Jahn Sports Park）组成。现在，体育比赛和音乐盛事在此举办。福克广场（Am Falkplatz） · 地图G1 · （030）44 30 44 30

6 赫尔姆荷茨广场 (Helmholtzplatz)

置于广场周围，时间好像停滞在1925年。这些住宅楼使人想起一个社会住房项目。地图H1

7 普伦茨劳堡博物馆 (Prenzlauer Berg Museum)

这家小规模博物馆逼真地再现了19世纪该区历史和在那儿居住的工人阶级穷苦大众。普伦茨劳堡街（Prenzlauer Allee）227-228号 · 地图H2 · 周二至周三、周日：上午10点至晚上6点；周四：中午12点至晚上8点 · （030）902 95 30 81

8 工业设计展（Sammlung Industrielle Gestaltung）

在此博物馆，可欣赏到典型的东德设计，从肥皂沫卡通片到购物袋。这里会定期举办特殊展览。奈克街，文化酝酿厂（Kulturbrauerei，Knaackstr.）97号 · 地图H1 · 周一至周四：上午10点至晚上6点 · （030）44 31 78 66

9 奥德堡大街 (Oderberger Straße)

这条林荫道几乎没有太大变化。普伦茨劳堡的老市政游泳馆位于此街84号。地图G/H1

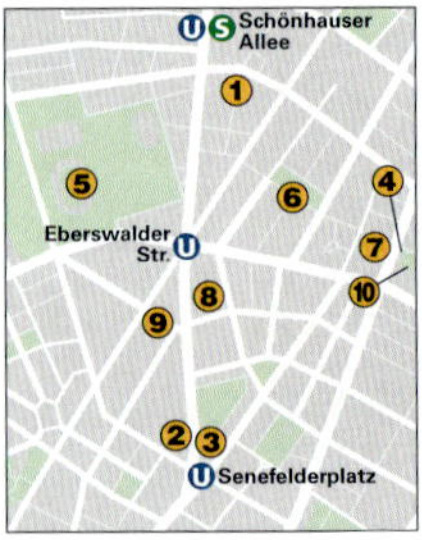

10 台尔曼公园 (Thalmannpark)

城市东北方为数不多的公园之一，周围坐落着社会主义的预制安装建筑。公园里立有恩斯特 · 台尔曼（Ernst Thalmann）纪念碑——一位被纳粹分子谋杀的共产主义者。普伦茨劳街（Prenzlauer Allee） · 地图H1

意大利餐厅

11月咖啡厅

价格分类

以每人三道菜、半瓶酒（或等值的餐点内容）、税金以及其他费用来估算

€	低于20欧元
€€	20～30欧元
€€€	30～45欧元
€€€€	45～60欧元
€€€€€	60欧元以上

TOP 10 十佳餐厅和酒吧

1 德雷餐厅（Drei）
雅皮士和西德人常在这家时尚餐厅聚会。餐厅经营国际和亚洲菜肴。Lychener Str. 20 · 地图H1 · 周一至周六：晚上6点至午夜12点；周日上午10点至第二天凌晨2点 · （030）4171 5718 · 不接受信用卡 · €€

2 古盖尔庭院餐厅（Gugelhof）
因比尔·克林顿曾光顾此店，所以吸引了全柏林的人来此进餐。该饭店经营独创的德法合璧的菜肴。奈克街（Knaackstr.）37号 · 地图H1/2 · 每日上午10点至午夜12点 · （030）442 92 29 · €€

3 赞德餐厅（Zander）
一家小饭店，将当地鱼类特色菜加以新的诠释，极富想象力。三道菜套餐是该区最好的之一，而且价格最便宜。珂勒惠支大街（Kollwitzstr.）50号 · 地图H2 · 周一至周六：中午12点至下午2点30分；晚上6点至10点 · （030）44 05 76 79 · €€€

4 贝卢诺餐厅（BellUno）
意大利餐厅，带有一大露台，气氛活跃。珂勒惠支大街（Kollwitzstr.）66号 · 地图H2 · 每日上午10点至第二天凌晨1点 · 不接受信用卡 · （030）441 05 48 · €€

5 普拉特（Prater）
在这儿人们可以获得许多惊喜：这里有一啤酒坊，庭院设有一乡村餐厅，还有免费的现场音乐会。Kas-tanien-allee 7-9 · 地图G2 · 周一至六晚上6点至午夜12点；周日上午10点至午夜 · （030）4485 688 · 不接受信用卡 · €€€

6 奈克俱乐部（Knaack-Club）
享有盛名的一家俱乐部：有摇滚演奏、独立经营的影院，观众往往为另类人群。格雷弗斯瓦尔德街（Greifswalder Str.）224号 · 地图H2 · 周五、周六上午9点开始营业 · （030）442 70 60 · 不接受信用卡

7 1900餐厅（Restauration 1900）
资历很深的一家饭店，经营美味低脂肪的德国菜肴，现仍吸引着大量客户。休斯曼街（Husesmannstr.）1号 · 地图H1/2 · 每日上午10点至次日凌晨2点 · （030）442 24 94 · €€

8 帕斯捷尔纳克餐厅（Pasternak）
莫斯科时尚餐厅，供应甜菜汤、伏特加酒，并放有俄国音乐。奈克街（Knaackstr.）22号 · 地图H1/2 · 下午3点至午夜12点 · （030）441 33 99 · 不接受信用卡 · €€

9 11月咖啡厅（Café November）
位于普伦茨劳堡山的一家餐厅和酒吧，非常受欢迎。休斯曼街（Husemannstr.）15号 · 地图H1/2 · 周一至周四上午9点至次日凌晨2点；周五至周日上午9点至次日凌晨3点 · （030）442 84 25 · €€

10 安妮塔·朗斯基酒馆（Anita Wronski）
该区最老的酒馆之一，吸引学生和本地人前来光顾。奈克街26号 · 地图H1/2 · 周一至周五上午9点至次日凌晨2点；周六、周日上午10点至次日凌晨2点 · （030）442 84 83 · 不接受信用卡

注：除有标注外，所有餐厅均接受信用卡并提供素食

诺曼大街

弗雷德里希海因宫

克佩尼克区盾徽

柏林东南区

柏林东部和南部有显著不同的特点，东部弗雷德里希海因区(Friedrichshain)、利希滕贝格区（Lichtenberg）和霍亨舍恩豪森区（Hohenschönhausen）建筑稠密，属前工人阶级区；而位于远东南的绿色特雷普托区（Treptow）和田园般的克佩尼克区看起来犹如独立的村庄。二战期间，东柏林的经济公寓房全部被毁坏，后来，东德政府之下，老克佩尼克区和大米格尔湖成为一日游的景点。

TOP 10 十大景观

1. 克佩尼克区旧城区
2. 克佩尼克宫
3. 诺曼大街旧居
4. 德俄博物馆
5. 东边画廊
6. 大米格尔湖
7. 特雷普托公园
8. 弗雷德里希海因人民公园
9. 弗雷德里希菲尔德动物园
10. 霍亨舍恩豪森旧居

克佩尼克区市政厅

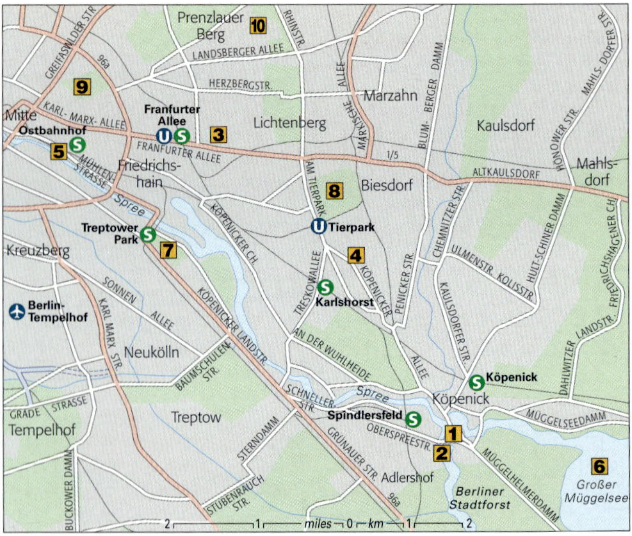

克佩尼克区旧城区泳池

1 克佩尼克区旧城区 (Köpenicker Altstadt)

克佩尼克区是热衷于自身发展的一个城区。这一岛屿社区有着悠久的历史：早在9世纪，人们已在宫岛（Schlossinsel）定居，直到1920年，前渔村才获独立。现在的盾徽仍然有两条鱼的图案，许多房屋外都注有此标记。位于达赫美河（Dahme River）岸边的老城区，仍然保留着18世纪和19世纪的风貌：鹅卵石铺就的街道和低矮的渔民房舍，这一切使人回到了过去。舒伯勒广场（Schüßler-platz）、古鲁纳街（Grunstraße）和旧市场（Alter Markt）仍然坐落着一些古老的建筑。克佩尼克区在1906年10月16日得以扬名。威廉·沃伊特（Wihelm Voigt），一位无家可归、穿着如上尉的人带领士兵驻进市政厅，逮捕了市长，没收了市政保险箱。现市政厅前方树有一雕塑以示纪念“豪普特曼·冯·克佩尼克”（Hauptamann von Köpenick）。市政厅于1901至1904年建造，属典型的勃兰登堡省哥特式砖墙建筑。旧克佩尼克区市政厅21号·周一至周五：上午8点至晚上6点；周六、周日：上午10点至晚上6点·（030）658 40

豪普特曼·冯·克佩尼克

2 克佩尼克宫 (Köpenicker Schloss)

克佩尼克宫，位于该区南方宫殿岛（Schlossinsel）之上，1677年至1681年间由荷兰建筑师鲁特格尔·万·郎格威尔特（Rutger van Langervelt）为菲特列——王位继承人，即未来的菲特列国王所建。17世纪，约翰·阿诺德·讷灵（Johann Arnold Nering）和其他人又在此基础上扩展了这座漂亮的巴洛克式宫殿。现在，这里存放有柏林手工艺博物馆（Kunst-gewerbemuseum）的部分藏品（参见47页）。宫殿岛·周二至周日：上午10点至晚上6点·（030）65 66 17 49

3 诺曼大街故居 (Gedenkstätte Nor-mannernstraße)

令人毛骨悚然的前国家安全系统（Stasi）总部——即前东德秘密警察总部曾设立于此，现成为一处纪念地，用来纪念数以千名的东德政权受难者和秘密警察的负责人部长埃里克·迈克（Erich Mielke）。游人可参观部长办公室、食堂和各种秘密侦察设备，这些设备揭露了国家机器使用的手段。鲁舍街（Ruschestr.）59号·周一至周五上午11点至晚上6点；周六、周日下午2点至晚上6点·（030）553 68 54·凭票入内

4 德俄博物馆 (Deutsch-Russisches Museum)

1945年5月8日，二战结束，德国签署了无条件投降协议。前军官别墅中展示有相关文献、制服和照片，均讲述了战争的历史。（Zwieseler）4号·周二至周日：上午10点至晚上6点·（030）50 15 08 10·凭票入内

东边画廊

克佩尼克宫

弗雷德里希海因人民公园

5 东边画廊 (East Side Gallery)

柏林墙的残垣断壁，1.3公里(1422码)长，坐落在施普雷河附近。1990年，118名来自世界各地的艺术家在这座灰水泥墙上油绘了彩色的图象，构成一幅独特的艺术作品。尤其是著名俄国艺术家德米特里·弗鲁贝尔(Dmitri Vrubel)创作的一幅画，展示了(Leonid Brezhnev)和前东德领导人(Erich Honecker)交换兄弟社会主义之吻。因为废气的长期熏绕，部分图画已褪色，但现在正在恢复。旧磨坊街(Alt Muhlenstr.)/奥巴鲍姆桥(Oberbaumbrucke)21号·地图H4

特雷普托公园的纪念碑

6 大米格尔湖 (GroBe Müggelsee)

大米格尔湖——柏林的“浴缸”——是城市最大的湖泊，占地面积766公顷(1892英亩)。大米格尔湖之所以不如西柏林的大万湖那般受欢迎，主要是因为远离市中心，位于城市东南拐角。湖泊以南边的啤酒坊而闻名，乘船从弗雷德里希舍根(Friedrichshagen)便可抵达。再往南，在米格尔湖瞭望塔(Muggelturm)之上可远观柏林壮观的景致及周围的勃兰登堡省。湖周围有些小径，非常适宜散步和骑车。人们在湖中还可以游泳，比如在拉赫恩斯多夫海滩休闲胜地(Rahnsdorf)。弗雷德里希舍根：米格尔湖瞭望塔(Friedrichshagen: Muggelturm: StraBe zum Muggelturm) 1·每日上午7点至黄昏·(030) 674 36 79

7 特雷普托公园 (Treptower Park)

19世纪为柏林工人建设的一个娱乐区，现公园里有著名的苏维埃纪念碑(Sowjetisches Ehrenmal)。1945年4月，5000名红军在柏林解放战争中殉难，埋葬于此。在集体墓碑不远处，矗立着一座12米高(39英尺)的俄国士兵铜像：一手怀抱孩子，一手持剑，他曾用此剑毁坏了一个纳粹党党徽。旧特雷普托区(Alt-Treptow)

8 弗雷德里希海因人民公园 (Volkspark Friedrichshain)

是柏林最老的庭院花园，1840年由约瑟夫·彼得·林内(Joseph Peter Lenne)建造。现在，在建筑稠密的弗雷德里希海因区(Friedrichshain)中部，人民公园为人们提供了一片宁静之所。二次世界大战也在此留下了印迹：克莱恩(Kleiner)和大地堡(Großer Bunkerberg)——两堆战后堆砌而成高达78米(256英尺)的碎石头(后者被戏称为“瓦砾山”)。漂亮的新巴洛克童话喷泉(Marchenbrunnen)——受损程度不是很大。该喷泉由路德维格·霍夫曼(Ludwig Hoffmann)创作，上面有106位雕刻华美的著名童话人物。弗雷德里希海因区(Am Friedrichshain)·地图H2

东边画廊：www.eastsidegallery.com/deutsche.htm

弗雷德里希菲尔德动物园鸟舍

9 弗雷德里希菲尔德动物园 (Tierpark Friedrichsfelde)

动物园规模不大，位于弗雷德里希菲尔德附近的一座公园中央。动物园里，特别值得观看的是狮子、西伯利亚老虎，它们被关在户外布有岩石的围栏里。大象馆也同样吸引着游人，其中一只幼象名叫马蒂比（Matibi），是厚皮动物中的明星。动物园（Am Tierpark）125号 · 4月至10月：每日上午9点至晚上7点；11月至3月：每日上午9点至太阳下山 · (030) 51 53 10 · 凭票入内

10 霍亨舍恩豪森旧居 (Gedenkstätte Hohenschönhausen)

前秘密警察监狱，直到1990年，一直用来关押政治犯。1951年前，是红军接待中心。在导游的带领下，人们可以参观瞭望塔和监狱的单人房间——特别著名的是所谓的“潜水艇监狱房”，房间没有窗户，隔离关闭，犯人在此受到审讯和拷打。詹斯勒街（Genslerstr.）66号 · 旅游团，每日上午11点至下午1点，还可提前安排 · (030) 98 60 82 30

柏林绿色东南区一日游

上午

从亚历山大广场出发，由此可乘坐轻轨去往任何景区，这些景点相距都不是很近。

首先，乘坐轻轨S3号线抵达卡尔斯霍尔斯特（Karlshorst），此处可参观德俄博物馆（Deutsch Russisches Museum）（参见145页）。这里距诺曼大街-东德秘密警察总部（Stasi-Museum Normannenstraße）（参见145页）不是很远——返回东交叉路口（Ostkreuz）轻轨站，然后乘坐轻轨S4号线和地铁U5号线抵达马格达林（Magdalenenstraße）。在参观所有博物馆之后，可以在户外稍作休息。然后乘坐地铁U5号线到达弗雷德里希菲尔德动物园（Tierpark Friedrichsfelde），这里可以参观动物园和弗雷德里希菲尔德官殿（Friedrichsfelde Palace）。

下午

下午，到克佩尼克区（Köpenick）参观游览。乘坐轻轨S3号线抵达克佩尼克区，在老鼠地下餐厅（Ratskeller）（参见149页）——市政厅地下室——享用一顿典型的德国饭菜。之后，参观游览克佩尼克老城区（Kopenick Old Town），古老的渔村中部值得一去。在克佩尼克官（Kopenicker Schloss）（参见145页）附近有很多家咖啡馆，人们可选择一家休息，吃些点心，比如在凯茨咖啡馆（Café Kietz）（参见148页）。之后，乘坐轻轨抵达弗雷德里希舍根（Friedrichshagen），由此可抵达大米格尔湖（Großer Muggelsee）。从这里，乘坐旅游船只，到大米格尔湖珍珠餐厅（Muggelseeperle）享用一顿美餐，一天的行程也到此结束。

曾纳蛋壳咖啡馆

克佩尼克区古城咖啡馆

凯茨咖啡馆兼餐馆

TOP 10 十佳咖啡馆和餐厅

1 克佩尼克区古城咖啡馆（Altstadtcafé Cöpenick）
位于克佩尼克区旧城，咖啡馆不大，经营咖啡和糕点，夏日可在户外游廊进餐。克佩尼克区旧城（Alt Kopenick）16 · 上午10点至晚上6点30分 · （030）6547 4069 · 不接受信用卡

2 曾纳蛋壳咖啡馆（Eierschale Haus Zenner）
经典的一日游景点目的地：过去一家人常常在这里“自酿咖啡”。现在是一家户外咖啡馆。老特雷普托区（Alt-Treptow）14-17 · 周一至周四：上午11点至晚上7点；周五、周六：上午11点至下午4点；周日：上午10点至晚上7点 · （030）533 73 70 · 不接受信用卡

3 L& B咖啡馆（Café L& B）
位于游泳馆不远处的一家咖啡店，经营地方鱼类菜肴，以及午后咖啡和蛋糕。米格尔湖1号 · 夏季：每日上午11点至晚10点；冬季：周六、周日：上午11点至晚上9点 · （030）659 82 24 · 不接受信用卡

4 新赫尔果兰岛（Neu-Helgoland）
对于一日游的旅客而言，这是位于湖泊之上的一家不错的餐厅。当地居民和游人都很喜欢这里的野味和鱼类菜肴。克莱纳万湖（Kleiner Muggelsee）· 周一至周五上午11点至下午10点；周六、周日上午10点至次日凌晨2点 · （030）6598 247 · 不接受信用卡

5 鲁伯扎赫勒码头餐厅（Seerestaurant Rubezahl）
位于米格尔湖码头的一家啤酒坊，是一日游歇脚的好去处。乘坐渡轮可抵达户外餐厅。大米格尔湖 · 每日上午11点至晚上11点 · （030）65 88 24 70

6 宫殿咖啡馆（Schloss-Cafe）
一处宁静之所，人们可在参观艺术和手工博物馆之后，边享受咖啡和糕点的美味，边俯视欣赏达赫姆河的景致（Dahme River）。宫殿岛克佩尼克宫 · 无电话 · 不接受信用卡

7 凯茨咖啡馆兼餐馆（Kietz Café and Restaurant）
一家宜人的咖啡馆，制作美味的蛋糕和快餐。夏日海滨浴场吸引众多游人前来光顾。万湖海默尔街（Muggelheimer Str.）1号 · 每日上午9点至下午10点 · （030）651 71 09 · 不接受信用卡

8 利比格咖啡馆（Café Liebig）
一家新艺术咖啡馆，位于一栋有着130多年历史建筑中，装饰华美。夏日从阳台可俯瞰到格鲁诺（Grunau）赛舟比赛。赛舟街（Regattastr.）158号 · 中午12点至晚上10点 · （030）6782 0936 · 不接受信用卡

9 船上餐厅（Restaurantschiff Hoppetosse）
一家如画的船上餐厅，经营包括鱼类的各种菜肴。这里的蛋糕尤其有诱惑力。艾亨街（Eichenstr.）4号 · 每日上午11点开始营业 · （030）53 32 03 40 · 不接受信用卡

10 汉芙餐厅（Hanff's Ruh）
沿袭了老传统，客人们在此可自酿咖啡。极力推荐该餐厅的蘑菇菜肴。泰戈尔街（Rabindranath-Tagore-Str.）25号 · 周三至周一：上午11点至晚上9点 · （030）674 33 68 · 不接受信用卡

弗莱海特十五餐厅

克佩尼克老鼠地下餐厅

价格分类

以每人三道菜、半瓶酒（或等值的餐点内容）、税金以及其他费用来估算

€	低于20欧元
€€	20～30欧元
€€€	30～45欧元
€€€€	45～60欧元
€€€€€	60欧元以上

TOP 10 十佳餐厅

1 弗莱海特十五（freiheitfünfzehn）

位于停泊在码头的纵帆船之上，经营德国和法国菜肴。这里偶尔会有歌舞表演和现场音乐演奏。如果喜欢干燥的陆面，可在啤酒坊进餐。弗莱海特（Freiheit）15 · 周三至周六晚上6点至晚上11点；周日上午11点至晚上11点 · （030）6588 7826 · €€

2 克佩尼克老鼠地下餐厅（Ratskeller Köpenick）

位于穹顶的地下室，经营柏林传统美食。众所周知，威廉 · 沃伊特（Wihelm Voigt）曾在此利用了易上当受骗的公务员（参见145页）。克佩尼克老区（Alt-Kopenick）21 · 每日上午11点至晚上11点 · （030）655 56 52 · €€

3 快帆船餐厅（Klipper Schiffsrestaurant）

这艘双桅帆船初建于1890年，现改造成为一家温馨的餐厅，经营国际菜肴，受法国菜启发烹制而成。施普雷河岸边，在Insel der Jugend附近 · 上午10点至次日凌晨1点 · 不接受信用卡 · €€

4 施洛斯啤酒坊（Schrors Biergarten）

位于湖泊附近的一家很随意的啤酒坊，非常受欢迎，专营可口的烧烤食品。约瑟夫 · 纳罗斯基街（Josef-Nawrocki-Str）16号 · 夏季：上午11点营业；冬季：上午11点至晚上6点 · （030）64 09 58 80 · 不接受信用卡 · €€

5 纺锤纺馆（Die Spindel）

乡村饭馆，经营传统德国菜肴，并有大量可供选择的干酪，需提前预订。博许街（Bolschestr.）51号 · 上午11点30分至晚上10点 · （030）645 29 37 · €

6 埃利斯餐厅（Ellis）

柏林为数不多的美式餐厅之一，美式室内装修、经营地道的美国菜。弗拉斯腾瓦尔德街（Frustenwalder Allee）17号 · 周一至周六下午5点至午夜12点；周日下午1点至午夜12点（1、2月份期间，周一停业），中午12点至次日凌晨1点 · （030）68 48 23 67 · €€

7 鳄鱼餐厅（Krokodil）

位于老城区，花园街温泉附近，餐厅坐落在最漂亮的花园之一，尤其是在夏天。花园街46-48号 · 周一至周五下午4点至午夜；周六、周日上午11点至晚上11点 · （030）65 88 00 94 · 不接受信用卡 · €€

8 酿酒厂餐厅（Braustul）

一家典型的柏林啤酒坊和餐厅，原隶属于柏林国民酿酒厂（Burger-Brau brewery）。餐厅经营野味菜肴。米格尔湖路（Muggelseedamm）164号 · 周二至周六中午12点至午夜；周日上午11点至午夜12点 · （030）645 57 16 · €€

9 陶炉烹制餐厅（Lehmofen）

经营肉食和素菜，食物在陈旧的陶土烤炉上新鲜烹制而成，非常吸引顾客，尤其是夏天，人们喜欢在露台进餐。弗莱海特（Freiheit）16 · 周一至周四、周日中午12点至午夜12点；周五至周六中午12点至凌晨1点 · （030）655 70 44 · €€

10 基博科河餐厅（Kiboko）

一家非洲餐厅，位于19世纪建造的渔民村舍，经营鸵鸟肉和鳄鱼肉。该餐厅是具有异国情调的餐厅之一。博许街（Bolschestr.）10号 · 周二至周六下午5点至晚上11点 · （030）64 19 73 25 · 不接受信用卡 · €€

注：除有标注外，所有餐厅均接受信用卡并提供素食

SANS, SOUCI.

夏洛腾霍夫宫内景

中国式茶楼

新宫的前厅

波茨坦和无忧宫

波茨坦在欧洲文化史中占有重要地位，它是欧洲启蒙运动的中心，拥有辉煌的成就：腓特列大帝的王宫，无论从建筑还是艺术上都在18世纪达到了登峰造极的程度。无忧宫的宫殿建筑，附带其漂亮的大规模公园，同样甚为壮观，而且是嬉戏的好场所，现已被指定为联合国教科文组织的一处世界文化遗产。波茨坦城，现有居民30万，是勃兰登堡联邦省的省会。昔日的驻防要塞如今已成为观光游览的圣地，著名景点有小宫殿、古老的教堂、充满田园风情的公园和历史上外来居民的建筑。

腓特列大帝在无忧宫演奏长笛

TOP 10 十大景观

1. 无忧宫
2. 新宫
3. 无忧宫花园
4. 塞琪琳霍夫宫
5. 夏洛腾霍夫宫
6. 马穆尔宫
7. 荷兰人社区
8. 尼古拉教堂
9. 电影博物馆
10. 巴贝尔斯贝格影视公园

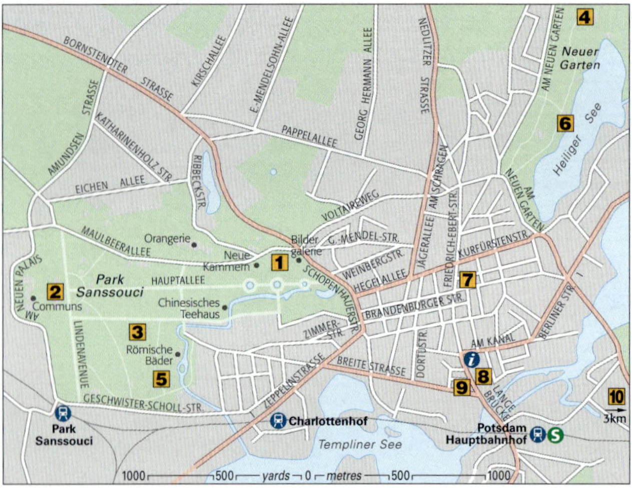

150～151页：通向无忧宫的阶梯

1 无忧宫 (Schloss Sanssouci)

普鲁士国王腓特列大帝梦想能够在一座宫殿里无忧无虑地生活（“Sans souci”是法文，意为“没有烦恼”）。1745年，他指派自己最欣赏的建筑师乔治·温策斯劳·冯·诺贝尔斯多夫（Georg Wenzeslaus von Knobelsdorff）设计并建造这座宏伟的洛可可式宫殿。外观为黄色的主建筑骄傲地坐落在带有台阶的前葡萄园之上，园内阶梯直达穹顶建筑和位于宫殿中心位置的优雅大理石厅内。无论从设计还是外形，大理石厅都表现了对罗马万神殿（Pantheon）的尊崇。在其左首和右首，冯·诺贝尔斯多夫（von Knobelsdorff）和约翰·奥古斯特·纳赫尔（Johann August Nahl）设计了一些非常漂亮的房间；包括饰有安托万·佩恩（Antoine Pesne）著名的绘画的音乐厅；另外还有腓特列的图书室。在这间侧厅内，国王喜欢演奏长笛或与伏尔泰进行哲学探讨。宫殿的墙上挂有腓特列所喜爱的艺术家的作品。老磨坊（Zur historischen Muhle）· 4月至10月，每日上午9点至下午5点；11月至3月，每日上午9点至下午4点 · （0331）969 41 90 · 凭票入内

无忧宫花园中的花瓶

2 新宫 (Neues Palais)

在无忧宫花园以北就是巴洛克式建筑风格的新宫，它是德国最漂亮的宫殿之一，1763年至1769年由约翰·戈特弗里德·伯林（Johann Gottfried Buring）、简·劳伦·李·吉（Jean Laurent Le Geay）和卡尔·万·哥恩达德（Carl von Gontard）为腓特列设计建造。巨大的两层楼里有200间房屋，其中有马穆尔大理石厅（Marmorsaal）——一间布置极为奢华的舞厅和宫殿剧院（现在更多的剧目在此上演）。腓特列个人的房间同样装饰得富丽堂皇，尤其是洛可可式风格的书房、铺有珍贵木地板的画廊和全部用大理石包覆的前厅（Oberes Vestibul）。新宫 · 4月至10月，周六至周一：上午9点至下午5点；11月至3月，周六至周一：上午9点至下午4点 · （0331）96943 61 · 凭票入内

3 无忧宫花园 (Schlosspark Sanssouci)

花园非常开阔，是消磨时间的好去处。花园占地287公顷（709英亩），其间有众多建筑，耗资巨大。值得参观的是洛可可式茶楼，约翰·戈特弗里德·伯林（Johann Gottfried Buring）建于1754年至1756年，最初用作茶楼兼作餐厅，现有一东亚瓷器展览设于此处。在湖边的一组亭阁中，罗马浴室（Romische Bade）也是受古代建筑启发而建——1829年至1840年卡尔弗雷德里希·辛克尔（Friedrich Karl Schinkel）仿建意大利

新宫

无忧宫中的音乐厅

荷兰人社区的一条街道

马穆尔宫

电影博物馆

文艺复兴时的一处别墅设计建造，用作贵宾室和浴室。橘园暖房（Orangerie）于1851年至1860年建造，最初用来招待国王的宾客。现内设一小型绘画展。中国式茶楼（Oknonomieweg）·5月中至10月中，周二至周日：上午10点至下午5点·（0331）969 42 02罗马浴室（Lennestr.）·5月中至10月中，周二至周日：上午10点至下午5点·（0331）969 42 02橘园暖房（Maulbeerallee）·5月中至10月中，周二至周日：上午10点至下午5点·（0331）969 42 80

4 塞琪琳霍夫宫 (Schloss Cecilienhof)

这座小宫殿仿造了英国乡村庄园的建筑风格，1945年因决定德国命运的波茨坦会议而被载入史册。宫殿于1914年至1917年建造，现在成为一家饭店的所在地，内设有关波茨坦会议和宫殿陈设文献的一个展览。新园（Am Neuen Garten）·4月至10月，周二至周日：上午9点至下午5点；11月至3月，周二至周日：上午9点至下午4点·（0331）969 42 02

波茨坦会议 (The Potsdam Conference)

1945年7月和8月，美国政府总统哈里·杜鲁门（Harry Truman）、苏联总书记约瑟夫·斯大林（Joseph Stalin）和英国首相温斯顿·丘吉尔（Winston Churchill）在塞琪琳霍夫宫会晤，旨在通过协约的方式来解决德国的前途问题。一些重大决定就是在这里诞生的，诸如解除德国军备武装、进行战争赔偿、惩治战争罪犯、重新安置波兰和新边界的德国人。

5 夏洛腾霍夫宫 (Scholss Charlottenhof)

无忧宫花园中一处小型新古典宫殿，1829年辛克尔（Schinkel）为王位继承人腓特列威廉四世建造。特别值得一看的是宛如帐篷的洪堡大厅（Humboldtsaal）。(Geschwister-Schloll-Str.）·5月中至10月中，周二至周日：上午10点至下午5点·（0331）969 42 28

6 马穆尔宫 (Marmorpalais)

位于湖畔的新古典小型建筑，是卡尔·戈特哈德·朗汉斯（Carl Gotthard Langhans）和其他人在1791年至1797年建造。宫殿因其音乐厅、现代家具和瓷器而出名。新园（Heiliger See）·4月至10月，周二至周日：上午10点至下午5点；11月至3月，周六、周日：上午10点至下午4点·（0331）969 42 46

7 荷兰人社区 (Hollandisches Viertel)

漫步穿越这一历史老城区，令人身心愉悦。途经艺术画廊、咖啡馆和餐厅。该区于1733年至1742年建造，最初是荷兰工人的居住地，后来也因此而得名。小型红瓦建筑之外涂抹灰泥以作粉饰，非常具有特色。弗雷德里希大街、艾伯特（Ebert）、库弗斯坦达姆大街、(Hebbel)、古腾堡街（Gutenbergstr.）

位于旧市场的尼古拉教堂

8 尼古拉教堂 (Nikolaikirche)

波茨坦最具魅力的教堂，1830年由辛克尔设计建造，早期新古典风格。教堂巨大的穹顶格外引人注目。旧市场（Am Alten Markt）·夏季：每日上午10点至晚7点；冬季：每日上午10点至下午5点；周日上午11点30分至下午5点·(0331) 29 16 82

9 电影博物馆 (Marstall / Filmmuseum)

坐落于前国王市内住宅的马厩中，属巴洛克式风格，馆内收藏有老相机、道具和放映机，用以记录德国电影的历史。旧市场·周二至周日：上午10点至晚上6点·(0331) 27 18 10

10 巴贝尔斯贝格影视公园 (Filmpark Babelsberg)

影视公园可带领游人在神奇的柏林电影制片公司（UFA-Stuidios）中畅游。1917年至1945年该公司设在巴贝尔斯贝格，是世界上最著名的电影公司之一。这里有激动人心的潜水艇、特级表演和特技效果展示。(GroBeerenstr.)·4月至10月，每日上午10点至晚上6点·(0331) 721 27 17

波茨坦一日游

上午

无忧宫花园（参见153至154页）是波茨坦一日游的第一站：因每天都有大量人群前来，为方便提前参观，尽可能早到。首先参观的是无忧宫和新宫（参见153页），然后参观茶楼、罗马浴室和橘园暖房。从橘园望景平台可看到整个宫殿建筑。如果想在更高层眺望，可爬到山顶的望景楼（Schloss Belvedere）宫。从无忧宫花园，沿伏尔泰街（Voltairweg）抵达位于波茨坦东北方的新园，在这里可稍作休息，并在塞琪琳霍夫宫（参见157页）享用可口的中餐。

下午

下午徒步游览新园、参观塞琪琳霍夫宫，如果愿意，可在海里格湖（Heiliger See）休息片刻。之后步行或驱车抵达波茨坦中心，首先参观的是荷兰人社区。这里有很多咖啡馆，可随意选择一家小憩。然后沿环形道路继续前行，途经彼得-保罗教堂、法国教堂、尼古拉教堂和市政厅。最后可参观电影博物馆和巴贝尔斯贝格影视公园，浏览一下宫殿和电报山（telegraph hill）。最后在克勒曼庄园餐厅（Villa Kellermann）（参见157页）享用晚餐，当天的波茨坦之旅也宣告结束。

巴贝尔斯贝格宫　俄罗斯社区　无忧宫水泵站

TOP 10 十佳休闲去处

1 俄罗斯社区（Alexandrowka）
绕道而行，可抵达波茨坦俄罗斯人聚居区，来到这里犹如回到了俄国。小木屋前建有一片美丽的花园，这些都是1826年为俄国的一个军队唱诗班建造的。俄国殖民地（Puschkinallee）

2 无忧宫水泵站（Wasserwerk Sanssouci）
因是尖塔建筑，外观上很像清真寺。实际上，这里是无忧宫水泵所在地。这一古老的泵站建于1842年，水泵检修可在楼内进行。布莱特街（Breite）·5月中至10月中，周六、周日：上午10点至下午5点·（0331）969 42 48

3 电报山（Telegrafenberg）
如果爬电报山，就能在山峰之巅看到一座精巧别致的爱因斯坦塔。此塔于1920年由埃力克·门德尔松（Erich Mendelssohn）设计，用来观看日出。阿尔伯特-爱因斯坦街·爱因斯坦旅游团（Guided tours Einsteinturm）·（0331）29 17 41·凭票入内

4 巴贝尔斯贝格宫（Schloss Babelsberg）
1833年至1835年由辛克尔设计建造，哥特式风格，位于哈维尔河畔田园般的花园中。巴贝尔斯贝格公园·4月至10月，周二至周日：上午10点至中午12点30分；下午1点至5点；11月至3月，周六、周日：上午10点至下午4点·（0331）969 42 50·凭票入内

5 波茨坦博物馆（Potsdam-Museum）
一家小型博物馆，呈现了波茨坦城从史前至今的历史。博物馆位于历史上的希尔-勃兰特宫（Hiller-Brandtsche Hauser）。本克街（Benkerstr.）3号·周二至周日：上午9点至下午5点·（0331）289 66 00·凭票入内

6 老市政厅（Altes Rathaus）
1753年建造，上饰有雕塑和波茨坦盾徽（两个镀金的擎天神Altas，每人手中各持一球体）。旧市场

7 路易森广场（Luisenplatz）
广场规模不大，其中复原的建筑，朴实无华，让人回忆起19世纪早期波茨坦的风貌。路易斯广场

8 法国教堂（Franzosische Kirche）
1752年，约翰·博曼（Johann Boumann）建造了这座椭圆形的、拥有巨大的柱形门廊的胡格诺派（Huguenot）教堂。19世纪30年代，辛克尔对其内部进行了漂亮的装潢设计。贝森广场（Am Bassinplatz）·周二至周日：上午11点至下午5点·（0331）29 12 19

9 圣彼得-保罗教堂（St-Peter-und-Paul-Kirche）
一所天主教堂，1867年至1870年由史都勒（Stuler）仿照伊斯坦布尔的圣索菲亚教堂（Haghia Sophia）建造而成。贝森广场（Am Bassinplatz）·提前安排·（0331）280 49 42

10 勃兰登大门（Brandenburger Tor）
1770年由哥恩达德（Gontard）和安格斯（Unger）建造，属新古典风格。当时共有五座城门，这是其中最具特色的一座，用以纪念七年战争中（Seven years' War）普鲁士的胜利。路易森广场

价格分类		
以每人三道菜、半瓶酒（或等值的餐点内容）、税金以及其他费用来估算	€	低于20欧元
	€€	20～30欧元
	€€€	30～45欧元
	€€€€	45～60欧元
	€€€€€	60欧元以上

塞琪琳霍夫宫供应美味佳肴

TOP10 十佳餐厅和咖啡馆

1 拉茨瓦格斯百克餐厅（Speckers Zur Ratswaage）

室内装修融合了普鲁士风格，服务态度友好，经营低脂肪的国际菜肴，是波茨坦最好的餐厅之一。新市场（Am Neuen Markt）·中午12点至下午3点；晚上6点至10点·（0331）280 43 11·不接受信用卡·€€

2 塞琪琳霍夫餐厅（Cecilienhof）

昔日的历史宫殿现已成为一家豪华饭店。饭店餐厅经营地道的德国菜肴。新花园（Am Neuen Garten）·上午11点至晚上11点·（0331）370 50·€€€

3 克勒曼庄园餐厅（Villa Kellermann）

餐厅恰位于海里格湖畔（Heiliger See）之上，人们在此不仅能享用一顿美食，同时还可欣赏马穆尔宫和塞琪琳霍夫宫的美景。饭店主要经营意大利菜肴。曼戈街（Mangerstr.）34-36号·周二至周日中午至午夜12点；周一下午6点至午夜12点·（0331）29 15 72·€€€

4 朱丽叶餐厅（Restaurant Juliette）

前身是一家庄园，现为一家法式餐厅。它是柏林最具魅力的餐厅之一，经营一流的法国经典菜肴。雅戈街（Jagerstr.）39号·中午12点至晚11点·（0331）270 17 91·€€

5 布劳-布雷恩饭馆（Brau-und Brennhaus）

一家乡村饭馆，位于原王室领地的历史乡村别墅的酿酒厂。饭馆经营可口的饭菜，以及当地的鱼肉、野味、香肠、地方啤酒。里贝克街，王室领地（Krongut Bornstedt, Ribbeckstr.）6-7·上午11点至晚上11点·（0331）550 650·€€

6 夏洛特庄园酒吧（Maison Charlotte）

位于一栋荷兰房屋建筑之中，红砖所砌，简洁朴实。这里专营德国和法国乡村风味的菜肴，还有最上乘的葡萄酒。中街（Mittlestr.）20号·中午12点至晚上11点·（0331）280 54 50·€€

7 巴洛可可餐厅（Barokoko）

时装设计师沃夫冈·卓普（Wolfgang Joop）经常光顾此店。餐厅位于历史大楼之中，经营新鲜的意大利菜肴和美味的意大利面食。弗雷德里希-艾伯特街（Friedrich-Ebert-Str.）30号·中午12点至下午1点·（0331）280 14 38·€€

8 天平餐厅（Waage）

地处中心地带、颇受欢迎的一家老餐厅。推荐尝试一下当地的野味和鱼肉，烹制方法与众不同，独具创新。新市场·中午12点至午夜12点·（0331）270 96 75·€€

9 海德咖啡厅（Café Heider）

位于波茨坦老城区中部，环境令人身心愉悦。早餐可供选择的种类很多，夏季可在平台外用餐。弗雷德里希-艾伯特街（Friedrich-Ebert-Str.）29号·周一至周五早上8点至次日凌晨1点；周六上午9点至次日凌晨1点；周日上午10点至次日凌晨1点·（0331）270 55 96·€€

10 玛德琳饭馆（La Madeleine）

一家小饭馆，经营各式各样的薄煎饼。果酱甜煎饼或火腿开胃煎饼都是很不错的快餐。林登大街（Lindenstr.）9号·中午12点至午夜12点·（0331）27 05 400·€

注：除有特殊注明外，所有餐厅均接受信用卡并提供素食

SORAT

资讯一点通

实用信息

住宿信息

库弗斯坦达姆大街

六月克里斯多佛大街日游行

TOP 10 计划行程

1 何时游览柏林

柏林天气状况不错：整个地区属大陆性气候。5月至9月假期期间，气候温和、干燥；春季和秋季，天气寒冷且潮湿；建议不要在11月至2月间出行，这一阶段多有阴霾天气，气温较低，寒冷的东风呼啸而过。

2 着衣需知

夏季只需备轻便衣物。春季和秋季，一定要准备一把雨伞和一件防风夹克。当地居民穿着随意，衣着颜色也比德国其他地方更加亮丽——人们多依据自己的喜好而定。但是在柏林有许多正式场合，比如许多饭店、剧院，如果不穿夹克或晚礼服，不戴领带，会置于尴尬的境地。

3 货币

如果从国外来，可在任何银行或兑换处（动物园火车站有很多点）兑换欧元。在城市中心任何地方，可使用信用卡、旅行支票和EC卡。

4 保险

建议所有旅行者购买意外事故险、疾病保险和失窃险。上注销保险也是值得的。

5 驾驶执照

英国、美国、加拿大和澳大利亚的驾驶执照在德国都得到认可。

6 签证和海关

所有来柏林的观光者需持有效护照。如果在柏林停留90天或不到90天，一般不需要签证。有关详细信息，可到所在国驻德国大使馆查询。每一位非欧盟国家成年居民允许带入200支烟和一升烈酒。

7 电器

电流为220伏，但记住带两圆插头的适配器。

8 时差

柏林位于中欧时间区，比格林尼治标准时间早1个小时，比美国东部标准时间早6个小时，比澳大利亚东部标准时间晚11个小时。

9 儿童必备

如果带孩子一起出行，要预订适合孩子的旅店。注意节省开支。与孩子一起游览柏林，将会发现更多的乐趣。但需要提醒的是，需要避开长途客运和巴士高峰时间，特别是带婴儿和小孩子出行的旅游者。

10 学生

学生持有效学生证，在许多博物馆、剧院和其他文化机构可享受半价优惠。

大使馆

澳大利亚使馆
弗雷德里希大街200号·地图L4·（030）880 08 80

英国大使馆
威廉大街70-71号·地图K3·（030）20 45 70

加拿大使馆
莱比锡广场（Leipziger Platz）17号·地图L4·（030）20 31 20

南非使馆
弗雷德里希大街60号·地图L4·（030）22 07 30

美国大使馆
新市政教堂街（Neustadtische Kirchstr.）4-5号·地图K3·（030）832 92 33

泰格尔机场

通往柏林的ICE

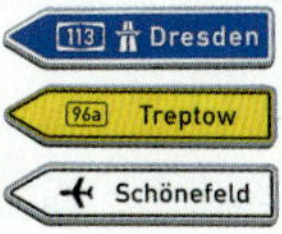

三个基本路标：德莱斯登街，特雷普托区，舍纳费尔德机场

TOP 10 抵达柏林

1 泰格尔机场 (Flughafen Tegel)

柏林最大的机场，距城市中心西北仅有8公里（5英里）。相对而言，虽然是一个小机场，联邦德国汉莎航空公司（Lufthansa）、德意志BA（Deutsche BA）、英国航空（British Airways）、KLM、法国航空（Air France）、伊比利亚（Iberia）、意大利航空公司（Alitalia）和其他所有的航班都直接抵达这里。这里没有抵达柏林的内陆航班。乘出租从机场到库达姆，大概花13欧元，20至30分钟就能到达（由交通状况而定）。如果想节省开支，可乘坐巴士，速度与出租车差不多——巴士X09或109路（大概2.1欧元）在城市中心随处可以停车。有关机场信息查询，可拨打电话：(01805) 00 01 86

2 舍纳费尔德机场 (Flughafen Schonefeld)

位于勃兰登堡省、柏林西南大约20公里（12英里）处，该机场由东欧航空公司低价承办。抵达城市最快捷的方式是乘坐机场快速列车，只需20分钟左右的时间就可抵达亚历山大广场，30分钟可抵达动物园火车站。有关机场信息查询，可拨打电话：(01805) 00 01 86

3 腾伯尔豪夫机场 (Flughafen Tempelhof)

位于历史古城十字山区南部的一个小机场，将德国中等规模的城镇和斯堪的纳维亚连接起来。从腾伯尔豪夫机场出发，在卢弗特桥广场（Platz der Luftbrucke）站，可乘坐地铁U6号线或巴士119路抵达库达姆。有关机场信息查询，可拨打电话：(01805) 00 01 86

4 航空公司

德国汉莎航空公司在库达姆大街上有一个办事处，而其他航空公司，如德意志BA在泰格尔机场才有售票处。汉莎航空公司：库达姆大街21号（新克兰次勒之角大楼）·地图P4·周一至周五：上午10点至晚上8点·(030) 88 75 38 00德意志BA航空公司：(01 805) 35 93 22·周一至周五：早上8点至晚上8点；周六、周日：上午9点至晚上6点·(030) 88 75 38 00

5 柏林动物园火车站 (Bahhhof Zoologischer Garten)

中转站：德国本土和其他西欧国家的长途火车都到达柏林动物园火车站（位于城市中心西部）。从此站乘坐轻轨和地铁，就能轻而易举地到达其他地方。车站外有很多出租车。哈登堡广场（Hardenbergplatz）·地图N4·(030) 11 8 61

6 东站 (Ostbahnhof)

从东德或东欧方向的火车主要在此停车。乘轻轨S5号线和S7号线可抵达动物园火车站。巴黎社区大街（StraBe der Paris Kommune）·(030) 11 861

7 莱锡登贝格火车站 (Lichtenberg)

从欧洲南部和东部方向来的火车抵达此站，西部的直达火车也在此停车。如果去往的目的地是柏林东部，最好在此乘车。威特灵街（Weitlingstr. 22）·(030) 11 08 61

8 长途汽车站 (Zentraler Omni-busbahnhof) (ZOB)

位于夏洛腾堡区广播塔（Funkturm），在此乘坐汽车可抵达德国各个地方及其他欧洲城市，而且速度快，票价便宜。马苏雷街（Masurenallee）4-6号·地图A4·(030) 302 52 61

9 汽车高速公路

如果乘汽车到柏林，需经柏林市环路（Berliner Stadtring）抵达。从北方向，上A111高速路，经斯托尔普村庄（Stolpe），往三角高速公路广播塔(Autobahndreieck Funkturm)方向行驶便可抵达柏林；从南边，上A115高速路（著名的阿弗斯Avus高速路），就会抵达中心。

10 驾车前往

柏林环线路限速大多是每小时100公里（62.5英里）；在柏林市政路上，限速为每小时80至100公里（每小时50至62.5英里）。路上安装了很多雷达测速仪用以监控。

有关柏林机场信息，可上网查询：www.berlin-airport.de

轻轨

巴士站台

乘人力脚踏车游览柏林

TOP 10 游览柏林

1 地铁(U-Bahn)

柏林是欧洲拥有最大地铁网的城市之一，使得人们以最快捷、最方便的方式去往城市各个地方。柏林共10条地铁线，每一条都有其各自的运输任务。地铁运行时间：早上5点至凌晨1点；周末U1号线和U2号线整晚运行。月台上标志的站台为火车终点站。BVG旅客服务中心·(030) 194 49

2 轻轨(S-Bahn)

轻轨，又称城市铁路(Stadtbahn)，共有15条线，将郊区和中心连接起来。每隔5分钟至10分钟发一趟车。许多线路共用一条铁路线，所以乘客必须留心指示牌上的提示。轻轨信息中心·亚历山大广场站·周一至周五：早上7点至晚上7点；周六、周日：上午9点15分至下午6点30分·(030) 29 74 33 33

3 巴士(Buses)

柏林有一条密集的巴士线路网。著名的黄色双层巴士主要在市中心运行。巴士线路号用三个数字表示；高速公路巴士除外，其表示方法是在数字前添加字母X。以字母M开头的巴士和火车线路不能直接抵达轻轨站或地铁站。在登车时，旅客必须前门上车（buggy除外，需后门上车），并向司机出示车票或直接从其手中购买车票。BVG旅客服务中心·(030) 194 49

4 车票

柏林所有车站、公共汽车站和公共汽车司机都售有各地地铁/轻轨票和巴士票。柏林被划分为3个区：A区、B区和C区。最划算的票是6.1欧元的日票，这张票到第二天凌晨3点一直有效，可在3个区随意使用。单程票2.1欧元，可在各地使用，但仅限于2个小时。短程票1.2欧元，短程（Kurzstrecke）指的是3站地铁站或轻轨站、6站公共汽车站的路程。14岁以下的儿童票价有所优惠；6岁以下的儿童票价全免。在乘车以前，旅客需在车站或巴士站的红色机器里将票盖戳。BVG旅客服务中心 (030) 194 49

5 有轨电车（Trams）

仅在城市东部运行，属于柏林交通公司网(BVG)的一部分。

6 出租车(Taxis)

柏林到处有出租车站，半路截车不是很容易。基本起步价为2.5欧元，每多跑1公里（2/3英里）为1.02欧元。短距离还收取短距离税：如果在街上拦截一辆出租，行驶2公里（1英里）以内，费用为3欧元。出租车：(030) 26 10 26，(030) 55 12，(030) 21 01 01

7 车辆出租(Car Hire)

凭有效驾驶证、护照和信用卡，可从任何一家大的运营公司租车。一些公司对年龄加以限制，出租人必须21岁以上（含21岁）。在所有机场和柏林中部都有租赁的地方。Avis：(01805) 55 77 55；Erropcar (1080) 580 00；Hertz (01805) 33 35 35；Sixt (01805) 25 25 25

8 人力脚踏车(Velotaxis)

如果想以一种独特的方式来游览柏林，可乘坐人力脚踏车。在城市中心可以找到(仅限于4月至10月)。

9 自行车出租(Bicycle Hire)

城中有几处地方可租到自行车。多罗逊街（Dorotheen-str.）·3月至10月：每日早8点至晚8点，11月至2月：每日上午10点至晚上7点·(030) 204 545 00

10 徒步游柏林

徒步游柏林虽然很累人，但收获颇丰。特别是库达姆大街和菩提树下大街，一定要徒步游览。当过自行车道时（有红色标注），需特别小心。

柏林城旅游指南

报刊亭

旅游资讯处标识

TOP 10 旅游信息和建议

1 柏林旅游销售有限公司（Berlin Tourismus Marketing GmbH）

政府旅游资讯处BTM在欧洲中心驻有办事处，欧洲中心位于勃兰登堡大门附近和泰格尔机场（Tegel）。这里游客可以获得小册子和最新信息资讯以及纪念品和柏林综合介绍手册。通过电话热线可获悉当前发生的新闻。柏林旅游销售有限公司，（BTM）11号 · 地图E4 · （030）25 00 25，传真：（030）25 00 24 24 · www.berlin.de欧洲中心，布达佩斯特大街 · 地图K3 · 周一至周六：早上8点30分至晚上8点30分；周日上午10点至晚上6点30分勃兰登堡门 · 每日上午9点30分至晚上6点30分泰格尔机场（Flug-hafen Tegel） · 每日早上5点至晚上10点30分

2 柏林国家博物馆信息

有关国家博物馆和博物馆建设的最新详尽信息可从双语电话线（a bilingual phoneline）获知。从这里也可得知当前动态，例如有关“博物馆长夜展”的信息。(030) 20 90 55 55

3 宫殿信息

有关波茨坦宫殿和花园及无忧宫信息，拨打电话给旅游者资讯服务处可获得准确的信息提示和导游提示。(0331) 969 42 02

4 波茨坦信息

波茨坦有专门的旅游资讯服务处，提供旅游手册、住宿信息和导游信息。奈文市场（Neven Market）1号 · 4月至10月：周一至周五，上午9点30分至晚上6点；周六、周日，上午9点至下午4点；11月至3月：周一至周五，上午10点至晚上6点；周六、周日，上午9点至下午2点 · 电话：（0331）275 580，传真（0331）275 58 29

5 住宿信息

柏林旅游销售有限公司设置了一个电话热线，用来预订房间（收取一定费用）。有几家办事处也安排个人住宿，旅游者可预订房间，与其他人合住一套公寓，提前时间为数天或数周。电话：（030）25 00 25，传真：（030）264 748 926；境外拨打电话：49 30 25 00 25

6 时事信息

载有各种信息的双周刊城市杂志——《tip》和《zitty》。月刊杂志《柏林规划》，也登载了各类事件，值得翻阅。对于年轻读者来说，杂志《王子》（prinz）和《030》登有夜总会和酒吧信息。日报诸如《明镜日报》（Tagesspiegel）、《柏林人报》（Berliner Zeitung）和《柏林晨邮报》（BerlinerMorgenpost）经常在周三和周四刊登文化事件，且每日报纸上都载有评论和提示信息。

7 电台

如果想收听英语广播新闻，可调频至信息频道（98.1MHz）、英国广播公司（BBC）（90.2MHz）或多语广播SFB4电台（106.8MHz）。

8 电视

除国家电视台之外，RBB电台播放地区节目；柏林电视台（tv berlin）是私人电台，也播放新闻节目。使用电缆和卫星，很容易就可接收到英语节目。

9 给外来观光者的建议

参议院办公室（Senate office），主要处理居住在柏林的外来民族的有关事宜，也是外来观光者咨询的好地方。波茨坦大街65号 · 地图E5 · 周一至周五（周三除外）：上午9点至下午1点，另外周四下午2点至晚上6点 · （030）90 17 23 72

10 给同性恋观光者的建议

同性恋观光者可在Mann-o-Meter上获得有关实用信息（参见58页）。比洛街（Bulowstr.）106号 · 周一至周五：下午5点至晚上10点；周六、周日：下午4点至晚上10点 · （030）216 80 08

残疾人公园	折叠式巴士门	通往地铁站的电梯

TOP 10 残疾人出游提示

1 街道和人行道
在柏林，几乎所有的人行道在交叉路口（junction）都是斜坡设计，以方便轮椅使用者。提示：坐轮椅的游客需要小心来往的自行车（标注红线的自行车道上）。

2 车站
市中心大部分地下车站，也包括高架桥上的地上车站，都安装有电梯，以方便坐轮椅的人从公路达到月台。帮助残疾人抵达车站的BVG服务中心·(030) 25 62 20 96帮助残疾人抵达轻轨车站的服务中心·（030）29 74 33 33

3 地铁和轻轨
乘坐轮椅的人可以方便地乘坐地铁，虽然有些拥挤。如果乘坐地铁，需在月台前段等待。待火车停下之后，司机会放下一个坡道，以填补月台和火车之间的高度差。如果乘坐轻轨，在火车到达之前同车站经理事先说明一下。他（或她）会帮助你放置一斜板，以方便上车。柏林公交公司（BerlinerVerkehrsbetriebe）·全天·(030) 194 49德意志柏林铁路局·全天·（030）20 45 11 16

4 巴士
如果巴士上有轮椅标志，这表明此车安装了方便残疾人上下车的装置；中心的巴士有一个带斜板的门，可降低伸放到人行道上。但在特定时间，这些巴士需要每隔20分钟才发一趟车。

5 车辆服务和导游团
如果残疾人想自己驾车或与其他残疾人结伴乘车游览柏林和勃兰登省，可联系以下几家专门旅行社。BBV旅行社，比才街51-55号（Behindertenfahrdienst., Bizetstr. 51-55）·(030) 92 76 30；米奇旅行社（Sewanstr.）2号·(030) 515 33 36；柏林路线考察旅行社，波茨坦绍斯街21 A （Berlin Erkundungen Gangart Berlin, Potsdamer Chaussee 21 A）·（030）32 70 37 83；席尔翟斯旅行社，帕施默巷（Reisebegleitung E. Schielzeth,Parchimer Allee）55c·（030）601 01 07

6 网站Kobinet.De
网站www.kobinet.de提供了柏林饭店、餐厅和商店的轮椅专用道信息，其目的是促进城市旅游业的发展，涉及的地区都是观光者喜爱的地方，网上也相应提供了残疾人参观的专用入口信息。www.kobinet.de

7 柏林残疾慈善协会（Berliner Behindertenverband e V）
此慈善协会为柏林残疾人提供各个方面咨询和支持。信息热线（030）204 38 47·电话拨打时间：周三、周五中午12点至下午5点

8 地区办公室（Landesamt）
柏林保健和社会安全地区办公室（Berlin's Reional Office for Health And Social Security）通过电话热线服务向市民提供建议和咨询。阿尔布雷特-阿基里斯大街（Albrecht Achilles-Str.）62·地图B5·（030）90 12 61 14·年轻残疾者信息咨询处·（030）26 54 24 03·老年残疾者服务中心·（030）859 40 10

9 轮椅出租
地区办公室（见上）也有向外出租轮椅的业务。如果有此需要，需提前打电话预订。（030）341 17 97

10 视力有障碍的游客
柏林慈善协会对盲人和视力有障碍的旅游者提供有关方便设施的信息。（Allgemeiner Blinden und Sehbehindetenverin. Auerbacherstr.）大街7号·（030）89 58 80

古代信箱

现代磁卡电话

货币兑换处

TOP10 银行和通讯

1 银行

德国所有的大银行在市中心都有支行。大多数银行的营业时间为周一至周五上午9点至晚上6点；有些银行周五和周三短时间营业。商业银行（Commerzbank），欧洲中心：陶恩采大街（Tauentzienstr.）大街9号 · 地图 N/P 5 · 周一、周三：上午9点至晚上6点；周二、周四：上午9点至下午4点；周五：上午9点至下午2点 · 德意志银行，奥托大街（Otto-Suhr-Allee）6-16号 · 地图M3 · 周一、周二、周四：上午10点至晚上6点；周三、周五：上午10点至下午4点 · 柏林斯巴卡斯（Berliner Sparkasse），兰克街（Ranke-str.）33-34号 · 地图P4 · 周一至周五：上午9点至晚上6点

2 货币兑换处

货币在兑换处（Wechselstube）兑换；游人可在动物园火车站、机场或银行兑换。兑换前一定要问清佣金和手续费，因为各个地方制度不同。旅店也能兑换货币，但可能要收取高额手续费。美国运通，拜罗伊特街（Bay-reuther）37号 · 地图 P 5 · 周一至周五：上午9点至晚上7点；周六：上午10点至下午1点 · （030）21 47 62 92 · 兴发银行火车站（RiseBank Bahnhof） · 地图N4 · 每日上午7点30分至晚上10点 · （030）881 71 17 · 汤姆斯-库克（Thomas Cook），弗雷德里希大街56号 · 地图L4 · 周一至周五上午9点至下午8点；周六上午9点至下午4点 · （030）20 16 59 16

3 信用卡

在柏林市中心的任何地方，人们都可使用信用卡在大多数饭店、咖啡厅和商店消费，如维萨信用卡（Visa）、欧元/万事达卡（Euro/MasterCard）。美国运通卡（American Express）和用餐俱乐部卡（Diner's Club）一般不被接受。人们也可使用信用卡或EC卡（加密）从取款机中支取货币。如果卡片丢失，立即通知相关银行。美国运通卡 · （069）97 10 00EC卡 · （069）74 09 87；欧洲卡和万事达卡 · （069）79 33 19 10；用餐俱乐部（Diner's Club） · （05921）86 12 34 · Visa卡 · （0800）814 91 00

4 电话

在城市中心随处可见公共电话（有封闭的电话亭和开放电话间）。基本上都是磁卡电话，电话卡在邮局、商店和售货亭都有出售。

5 邮局和信箱

邮局外部被漆成亮黄色，所以很容易辨认。和德国任何地方一样，柏林的信箱也都是黄色的，但是有一些蓝色的“古代”信箱。会展中心（Center-Filiale），约阿希姆塔勒大街（Joachimstaler）7号 · 地图P4 · 周一至周六：早上8点至午夜12点；周日和假日：上午10点至午夜12点 · 乔治街，弗雷德里希火车站；地图K4 · 周一至周五；早上6点至晚上10点；周六、周日：早上8点至晚上10点

6 邮资

在欧盟，一封标准信件（最重20克）不管寄往何地，邮资均为0.55欧元；合同信件（compact letter）（最重50克）为1.44欧元；一张明信片的邮费为0.45欧元。邮票可在邮局、卡片商店和售邮票机中购买。

7 网络咖啡间

人们可在网上浏览和接收邮件。万事易（Easy-everything）是最大的网络咖啡间之一。库弗斯坦达姆大街224号万事易（easy-everything） · 地图P4 · 全天营业 · （030）88 70 79 70

8 秘书服务

如果下榻的饭店没有提供秘书服务，可以联络专门的服务公司。有关服务的细节可在电话簿黄页上查询。

9 旅行支票

欧元或其他币种的旅行支票可在任何大的银行或其支行兑换。大多数银行要收取手续费。

10 重要电话

德国重要服务电话如下：国内电话查询：118 33 · 国际电话查询：118 34 · 接线员：（0180）200 10 33

救护车

位于柏林中心的一家药店

警车

TOP 10 安全和健康提示

1 紧急情况处理

在德国任何地方，紧急救护和火警电话都是112，报警电话是110。在公共电话亭，能够免费拨打这些紧急电话。

2 安全措施

柏林是一个相当安全的城市。但是像在其他大都市一样，游人需谨记几条箴言：随时要看好自己的贵重物品，比如钱包或手提包，特别是在地铁、轻轨和巴士上。晚上，最好不要去下列地区：记忆教堂后方，动物园北部的U9号地铁线，莱锡登堡区（Lichtenberg）（特别是莱锡登堡站）和弗雷德里希海因区。东部区域不是很安全，同时建议黑人和公开的同性恋者不要夜间在亚历山大广场东部乘坐轻轨或到勃兰登堡。

3 防止偷窃的措施

如果可能，要求旅店将文件和贵重物品放入保险柜中，或者随身携带。即使作短暂访问，买保险也是值得的，除非你已经支付了家庭险。当有东西被偷窃时，一定要及时通知警方。在城市中心，人们会经常看到警员在中心的街道上巡逻。警察局：位于卢弗特桥（der Luftbrucke）广场6号 ·（030）69 93 64 44

4 失物招领处

柏林中心失物招领处（the Zentrales Fundburo）保存有在柏林丢失并被拾到的物品。如果游客在公共交通上丢失了物品，可以询问柏林公交公司失物招领处（Fundburo der BVG）。德国火车站失物招领处（Fundburo der Deutschen Bahn AG）负责在轻轨和铁路上丢失的所有物品。中心失物招领处（Zentrales Fundburo），卢弗特桥6号（Platz der Luftbrucke 6）·（030）69 95
柏林公交公司失物招领处（Fundburo der BVG），波茨坦大街182号·（030）194 49火车站失物招领处（Fundburo der DB）·（01805）99 05 99

5 医院

来自欧盟国家的旅游者，在遇到紧急医疗时，可不必支付医疗费，但英国旅游者在离家之前需从邮局获取E111表格。非欧盟国家旅游者应当购买特殊旅游险用以支付紧急医疗事故。

6 药店

全城有很多药店或药房。早晨8点之后，紧急电话热线将会告之最近的、正在营业的药店位置。（030）31 00 31

7 牙科诊所

牙科紧急电话线将会告诉人们最近的一家牙科诊所。（030）89 00 43 33

8 紧急救援

有几个重要的紧急电话，一般在夜间开通。这些将会提供电话夜间咨询，或如有必要，告知人们其他紧急救援方式。随时待命的医生 ·（030）310 031德国红字会抢救中心 ·（030）85 00 52 08紧急中毒热线 ·（030）192 40安眠药中毒急救中心 ·（030）192 37情感热线电话 · 0800 111 0 111 · 0800 111 0 222（精神帮助）

9 大使馆

丢失护照的外国游客、或需提供法律意见或需要帮助签证的游客应当与所在国的大使馆取得联系（参见160页）。

10 独自外出的女性

柏林对独自外出旅游的女性来说应该是安全的，但避免夜间去公园、黑暗的僻静街道以及东柏林远郊地区。妇女重要热线（confidential helpline for women）·（030）615 42 43

网上药店目录：www.berlinonline.de/service/apotheken/

乘轻轨去远郊区

在哈维尔-施普雷河上旅行

施普雷河旁的小树林

TOP10 短途主题游

1 施普雷瓦尔德（Spreewald）

鲁本和鲁本诺两座小城镇周边的河边景致，位于柏林西南部。自然风景独特，而且没有受到污染。游人可乘舟观赏索布人，即斯拉夫人的旧居。千万不要忘记品尝该地区特产——鲜鱼和蔬菜，但最重要的是施普雷瓦尔德的腌黄瓜。拉杜十林登街1号，施普瓦尔德旅游协会（Tourismusverband Spreewald e V, Lindenstr. 1, Raddusch）街1号·（035433）722 99

2 德国萨克森豪森集中营（Sachsehausen concentration camp）

对德国第一个纳粹集中营——德国萨克森豪森集中营的参观，让人终身难忘。1933年用来关押政治囚犯，称为“野营”。1936年至1945年，大约10万人在此被谋杀。集中营旁设有一展览。萨克森豪森原址民族街（StraBe der Nationen）22号·4月至9月：周二至周日，早上8点30分至晚上6点；10月至3月：周二至周日，早上8点30分至下午4点30分·（03301）20 00

3 莱茵河堡宫（SchlossRheinsberg）

如果是当天往返的短途旅行，莱茵河堡宫是一个不错的选择。宫殿根据库尔特·图霍尔斯基爱情故事建造。现在，宫殿改为一家养老院，游人只能从宫外欣赏。莱茵河堡异地往返处：骑士市场（Fremdenverkehrs-amt Rheinsberg, Markt-Kavaliershaus）·（033931）20 59

4 云达村庄（Werder）

小村庄四周环绕着哈维尔兰德果园，在4月和5月，果树开花，村民们在此举行庆祝活动。波茨坦信息中心，奈文市场1号（Am Neven Market 1）·（0331)27 55 80

5 卡普斯村庄（Caputh）

风景如画的卡普斯村庄，位于波茨坦附近，周围湖水环绕。这里有一座迷人的巴洛克式宫殿和位于沃尔德街7号的阿尔伯特·爱因斯坦的避暑宅邸。波茨坦信息中心——奈文市场（Am Neven Market）1号·（0331）27 55 80

6 法兰克福村庄（Frankfurt/Oder）

位于奥德河（Oder River）上，距柏林以东70公里（43英里）处，有另外一处法兰克福村庄，非常值得一去。而且这里有一个非常棒的博物馆，是有关剧作家亨利希·冯·克莱斯特的。法贝街（Faberstr.）7号·周二至周日：上午10点至晚上6点·（0335）53 11 55

7 巴德萨若（Bad Saarow）

一个古老的矿泉疗养城镇，非常著名。巴德萨若的热温泉和饭店吸引人们在周末前来放松。异地旅游住宿运输有限公司（Kur-und Fremden-verkehrs-GmbH）36·（033631）868 100（旅游资讯）

8 布科夫村庄（Buckow）

布科夫村庄位于所谓的瑞士边疆中心。这里有湖泊和山峦，是散步、游泳和划船的好地方。最好的地方是舍尔姆茨湖周围。在布科夫，人们也可参观到贝尔托·布莱希特的避暑宅邸。瑞士边疆异地及周边运输公司，（Um-welt-und Fremdenverkehrsamt Märkische Schweiz），Wriezener Str.1a·（033 433）57 500

9 萨克洛夫村庄（Sacrow）

位于波茨坦北部的一个小村庄。因为梦幻般的耶稣教堂而成为颇受欢迎的旅游景点，教堂位于与之齐名的湖泊之上。波茨坦资讯服务中心，弗雷德里希-艾伯特街5号·（0331）27 55 80

10 科尼西-吾斯特豪森区（Konigs Wusterhausen）

整个科尼西-吾斯特豪森区周边湖泊环绕，景色优美，距柏林东南27公里（17英里）。这里有众多的罗曼蒂克的村庄。最迷人的景点位于图匹茨湖上的图匹茨村庄。饭店宫也是一个理想的休息之所。卡姆兰德文化旅游协会（Kulturund Tour-ismusverband Kahmeland），科尼西-吾斯特豪森村庄火车站·（03375）25 200

波兰登堡旅游景点（仅限德语）：www.reiselad-brandenburg.de

古老的双层巴士

乘坐巴士观光

乘坐脚踏三轮车游览

TOP 10 旅游指南

1 乘坐双层巴士观光

古老的双层巴士游非常令人开心。夏天，巴士的顶部是敞开的。巴士从库达姆大街和兰克大街（Rankestraße）拐角处始发，有英德两种语言的标注。柏林旅游局（Stadtr-und-fahrtburo Berlin），库达姆大街236 · （030）261 20 01

2 100路巴士和200路巴士

游览柏林城最经济、最快捷的方式是乘坐100路巴士和200路巴士。这些双层巴士从动物园火车站和亚历山大广场始发，终点站为普伦茨劳堡，途经东西部所有重要景点。游览整个柏林城的票价仅为2.1欧元。

3 旅行社（StattReisen）

德国首批实行主题游的机构之一。在最受欢迎的导游主题游中，有“犹太柏林”（Jewish Berlin）和城市中心观光团（长达3个小时）。Malplaquestr.5 · (030) 455 30 28

4 观光旅游巴士（Sightseeing Bus Tour）

传统的巴士游可以让游客快速地对柏林城有一个了解。旅游解说词共有8种不同的语言。观光从库达姆大街开始（Meinekestr.或兰克街Rankestr.拐角）。夏天每小时发一辆车。巴士游一般长达2个小时到4个小时，并沿途经过柏林重要景观。专门有去波茨坦的旅游团。巴士始发站：库达姆大街220号，柏林公司贝罗里纳（Berolina Berlin-Service） · (030) 88 56 80 20；亚历山大广场，库达姆大街216u；塞维林和库恩（Severin & Kuhn） · (030) 4880 41 90；库达姆大街225号，柏林公共交通（Bus Verkehr Berlin） · (030) 88 68 37 11

5 艺术：柏林

在柏林艺术丛林中，这一旅游机构非常显著。规模不大、训练有素的旅行团带领游者参观博物馆、画廊和文化景观，当然，还有城市中最令人神往的建筑瑰宝。奥拉宁堡街32号 · (030) 28 09 63 90

6 水上之旅

柏林的水路——哈维尔河和施普雷河，万湖和大米格尔湖 以及兰德韦尔运河，都可乘船游览。许多导游团都会带领游人在水上观看夏洛腾堡和城市中心的许多重要景点。旅游时间长达2或3个小时，在夏洛腾堡宫、蒂尔加藤（Haus der Kulturen der Welt）旁边、宫殿桥（Schlossbrucke）和特雷普托区（Treptow）旁都设有码头。斯特恩和克莱斯船上旅游（Stern-und Kreis-Schifffahrt），普希金街（Puschkinallee）15号 · (030) 536 36 00波茨坦弗洛特（Flotte Potsdam），兰格桥（Lange Brucke）15 · （0331）275 92 10

7 空中之旅

几家公司承办了空中之旅的业务，游人可以乘坐直升飞机和历史上的飞机观看柏林和勃兰登省。Kanzler International Executive Service，科曼丹特斯街（Kommandantenstr.）14号 · （030）694 94 90；柏林航空公司（Air Service Berlin）腾伯尔豪夫机场（Flughafen Tempelhof）14号 · （030）695 35 90

8 柏林步行旅游团（Berlin Walks）

这一旅行社开办了英语主题步行团，每日从动物园外的出租车站出发。动物园火车站 · 每日上午10点（夏天下午2点30分也有车），需提前预订 · (030) 301 91 94 · www.berlin-walks.com

9 人力脚踏车

乘坐三轮车游览柏林，花销不大，而且别有一番情趣（参见162页）。

10 柏林地下之旅

柏林地下之旅非常奇特，游人们需步行穿越可怕的柏林地下地区，沿途经过地堡和古隧道。

官方旅游指南网站：www.stattreisen.berlin.de或www.severin.kuehn.berlin.de

在城市的许多公园，都可找到休憩的地方

步行游览柏林

TOP 10 如何避开人潮

1 高峰期
如果开车游览柏林，需避开主要的高峰期——早上7点至上午9点；下午4点30分至晚上7点。在这些时间段，巴士、地铁和轻轨都很拥挤。

2 午餐时间
如果在下午12点30分至下午2点到市中心饭店、咖啡馆或快餐店，经常需要排队等候。柏林的大部分餐馆在高峰期过后仍然供应相同的饭菜，所以，如果你想安静地进餐，请下午1点30分以后过来。

3 晚上外出
受人欢迎的饭店，特别是萨维涅广场（Savignyplatz）、御林广场和珂勒惠支（Kollwitz）广场周围的桌位经常在晚上7点至8点全部预订完。尤其在夏季，即使工作日也是如此。建议提前预订，或稍晚到达：在晚上9点之后。

4 早起
许多大众景点，特别是从周四至周日，人非常多。早到不失为一个好的办法：只要既定参观的地方一开馆，就进去，尤其在参观帝国国会大厦时。

5 周末
许多旅游者在周末参观柏林，所以周六早晨库达姆大街和弗雷德里希大街上摩肩接踵。晚上，有许多活动，尤其是柏林爱乐交响乐团举办的音乐会和一流剧院上演的节目非常受欢迎，入场券全部售罄。如果可能，最好在周日和工作日的前几天参观游览。

6 假期
到柏林旅游的旺季是5月至7月。但在7月末或假期刚开始时，柏林很安静，因为当地人开始度假。游客们会发现公园有许多空地，许多餐厅也比平日里空了许多，尤其在8月更是如此。这一时段旅游的唯一缺陷是剧院和音乐厅在暑假期间关闭。

7 柏林公园
如果几天之后，游人厌倦了大城市的熙熙攘攘，可以到公园去换一下空气，比如十字山区的维多利亚公园、夏洛腾堡区的咏菲尔海德（Jungfernheide）和魔鬼湖周围地区，这些地方风景迷人，游人可得到片刻安静，享受一种静谧。

8 周一早晨
即使是在周日早晨，柏林的中部地区也非常安静——这是在库达姆大街上和菩提树下散步的最佳时机。大部分咖啡馆和博物馆在上午10点营业，所以游人不会遗漏任何一处，而且可以吃早点以保持精力充沛。

9 预订
不管你想到剧院看表演、到歌剧院听歌剧、到爱乐音乐厅听音乐、到多路影院看电影，还是参加一项特殊的活动，经常需要及早地打电话或在一家机构提前预订，如果能买到当天重大活动的入场券，是非常幸运的。

10 夜生活
柏林是一个不夜城，一天24小时“营业”。如果无需遵循特定时间，比如吃晚饭，可利用空闲在晚上11点之后享受美食。酒馆和咖啡馆也是如此，很多一直营业到早上3点或4点，甚至是通宵。夜总会和迪斯科舞厅在12点之后仍营业，即使在工作日也不休息。一些博物馆关门也很晚，周日晚上直至10点。

在欧洲中心

老佛爷商场内

抽售纪念品的小摊位

TOP 10 购物

1 购物街

库达姆大街、陶恩采大街和弗雷德里希大街是柏林主要的三条购物街。在陶恩采大街和亚历山大广场，游客们可以找到价钱不算昂贵的商铺。弗雷德里希步行商廊购物中心(Friedrichstadtpassagen)、老佛爷百货商店和库达姆大街西侧都是高端产品，从价格就可反映出来。在波茨坦广场拱廊之下、柏林南部宫殿大街和北部的格桑德布莱纳(Gesundbrunner)中心有很多各类商铺。

2 营业时间

正常来说，商店营业时间为周一至周六上午10点至晚上8点；但是小规模的商店周六下午2点或4点就打烊了。除非在圣诞节前4周，商店一直营业到下午6点。在特殊活动期间（比如在IFA国际广播站或柏林电影节期间），会在特殊时间段营业。

3 支付方式

城市中心的大部分商铺接受信用卡，如Visa卡，欧洲/万事达卡和美国运通(American Express)，用餐俱乐部（Diner's Club）不太常用。几乎所有的商铺都接受电子卡。

4 消费者保护

如果觉得受到了不公的待遇或你所买的产品被证明是有问题的（而且不能退换），你可以与消费者协会联系。拜鲁伊特大街：柏林消费者权利中心(Verbraucherzentrale Berlin)，Bayreuther Str. 40 · 周一：上午9点至中午12点30分；周二、周五：上午9点至下午4点30分；周三：上午9点至晚上8点 · (030) 21 48 50

5 打折

季节末销售一般在1月末和7月末。在百货商店和商铺的主入口旁的特殊摊位可以整年讨价还价。

6 时装

在库达姆大街和弗雷德里希大街上，有最好的时装店和设计商铺，出售一些让人奢侈的品牌，如古奇（Gucci）、范思哲(Versace)、吉尔·桑德(Jil Sander)、DKNY或普拉达（Prada）。卡迪威百货公司(Kaufhaus Westens)出售有各式各样的女士和男士服装。（参见60页）

7 音乐

除大型多媒体和CD连锁店，诸如萨图恩媒体商(Saturn)、媒体市场(MediaMarkt)、电器市场(Promarkt)、考夫霍夫商廊（Kaufhof），人们可以在威尔坦（Wertheim）、卡迪威百货公司（KaDeWe）或杜斯曼文化商店（Kulturkaufhaus Dussmann）找到大量CD精选带。（参见119页）

8 礼品和纪念品

如果你想买些礼品或纪念品带回家，那么到欧洲中心（参见24页）和卡迪威百货公司（参见60页）。在菩提树下大街（位于巴黎广场附近）、波茨坦广场和查理检查站也有纪念品商店。

9 艺术品和古董

大部分古董商店都云集在诺伦多夫广场（Nollendorfplatz）南部（参见104页）和从库达姆大街拐进的一些小街道。但是，位于六月十七日街的跳蚤和艺术商品市场，以及位于弗雷德里希大街和博物馆岛之间的轻轨拱形建筑物之下，经常会发现一些颇有价值和各种各样的古董玩物。

10 周游柏林

如在其他小城镇一样，在波茨坦，有许多好地方可以购买艺术工艺品或衣物。一个买便宜货的好地方是“B96”购物中心，位于与购物中心号码一样的国有公路上。这里，许多时尚的物品都有很大的折扣。B96，艾尔斯塔尔（Elstal）出口 · 周一至周五：上午10点至晚上8点；周六：上午9点至下午4点

有关商铺和市场更多信息，参见60～61页

剧院售票处

免费参观柏林公园

TOP 10 如何节省开支

1 住宿

如果选择低价位的住宿，可以选择青年旅馆，由青年会（YMCA）或背包旅行店（backpacker hostel）经营。或者可以住私人家里，由租房介绍中心（Mitwohnzentrale）安排住宿，并均摊费用。（参见163页）

2 饭店

在柏林，印度和土耳其饭店特别实惠。另外一种方式是在肉串快餐店和德国咖喱香肠小摊上进餐，这些地方也供应其他快餐，且价格低廉。

3 博物馆

柏林市属博物馆，特别是博物馆岛上的博物馆，可以购买一张仅6欧元的三日票。每月第一个周日免门票。

4 旅客欢迎卡（WelcomeCard）

BVG旅客欢迎卡通过利用全市公共交通，能够提供最好和最廉价的方式，利于人们参观柏林的展览和博物馆。轻轨车站、地铁站和旅游资讯中心都有欢迎卡出售。一张卡可包括一个成人和三个孩子，凭此卡可以乘坐所有柏林公交公司(BerlinerVerke-hrs-betriebe -BVG)车辆，在A、B、C3区游览3天。凭此卡还可以享受博物馆门票半价优惠，而且还可获知有用的旅游信息（information pack）。

5 打折门票

剧院和歌剧院经常在演出当天在门口出售打折票，主要针对持有学生证的中小学生和大学生。另外，诸如Hekticket之类的售票机构里的职员可提前买到便宜的票。Hekticket售票处：(030) 230 99 30

6 街头艺术家

一直以来，柏林就为街头艺术家提供了一个好的场所，尤其在布莱特广场（Breitscheidplatz）和库达姆沿街。有一个具有传奇色彩的哑剧表演者，装扮成小丑，模仿在库达姆大街东侧咖啡厅外来往的行人。夏季，在夏洛腾堡和普伦茨劳堡，人们经常可以在露天边就餐或边喝咖啡，边聆听街头音乐家和歌手的表演。

7 对外开放日（Day of the Open Door）

因为柏林是德国政治、文化首都，许多公共机构和私人机构经常免费让游人参观幕后的情况。参观联邦政府的一个部门非常有意思。日报会列出这些活动。每年夏天“柏林大舞台”（Schaustelle Berlin的双关语，意为建筑工地）会安排游人参观柏林重要的大楼建筑和其他工程。（参见www.berlin.de）

8 免费音乐会

在远郊区的教堂和小音乐厅，经常会有古典音乐会，票价低廉，甚至免费。城市杂志和日报会在特定栏中对此事进行公布。所有柏林日报会分发正在举办的展览或活动的赠票。注意浏览一下报纸上有关柏林的那一页，看有什么活动的赠票。

9 市场

柏林每周一次的跳蚤市场总是有各种各样特别的东西出售，除此之外，在这里还可尽显一下砍价的能力。（参见60～61页）

10 公园

所有柏林公园和绿地都是免费可以进入的。人们可以使用公园里的锻炼器械。另外公园还会经常举办露天音乐会，而且不会因有场地费的问题而收取门票。（参见68～69页）

有关城内商铺和市场更多信息，参见85页，107页和119页

夏洛特饭店

柏林颐康特尔酒店的接待室

昆斯勒海默旅店

TOP 10 规模不大的宾馆和饭店

1 工厂旅馆 (die fabrik)

旅店名称的含义是“工厂”，是一家宾馆，也兼作青年旅馆。在远离市中心最远的十字山区中部，这里也是青年艺术中心，吸引着来自全国各地的旅行者，他们希望与当地人或其他人接触。西里西亚街（Schlesische Str.）18号 ·（030）611 7116 · www. diefabrik.com · 不接受信用卡 · €

2 昆斯勒海默旅店 (Hotel Kunstlerheim Luise)

旅店很小，但很温馨。30个房间的设计全部出自当地不同艺术家的手笔，极具个性，富有想象力。表现内涵从流行艺术到古典现代主义。饭店位于城市中心，紧邻充满生气的犹太人居住区和菩提树下大街。路易森街（Luisenstr.）19号 · 地图 J/K3 ·（030）28 44 80 · www. kuenstler-heim-luise.de · €€

3 迈尔饭店（Myer's Hotel）

家庭经营的旅店，位于普伦茨劳堡中心，非常适合一家人或年轻夫妇。房屋装修简单，但是非常现代，且位于古城区。这里服务周到，非常温馨。梅斯街（Metzer Str.）26号 · 地图H2 ·（030）44 01 40 · €€

4 颐康特尔酒店 (Econtel)

一家小旅店，位于夏洛腾堡宫附近，非常适合一家人居住，因为一些房间专门为孩子设计了玩耍的空间。住宿价格包括早上的自助早餐。索默林街（Sommeringsr.）24-26号 · 地图B3 ·（030）34 68 10 · €

5 尼布尔宾馆（Pension Niebuhr）

一家典型的柏林宾馆，极具气氛，位于夏洛藤堡区最吸引人的地段。各个房间提供早餐服务。尼布尔街（Niebuhrstr.）74号 · 地图 P2 ·（030）324 95 95 · www.pension-niebuhr..de · €

6 芬克宾馆（Hote-Pension Funk）

虽有一些陈旧，但却是库达姆附近资深的一家宾馆，之前是无声电影明星阿斯泰·妮尔森（Asta Nielsen）居住的地方。虽不可以打折，但布置和服务费常让人感到亲切。旅店只有15间客房，建议提前预订。安法萨街69号 · 地图 P4 ·（030）882 71 93 · www.hotel-pension funk.de · €

7 克劳茨堡区旅馆 (Pension Kreuzberg)

位于克劳茨堡区，旅店干净整洁，服务热情。饭店让人有温馨之感，可惜没有配套浴室。房东太太对顾客也非常热情，会主动向旅客介绍一些她个人对柏林夜生活和文化的看法。大贵府街（GroBbe-erenstr.）64号 · 地图F5/6 ·（030）251 13 62 · 不接受信用卡 · €

8 旅行者旅店（Hotel Transit）

这家国际青年招待所位于紧邻市中心的闹市区，两层楼，前身是工业大楼。旅店房间大，一间房能住6人。海格堡街（Hagel-berger Str.）53-54号 · 地图F6 ·（030）789 04 70 · www.hotel-transit. de · €€

9 夏洛特饭店（Hotel Charlot）

一家受学生和学生团体欢迎的小旅店，所以有时非常吵闹。饭店位于紧邻库达姆大街一处安静的广场之上，这里有几家酒馆和影院（UFA-Arthouse-Kino），经常放映当时热映的英语电影。吉泽布雷希特街（Giesebrechtstr.）17号 · 地图P2 ·（030）323 40 51/52 · www.hotel-charlot.de · €€

10 中心艺术客栈 (mitArt Pension)

位于塔贺勒斯剧院（Tach-eles）艺术中心对面，非常隐蔽。前身是19世纪建造的一座老楼。房间朴素，配有现代家具，墙上饰有先锋派绘画作品。旅店只有9间客房，很快就会被预订出去，需及早预定。线条街（Linienstr.）139-140号 · 地图J4 ·（030）28 39 04 30 · €

注意事项：除特别声明外，所有旅店都接受信用卡并且房间配有浴室

布莱布特罗伊饭店的小房间　　哈克什市场庭院

价格分类

以标准双人间每晚价格（含早餐）含税及额外收费来估算

€	低于60欧元
€€	60～100欧元
€€€	100～150欧元
€€€€	150～200欧元
€€€€€	超过200欧元

TOP 10 中等价位的旅馆

1 布莱布特罗伊饭店（Bleibtreu-Hotel）

这里，你好比来到了意大利的托斯卡纳区：内部庭院设计时尚、房间宽敞明亮、布置得颇有品位，可称得上是城市西半部闹市区中一片宁静之地。在此也可同等享受到现代生活。旅店有自己的饭店、游泳池、桑拿浴、按摩和其他服务设施。旅店外有一些商铺。布莱布特罗伊街（Bleibtreustr.）31号 · 地图P3 · （030）88 4740 · www.bleibtreu.com · €€€

2 哈克什市场（Hackescher Markt）

饭店颇具魅力，地理位置无与伦比，恰位于哈克什庭院（Hackesche Hofe）对面，在这个价位没有几家旅馆能与之相抗衡。房间宽敞明亮，布置雅致，服务周到，还配有优质的饭店和许多令人愉悦的地方，如可爱的天井。旅客在这里会倍感舒适。大总统街（Große Prasidentenstr.）8号 · 地图J5 · （030）828 00 30 · www.hotel-hackescher-markt.de.com · €€€

3 阿尔斯特庭院（Alsterhof）

旅店环境安静，服务周到，房间布置具有乡村气息。到了夏天，这里会有一个小小的啤酒园，位于卡迪威百货公司附近。周末有优惠活动，可查询得知。旅店专门有不抽烟的客房。奥斯堡街（Augsburger Str.）5号 · 地图P5 · （030）21 24 20 · www. alsterhof.de · €€€

4 犹太社区旅馆（Hotel am Scheunenviertel）

旅店经营很好，环境温馨（只有18间客房），尤其很受文化访问者的欢迎。房间和大厅有意布置得很朴实，稍许营造了一些斯巴达的风格。这里会满足顾客所有的需求。奥拉宁堡街38号 · 地图J4/5 · （030）282 21 25 · €€

5 奥古斯塔旅店（Hotel-Pension Augusta）

这家小饭店有些老式，但是它透射出古柏林的魅力，加之地理位置位于中部，价位低廉，仍很受欢迎。安法萨大街22号 · 地图P4 · （030）883 50 28 · www.hotel-augusta.de · €€

6 动物园旅店（Hotel zm Zoo）

位于城市中心，地理位置优越，是一家现代旅店。房间大得出人意料，窗户很隔音。库达姆大街25号 · 地图P4 · （030）88 43 70 · www.hotelzoo.de · €€

7 卡斯塔尼庭院饭店（Hotel-Pension Kastanienhof）

饭店颇具魅力，其建筑始于20世纪初。房间布置简单，但设备齐全（有保险柜、小型条信号发生器和吹风机）。如要游览普伦茨劳堡区，这里是理想的住宿选择。卡斯塔尼街（Kastanienallee）65号 · 地图G2 · （030）44 30 50 · www.kastanienhof.bize · €€

8 莱莫斯霍夫家顿（Riehmers Hofgarten）

在这里，人们可享受到普鲁士官员的待遇。饭店为老式住宅，完全按19世纪生活方式布置：房间昏暗，浴室别致。饭店是19世纪哥特式红砖建筑群的一部分，所以非常显著。约克街（Yorckstr.）83号 · 地图F6 · （030）78 09 88 00 · www. riehmers-hofgarten.de · €€

9 柏林庭院宾馆（Hotel Berliner Hof）

在陶恩采大街上找寻这样一个低价位，且地处中心的旅馆可太难了。科迪威（KaDeWe）旅店位于科迪威百货商场对面。陶恩采大街8号 · 地图P5 · （030）25 49 50 · www.Berliner-hof.com · €€

10 柏林使馆宾馆（Hotel Ambassador Berlin）

位于科迪威百货商场附近，价格中档，提供全套办公服务，客房安静，内有一个可爱的池塘，景色优美，晚上提供精美的自助晚餐。拜罗伊特街（Bayreuther Str.）42-43号 · 地图P5 · （030）21 90 20 · www.sorat-hotels.de · €€€

➔ 旅店网上预订：www.berlin.de/home/English/www.berlin.nethotels.com/english/

柏林艺术旅店

赫克旅店的休息大厅和酒吧间

施普雷河拱廊：佐拉特饭店

TOP 10 创意旅店

1 柏林中心区艺术旅店(art'otel berlinmitte)

柏林最好的创意旅店，重视每一细节之处，这里的每一个地方都经过了精心设计，从家具到浴室的肥皂。这一历史建筑的墙壁装饰有哥奥尔格·巴塞利兹（Georg Baselitz）创作的绘画。饭店位于城市中部，与尼古拉区紧紧相邻。华尔街（Wallstr.）70-73号·地图L6·（030）24 06 20·www.arttotel.de·€€€

2 柏林施韦策宫多林特饭店（Dorint Schweizerhof Berlin）

柏林新建的豪华旅馆之一，拥有美观的流线形设计，附近有一片精致的小树林和精心设计的大型健身地带，都位于西城中心。艺术在这里起着重要作用：房间色彩鲜亮，属斯堪的纳维亚风格，并装饰有艺术家德尔（Ter Hell）的绘画。布达佩斯特街25号·地图N5·（030）269 60·www.dorint.de·€€€-€€€€

3 勃兰登堡饭店(Brandenburger Hof)

柏林鲍豪斯派最好的饭店之一。柔软的皮座椅、球形的灯饰，这些与古建筑形成了鲜明的对比。Eislebener Str.14号·地图P4·（030）21 40 50·www.brandenbur gerhhof.com·€€€-€€€€

4 大库弗斯特迪拉格饭店（DeragHotel GroBer Kurfurst）

如果喜欢现代设计，选择这家旅馆不太合适——这里所有的客房都是古典设计。该饭店成功的将现代设施融合到古代建筑中来。另外还有其他便利服务，诸如免费公共交通和自行车出租。新罗布街(Neue RoBstr.）11-12号·地图L6·（030）24 60 00·www.deraghotels.de·€€€-€€€€

5 赫克旅店（Hecker's Hotel）

一家现代商务旅馆，位于库达姆大街一条小巷的中部。外观平平，但内部装潢却极其考究：这里有现代派艺术、非常酷的极简抽象主义、巧妙的灯光设计和一流的服务。格鲁曼大街（Grolmanstr.）35号·地图N3·（030）889 00·www.heckershotel.com·€€€

6 施普雷河拱廊：佐拉特饭店（Sorat Hotel Spree-Bogen）

建筑师沃方·布查德特(Wolfang Borchardt）成功地将古老的建筑转变成为一家现代旅馆。温馨的客房和餐厅俯瞰着施普雷河，其隔壁是内政部(Ministry of the Interior）半圆形的现代玻璃建筑。旧莫阿比特街（Alt-Moabit）99号·地图J1·（030）39 92 00·www.sorat-hotels.de·€€€€

7 阿尔特米西亚宾馆(artemisia)

这家小宾馆的主体风格是艺术和女性——经营者是女性，而且为女性开办，所有房间装饰非常漂亮，色彩协调。这里定期举办女艺术家的展览。勃兰登堡（Brandenburgische）街18号·地图B5/6·（030）873 89 05·www.deraghotels.de·€€

8 马丁艺术饭店(Maritim proArte Hotel Berlin)

以绿色和蓝色为主色调，这家现代商务旅店装饰有近300幅现代绘画。每一件家具也是经过精心设计的。弗雷德里希大街151号·地图K/L4·（030）20335·www.maritim.de·€€€-€€€€

9 柏林佐拉特艺术旅店（SORAT art'otel Berlin)

这家旅店的外部和内部到处悬挂着、摆放着、铺着各种艺术作品，尤其是沃尔夫·福斯特尔（Wolf Vostell）的作品。内部设计极为现代，色彩鲜明。约阿希姆塔勒大街（Joachimsthaler Str.）29号·地图P4·（030）88 44 70·www.sorat.de·€€€-€€€€

10 居住旅店（INN SIDE Residence Hotel)

这家小旅馆到处陈列着现代艺术作品，即使淋浴也是一件艺术展示。房间里还配有厨房。兰格街(Lange Str.）街31号·地图H3/4·（030）29 30 30·www.inside.de·€€

除有特别注明，所有旅店均接受信用卡并且房间配有浴室

在柏林希尔顿酒店进餐

艾司特尔会议酒店大厅

价格分类

以标准双人间每晚价格（含早餐）含税及额外收费来估算	€	低于60欧元
	€€	60～100欧元
	€€€	100～150欧元
	€€€€	150～200欧元
	€€€€€	超过200欧元

TOP 10 商务旅行酒店

1 柏林希尔顿酒店

地处中心，御林广场的风景尽收眼底。早餐丰富，而且有特意为经理人士设计的房间，因此颇受高级经理主管的欢迎。此外还提供全套秘书服务。莫伦街（Mohr-enstr.）街30号 · 地图L4 · （030）20 23 42 69 · www.hilton.de · €€€-€€€€

2 亨利希-海涅城市套房酒店（Heinrich-Heine City Suites）

如果因商务需要在柏林城停留一阵，这家饭店是最好的选择。紧邻尼古拉区，房间里配有书桌和厨房。这里的服务生经过特别培训，可满足商务旅客的一些需求。亨利希-海涅广场（Heinrich-Heine-Platz）广场11号 · 地图H4 · （030）27 80 40 · www.nh-hotels.com · €€-€€€

3 艾司特尔会议酒店（Estrel Residence Congress Hotel）

欧洲最大的饭店，拥有1000多间客房，提供四星级服务，价位适当。这里配有很多会议室和最新的技术设备，是会议或商务会谈的最佳场所。当然，旅店也同样满足个人商务旅行所需。索南街（Sonn-enallee）225号 · （030）683 122 522 · www.estrel.com · €€-€€€

4 柏林城中心皇冠广场酒店（Crowne Plaza Berlin City Center）

美国连锁酒店之一，服务周到，房间布置很有品位，所有东西安置得非常舒服，是商务旅行者所期待的。而且这里地理位置不错：位于城市西部中心。诺恩波格街（Nurnberger Str.）65号 · 地图P5 · （030）21 00 70 · www.cp-berlin.com · €€€

5 假日花园酒店（Holiday Inn Garden Court）

服务虽不是很热情周到，但这家假日酒店地理位置优越，受到美国商务旅行者的欢迎。需提示一点：这里不设餐厅。布莱布特罗伊街（Bleibtreustr.）25号 · 地图P3 · （030）88 09 30 · www.holiday-inn.com · €€€

6 曼德拉酒店（Mandala Suites）

地处中心的一家酒店，套房面积从40到100平方米（430至1076平方英尺）不等。房间布置精致，如同办公室一样，并且提供近乎完美的秘书服务。弗雷德里希大街185-190号 · 地图K/L4 · （030）20 29 20 · www.themandala.de · €€€

7 泰格尔机场多林特酒店（Dorint Budget Hotel Airport Tegel）

交通便捷，位于机场附近，是短暂商务旅行之首选。这里能使旅客得到充分的休息，服务周到热情，很有效率。古哈德街（Goo-hardstr.）96号 · （030）49 88 40 · www.mer-cure.com · €€

8 怡东酒店（Berlin Excelsior）

柏林蓝带旅馆（Blue-Band-Hotels）著名的会员。该饭店的特点是设有经济性的简易公寓房。因价位适当，地理位置优越，提供各类商务服务，所以在同行业中占有一席之地。哈登堡街（Harden-bergstr.）14号 · 地图N4 · （030）315 50 · www.hotel-excel-siro.de · €€€

9 维瓦尔弟心愉豪华酒店（Jolly Hotel Vivaldi）

十足的意大利式豪华饭店，是弗雷德里希大街上的全新建筑，于2002年开业。除了地处东柏林这一优势外，旅店宽敞的客房、大厅和诱人的酒吧是吸引顾客的主要原因。旅店所有装潢布置均选用上乘材质。弗雷德里希大街96号 · 地图F3/4 · （030）206 26 60 · www.jollyho-tels.de · €€

10 库达姆101（Ku'damm 101）

饭店装修时尚，虽地处库达姆大街闹市区，却很安静。奢华的国际氛围令人回忆起鲍豪斯风格。所有的房间都有最新的通讯设备。库达姆大街101号 · 地图B5 · （030）520 05 50 · www.kudamm101.com · €€€

另参见72～73页

御花园饭店

布莱希饭店的泳池

塞琪琳霍夫宫休闲饭店

TOP 10 青山绿水环绕的酒店

1 塞琪琳霍夫宫休闲饭店（Relexa Schlosshotel Cecilienhof）

波茨坦最好的饭店，前身是新花园的历史建筑（参见154页）。夜晚，当白天的旅客离去的时候，这里变得非常安静。波茨坦新花园·（0331）370 50·www.relexa-hotel.de·€€€€

2 西拉特湖畔饭店（Landhaus Schlachtensee）

位于西拉特湖和库伦姆-兰克湖（Krumme Lanke）附近，最初是一座别墅，现为一家小客栈，它映射出柏林已逝乡村生活的影子。20间客房虽然有些老式，但服务热情。伯格塔街（Bogotastr.）9号·（030）809 94 70·www.hotel-landhaus-schlachtensee.com·€€

3 御花园饭店（Schlossparkhotel）

距离西城只有几分钟的路程，是唯一一座位于夏洛腾堡宫附近的饭店，与宫殿花园相毗邻。饭店的一个附属性建筑是健身中心，地方虽小，设备和服务却相当不错，旅店里有40间客房。胡贝纳街（Heubnerweg）2a·地图A/B3·（030）326 90 30·www.schlossparkhotel.de·€€€

4 丽真湖旅店（Hotel Seehof am Lietzensee）

位于夏洛腾堡区中心，与会展中心相距不远，加之坐落在风景如画的丽真湖上，饭店经营很是不错。除了漂亮的室内泳池外，还有一个非常舒服的晒太阳的露台。丽真湖畔11号·地图A4·（030）32 00 20·www.hotel-seehof-berlin.de·€€€

5 柏林米格尔胡多尔切饭店（Dolce Hotel Berlin-Muggelsee）

位于大米格尔湖之上的豪华饭店，结合了亚洲和地中海式的建筑和装潢风格。这里有一个九柱戏场、一个健身俱乐部、网球场、桑拿房、台球，还有租船和自行车出租业务。大米格尔湖·（030）65 88 20·www.dolce.com·€€€

6 花园饭店（Haus La Garde）

规模非常小，只有4间客房，隐蔽在绿色的西拉特湖水之上。前身是一座充满浪漫气息的别墅。如果湖水不是你所钟爱的，那么你一定会被别墅本身的花园所折服。Bergengrunstr.16号·地图A4·（030）801 30 09·www.haus-la-garde.de·€

7 游艇码头：施普雷田园饭店（Spreeidyll-Hotel am Yachthafen）

位于米格尔施普雷（Muggelspree），由家庭经营的小饭店，附近有一个海水浴场和租用船只的地方。这里是人们休闲的理想场所，距离城市西北只有几公里，可暂时远离大城市的喧嚣。相信人们一定会被这里的风景所吸引。米格尔湖路70号·（030）645 38 52·www.spree-idyll.de·€

8 莱茵河堡饭店（Hotel Rheinsberg）

位于柏林北部的一家乡村客栈，入住其中让人很舒适。早上供应自助餐。客栈有一泳池，人们可将生活的压力暂时抛到脑后。芬斯特沃尔德街（Finsterwalder Str.）64号·（030）402 10 02·www.hotel-rheinsberg.com·€€

9 柏林克佩尼克庭院饭店（Courtyard Berlin-Köpenick）

虽然饭店装潢粗糙，服务缺少热情，但一切缺陷被其优越的地理位置所弥补。饭店恰位于克佩尼克区东南部中心,达赫穆河岸边之上，乘出租车或轻轨只需几分钟便可抵达米格尔湖和舍纳费尔德机场。格鲁诺街（Grunauer Str.）1号·（030）65 47 90·www.courtyard.com·€€

10 布莱希旅馆（Hotel zur Bleiche）

乡村饭店，位于施普雷瓦尔德湖中部，拥有非常好的设施，包括泳池、蒸汽室、桑拿室和一个超棒的餐厅，对于喜欢健身的人来说，这里可算得上是真正的天堂。布莱希街（Bleichestr.16 Burg）·（035603）620·www.hotel-zur-bleiche.de·€€

注：除特殊注明外，所有饭店都接受信用卡并且房内都配有浴室

柏林自助游客栈　　在巴克斯帕克斯青年旅店，人们可在（VW）甲壳虫车中睡觉

价格分类

以标准双人间每晚价格（含早餐）含税及额外收费来估算

€	低于60欧元
€€	60～100欧元
€€€	100～150欧元
€€€€	150～200欧元
€€€€€	超过200欧元

TOP 10 便宜的饭店和招待所

1 巴克斯帕克斯青年旅店（BaxPax）

该旅店比青年旅社舒适，却比宾馆便宜得多。这里为旅客提供了与众不同的休息地，人们睡在已停止生产的VW甲壳虫汽车的床铺上，每晚不到20欧元。而且在这里会遇到来自世界各地的热情的年轻人（非常好的交友场所）。这一低档客栈位于远离市中心的十字山区，不适合30岁以上的人下榻。斯卡里茨大街104号 · 地图G5 ·（030）615 10 07 · €

2 DSJ青年家庭旅社（Jugendgästehaus der DSJ）

这家规模很大的青年旅社位于十字山区的心脏，风景宜人，与犹太人博物馆毗邻。有公共浴室，一间客房有多个床位，每一床位价格不贵。很受年轻人和国际团体的欢迎。弗朗茨－昆斯勒街（Franz-Kunstler-Str.）10号 · 地图H5 ·（030）69 51 83 22 · www.baxpax.de · 不接受信用卡 · €

3 萨尔茨堡青年家庭旅社（Jugendgästehaus Kluckstraße）

柏林最大的青年旅社之一，一间客房有多个床位，虽有些陈旧，但非常舒适服务很是热情。但是旅馆附近有许多成群结队的小学生，所以非常吵闹。克卢克街（Kluckstr.）3号 · 地图E5 ·（030）261 10 98 · www.baxpax.de · €

4 艾克索宾馆（acksel Haus）

宾馆不大，但有些标新立异，房间为基本的单元套房。其前身是居民居住出租两用的地方。该宾馆位于珂勒惠支广场附近，深受年轻人的欢迎。贝弗特街（Belforter Str.）21号 · 地图H2 ·（030）44 33 76 33 · www.ackselhaus.de · 不接受信用卡 · €

5 万湖青年旅社（Jugendherberger am Wannsee）

柏林最老的青年旅社之一，受学生团体的欢迎，对于喜欢安静的旅客来说不太适合。多人合住一间房，共用淋浴间，尤其在夏天很是不便，但旅店地理位置好，位于风景宜人的万湖之上，使旅客忘记了所有的不便。贝斯街（Baseweg）1号 ·（030）803 20 34 · €

6 住宿安排机构（含早餐）（Bed & Breakfast）

一家旅游机构，安排游人合伙在居民家里住宿，价位低廉。一般来说一间房内会有2至3个床位。服务质量按居住家庭而有所不同，房间每晚价格多在25欧元以下。（030）746 14 46 · 不接受信用卡 · €

7 蒂姆旅店（含早餐）（Timmy's Bed and Breakfast）

一家私人旅馆。旅馆开设单元房间，并对文化和夜生活方面给予建议。唯一的缺陷是地理位置不佳：地处莫阿比特（Moabit），并非柏林最受欢迎的地区。波尔伯格街（Perlebergerstr.）· 地图D/E2 ·（030）81 85 19 88 · www.gaybed.de · €

8 柏林自助游客栈（Backpacker Hostel Berlin）

极具魅力的典型柏林宾馆，位于市中心最受欢迎的地区。旅客甚至可以在房间内用早餐。绍斯街（Chausseestr.）102号 · 地图F2 ·（030）28 39 09 65 · www.backpacker.de · €

9 科耳夫II 旅馆（Hotel-Pension Korfu II）

这家小旅馆只有19间客房，从名称上看，似乎适合上流社会的人，其实非常受年轻人和家庭的欢迎。房间都是单元间，服务周到且有效率。旅馆位于市中心，在记忆教堂对面。兰克街35号 · 地图P4 ·（030）212 47 90 · www.hp-korfu.de · €

10 克里斯托地方旅店（Hotel Christopherus-Haus）

在同档次旅店中，其价位有些偏高。但周围环境郁郁葱葱，是家庭住宿的首选。旅店由新教教堂经营。舍恩瓦尔德约翰街（Johannesstift,Schönwalder）26号 ·（030）33 60 60 · www.vch.de · €€

德国青年旅社协会网址：www.djh.de

卡斯塔尼别墅

亚历山大广场的泳池

螺旋浆岛城市客栈

TOP 10 别具魅力的旅店和宾馆

1 金色郁金香饭店(Golden Tulip Residenz Hotel)

尽管该旅馆是美国的一家连锁店，但坐落在最漂亮的柏林古城的一栋建筑中，靠近库达姆大街。旅客们下榻此店会有宾至如归之感，而且氛围独特。房间按19世纪末时期风格布置，颇有品位。夏季，旅店餐厅会将部分餐位移到户外。梅茵德街(Meinedestr.)9号 · 地图P4 · (030) 88 44 30 · www.hotel-residenz.com · €€€

2 电信咨询公司宾馆(Hote-Pension Ditberner)

柏林最好的宾馆，紧邻库达姆大街，只有几间客房。宾馆位于一栋老楼之中，内设很多走廊，并有很多犄角旮旯的地方。一些家具虽已陈旧，但这里早餐和氛围都很不错。维兰德街(Wielandstr.)26号 · 地图 P2 · (030) 881 64 85 · €€

3 亚历山大广场酒店(Alexander-Plaza)

前身为19世纪末一座历史性建筑，此酒店完美地将新旧特色结合起来。雅致的房间装饰有石膏吊顶，而且布置讲究，不会过时。无论是入住还是观看，这里都是一个让人感到愉悦的旅店。罗森街1号(Rosenstr. 1) · 地图J5 · (030)24 00 10 · www.hotel-alexander-plaza.de · €€

4 亨利涅特饭店(DeraResidenz-hotel Henriette)

一家现代旅店，但有一些古典装饰：橡木格板装饰的墙面，厚重的地毯和窗帘。所有客房都围绕着旅店内的一个庭院。城内没有几家旅馆能与之相比，而且服务热情。新罗布街13号 · 地图L6 · (030) 24 60 09 00 · www.deraghotels.de · €€

5 御林饭店(Hotel Gendarm)

地处御林广场上的一家小旅店，前身是一处古老的城市宅邸。客房的布置和设计似乎令人回到19世纪，但实际上一切东西都是新的。饭店还配有桑拿、泳池和健身设备。夏洛特街61号 · 地图L4 · (030) 206 06 60 · www.hotel-gendarm-berlin · €€

6 维特尔斯巴赫客栈(Hotel-Pension Wittelsbach)

中等规模，风格完全是20世纪70年代的模样，这也是该饭店魅力所在。服务热情，接待孩子和宠物，而且自助早餐的分量非常足，人们在当天甚至不用吃其他食物。维特尔斯巴赫街(Wittelsbacherstr.)22号 · 地图 B5 · (030) 864 98 40 · www.hotel-residenz.com · €-€€

7 新艺术宾馆(Art Nouveau Hotel)

位于新艺术大楼，老式风格，经营很好的一家宾馆。客房布置现代、精心。此旅店是柏林老式建筑中比较典型的一座。莱布尼兹街(Leibnitzstr.)59号 · 地图 P2 · (030) 327 74 40 · www.hotelartnouveau.de · €€

8 柏林中心艺术家河畔旅店(Artist Riverside Hotel Berlin-Mitte)

旅店虽小，但非常有诚信。房屋为19世纪的时尚设计，内部装潢考究，服务优良，深受美国游客的喜爱。弗雷德里希大街106号 · 地图 K/l4 · (030) 28 49 00 · www.tolles-hotel.de · €€

9 卡斯塔尼别墅(Villa Kastania)

位于普伦茨劳堡中部，服务一流，房屋布置美观，并带有厨房和浴室，非常适合自助游。卡斯塔尼街(Kastantienallee) 20号 · (030) 300 00 20 · €€

10 螺旋浆岛城市客栈(Propeller Island City Lodge)

如果下榻此旅店，旅客可以与艺术家，也是旅店房间设计师拉尔斯·斯特劳斯彻(Lars Stroschen)共处一个旅店。保罗斯伯恩街(Paulsborner Str.) 10号 · 地图B5 · (030) 891 90 16 · www.propeller-island.com · €

注意：除特殊注明外，所有饭店都接受信用卡并且房内有配套浴室

御林广场：多林特酒店

宫殿酒店的套房

价格分类

以标准双人间每晚价格（含早餐）含税及额外收费来估算	€	低于60欧元
	€€	60～100欧元
	€€€	100～150欧元
	€€€€	150～200欧元
	€€€€€	超过200欧元

TOP10 豪华酒店

1 宫殿酒店（Hotel Palace）

位于欧洲中心二层，修复耗资巨大。这里很值得参观：所有的客房经过精心设计，其中的两套套房尖头鲈鱼客房和熊猫客房由主管亲自设计。饭店员工礼貌周到。布达佩斯特街45号 · 地图N/P5 · （030）25020 · www.palace.de · €€€€

2 御林广场：多林特酒店（Dorint am Gendarmentmarkt）

在一流酒店中，规模最小，且价位相对不贵（71间客房，21间套房）。多林特饭店可以说是最佳眺望御林广场的地方。夏洛特街50-52号 · 地图L4 · （030）203 750 · www.dorint.de · €€€€

3 柏林洲际酒店（Hotel Intercontinental Berlin）

位于蒂尔加藤区的豪华饭店，最近得以翻修。从饭店望去，能将中央公园的美景尽收眼底。该饭店受到商务旅行者的欢迎。尽管大楼建筑本身平平，但饭间布置雅致。饭店内有三家餐厅，供应一流菜肴，而且其他配套设施如酒吧、泳池和健身房都很好。布达佩斯特街10号 · 地图N5/6 · （030）260 20 · www.berlin.interconti.com · €€€€€

4 威斯汀大饭店（Westin Grand Hotel）

坐落在弗雷德里希大街和菩提树下大街的拐角处，置于一处古建筑中。客房宽敞、布置雅致、服务风格美式化。饭店大厅和宽大的楼梯令人叹为观止。饭店设有咖啡间和酒吧。弗雷德里希大街158-164号 · 地图K4 · （030）202 70 · www.westin-grand.com · €€€€€

5 广场大酒店（Grand Hotel Esplanade）

光彩夺目的现代饭店，装潢风格介于节制派和鲍豪斯派。服务和设施都是一流的，哈里纽约酒吧间非常受欢迎。吕佐夫（Lutzowufer）街15号 · 地图N6 · （030）25 47 80 · www.esplanade.de · €€€€€

6 柏林瑞士饭店（Swissotel Berlin）

柏林新建的豪华饭店之一，地处库达姆大街和约阿希姆塔勒大街（Joachimsthaler StraBe）交会的繁华地段。这里能够将整个城市的美景尽收眼底。奥格斯堡街（Augsburger Str.）44号 · 地图P4 · （030）22 01 00 · www.berlin.swissotel.com · €€€€

7 波茨坦广场曼德拉酒店（The Mandala Hotel Potsdamer Platz）

位于波茨坦广场，套房面积从35～100平方米（375～1000平方英尺）不等，配有厨房、音响、健身区域、每日报纸等等。波茨坦大街3号 · 地图K3 · （030）590 05 00 00 · www.themandala.com · €€€€

8 柏林斯坦根伯格饭店（Steigenberger Berlin）

一流饭店，隐蔽在公园般的广场上，虽位于库达姆大街附近，环境却很幽静。客房布置地极为奢华：有一间私人休息室。如果在此入住，将会提供每日报纸和免费饮料。洛杉矶广场1号 · 地图P4 · （030）212 70 · www.berlin.steigenberger.de · €€€€

9 柏林-波茨坦无忧宫多林特饭店（Dorint Sanssouci Berlin-Potsdam）

四星级饭店，地处俄国人居住区附近。由此步行就可抵达无忧宫的御花园。这里设施齐全（健身房、泳池、餐厅和酒吧），如果要到勃兰登省游览，此处是一个很好的落脚点。雅格街（Jagerallee）20号 · 地图B5 · （0331）27 40 · www.dorint.de · €€€€

10 世界旅店（Hotel Mondial）

从外观看，现代但不过于扎眼。地理位置极其优越，室内装潢时尚雅致。饭店充分考虑到残疾人的不便，安装了许多便利设施。库弗斯坦达姆大街47号 · 地图P3 · （030）88 41 10 · €€€€

网站：www.btm.de/deutsch/untekunft/ 参见72～73页

致谢

主要撰稿者：

历史学家乔根·朔内曼已经出版了一些关于柏林和其他地区的文献式图书，他的备受好评的文章发表在德国和美国的旅游类杂志和时报上，其中就有“Berlin daily Tagesspiegel”以及其他报纸。

FOR DORLING KINDERSLEY VERLAG, MUNICH:

出版人：
Dr. Jörg Theilacker

编辑：
Brigitte Maier, Gerhard Bruschke

制图：
Ulrike Meyer

图片：
Jürgen Scheunemann
Additional Photography
Dorota and Mariusz Jarymowicz,
Günter Schneider

插图：
www.chrisorr.com

地图：
Dominic Beddow, Simonetta Siori (Draughtsman Ltd)

图片版权：
t-top; tc-top centre; tr-top right; cla-centre left above; ca-centre above; cra-centre right above; cl-centre left; c-centre; cr-centre right; clb-centre right below; cb-centre below; crb-centre right below; bl-below left; bc-below centre; br below right.

The publishers would like to thank the following individuals, companies and picture libraries for permission to reproduce their photographs:

Alexander Plaza: 178tc. Ars vitalis: 69br. Art'otel Berlin: 174tl. Backpacker Hostel/Axbax: 177tl, 177tr. Bar jeder Vernunft: 57cla. Berliner Bäder-Betriebe: 69tl. Berliner Filmfestspiele: 62cl. Bleibtreu-Hotel: 173tl. Deutsche Guggenheim: 113clb. Dorint am Gendarmenmarkt: 179tl. Econtel Hotel: 172tc. Estrel Residence Congress Hotel: 175tr. Funpool: 68tr. Galeries Lafayette: 119tc. Heckers Hotel: 174tc. Hertha BSC: 68bl. Hotel Adlon: 8crb, 116cb. Hotel Hackescher Markt: 173tr. Hotel Künstlerheim Luise: 172tr. Hotel zur Bleiche: 176tc. Jüdisches Museum: 102tr. Margaux: 74b. Museum für Kommunikation: Herbert Schlemmer. 117b. Propeller City Island: 178tr. Quartier 206 Department Store: 60tl, 115tl. Relaxa Hotel Cecilienhof: 176tr. Schlossparkhotel: 176tl. Sorat Hotel Spreebogen: 174tl. Siegessäule: 58b. Tourismusverband Spreewald e. V.: Rainer Weisflog 167tr. Trabrennbahn Mariendorf: 68tc. Trenta sei: Benjamin Hüter 120tc; Jens Gläser 121tr. Zoologischer Garten: 36-7c.

BILDARCHIV PREUSSISCHER KULTURBESITZ, BERLIN: 20tl, 31tr, 35c; Ägyptisches Museum/ Margarete Büsing 4c; Antikensammlung 7tl, 21tl, 21clb, 21br, 21–2c, 22b, 22t, 46tl, 114c; Antikensammlung/Ingrid Geske-Heiden 114b; Ethnologisches Museum 30br; Gemäldegalerie, Madonna in Church by Jan van Eyck (c1425) 32t, Portrait of the Merchant Georg Gisze by Hans Holbein (1532) 34tr, Venus and the Organ Player by Titian (1550–2) 34tc, Portrait of Hieronymus Holzschuher by Albrecht Dürer (1529) 34tr, Madonna with the Child and Singing Angels by Botticelli (c1477) 34c, Victorious Eros by Caravaggio (1602) 34bl, 48tc, Adoration of the Shepherds by Hugo van der

Goes (1470) 48tl, The Glass of Wine by Jan Vermeer (c1658–61) 48bu; Kunstgewerbemuseum 7cb, 33t, 46tr, 47c; Kupferstichkabinett, Portrait of Dürer's Mother by Albrecht Dürer 114c; Museum für Vor- und Frühgeschichte 29br; Nationalgalerie, Farm in Daugart by Karl Schmidt-Rottluff (1910) © DACS 2002 32b, Mao by Andy Warhol (1973) © The Andy Warhol Foundation for the Visual Arts Inc. / ARS, NY & DACS, London 2002 48cra; Nationalgalerie, Berggruen Collection, Head of a Faun by Pablo Picasso (1937) © Succession Picasso / DACS 2002 49tl; Vorderasiatisches Museum 20c, 20cbr, 20b, 21cbr, 23c, 23b, 23t.
BRECHT-WEIGEL-GEDENKSTÄTTE, BERLIN: 50cr.
BRIDGEMAN ART LIBRARY: Nationalgalerie, Berlin, Portrait of Georg Wilhelm Friedrich Hegel (1770–1831) by Jacob Schlesinger (1792–1855) 50tl.
BROEHAN MUSEUM: 49c.
DEUTSCHE PRESSEAGENTUR: 9b, 42tr, 50tc, 50tr, 50bl, 51tl, 51b, 62tc, 62tr, 62c, 63tl, 63tr, 63cr. DEUTSCHES HISTORISCHES MUSEUM: 15t, 18cl, 42cr; Gloria Victis by Antonin Mercie 14c; Pieta Sculpture at the Neue Wache, Kathe Kollwitz © DACS 2002 51c; Martin Luther by Lucas Cranach the Elder (1529) 14b; Opening of the German Reichstag (1871) 15b.
DEUTSCHES TECHNIKMUSEUM: 103bl.
FIT OT PRINT, BERLIN: 166tc.
HENRY MOORE FOUNDATION:
Three Way Piece Nr. 2. (The) Archer (1964–5) 35t.
HOTEL VILLA KASTANIA: 178tl.
KÄTHE-KOLLWITZ-MUSEUM: Mother and Child by Käthe Kollwitz © DACS 2002 83bl.
KOMISCHE OPER BERLIN: Arwid Lagenpusch 112tr.
MUSEUM FÜR NATURKUNDE: 47tr.
PRESSE- UND INFORMATIONSAMT DES LANDES BERLIN: BTM/Drewes 17bl; BTM/Koch 17cra
LOLA LOUNGE: Nela Koenig 54tl
KARSTEN SCHIRMER: 56cl; GÜNTER SCHNEIDER: 42tl, 95–6; JÜRGEN SCHEUNEMANN: 120tc, 121tc, 128tl
STAATLICH MUSEEN ZU BERLIN, PREUSSISCHER KULTURBESITZ, KUNSTGEWERBEMUSEUM: Hans Joachim Bartsch 47c; STIFTUNG STADTMUSEUM BERLIN: 14t; Peter Straube 130tr. STIFTUNG PREUSSISCHE SCHLÖSSER UND GÄRTEN BERLIN-BRANDENBURG: 152tr, 153br, Frederick's Watteau Paintings by Antoine Watteau (1720) 30tc; Frederick the Great by Antoine Pesne 31tl, Frederick Playing the Flute by Adolf von Menzel 42b, 152cl. STRANDBAR MITTE: 52tc. ANDREAS TAUBER: 101tc. HAUS DER WANNSEE-KONFERENZ: 89cb. WERNER OTTO BILDARCHIV, OBERHAUSEN: 76–7.

All other images © Dorling Kindersley London. For further information see: www.dkimages.com

致谢

日常用语（英－德－发音对照）

紧急情况

Where is the telephone?	Wo ist das Telefon?	voh ist duss tel-e-fone?
Help!	Hilfe!	hilf-uh
Please call a doctor	Bitte rufen Sie einen Arzt	bitt-uh roof'n zee ine-en artst
Please call the police	Bitte rufen Sie die Polizei	bitt-uh roof'n zee dee poli-tsy
Please call the fire brigade	Bitte rufen Sie die Feuerwehr	bitt-uh roof'n zee dee foyer-vayr
Stop!	Halt!	hult

礼貌用语

Yes	Ja	yah
No	Nein	nine
Please	Bitte	bitt-uh
Thank you	Danke	dunk-uh
Excuse me	Verzeihung	fair-tsy-hoong
Hello (good day)	Guten Tag	goot-en tahk
Goodbye	Auf Wiedersehen	owf-veed-er-zay-ern
Good evening	Guten Abend	goot'n ahb'nt
Good night	Gute Nacht	goot-uh nukht
Until tomorrow	Bis morgen	biss morg'n
See you	Tschüss	chooss
What is that?	Was ist das?	voss ist duss
Why?	Warum?	var-room
Where?	Wo?	voh
When?	Wann?	vunn
today	heute	hoyt-uh
tomorrow	morgen	morg'n
month	Monat	mohn-aht
night	Nacht	nukht
afternoon	Nachmittag	nahkh-mit-tahk
morning	Morgen	morg'n
year	Jahr	yar
there	dort	dort
here	hier	hear
week	Woche	vokh-uh
yesterday	gestern	gest'n
evening	Abend	ahb'nt

常用短语

How are you? (informal)	Wie geht's?	vee gayts
Fine, thanks	Danke, es geht mir gut	dunk-uh, es gayt meer goot
Where is/are?	Wo ist/sind...?	voh ist/sind
How far is it to...?	Wie weit ist es...?	vee vite ist ess
Do you speak English?	Sprechen Sie Englisch?	shpresh'n zee eng-glish
I don't understand	Ich verstehe nicht	ish fair-shtay-uh nisht
Could you speak more slowly?	Könnten Sie langsamer sprechen?	kurnt-en zee lung-zam-er shpresh'n

实用词汇

large	gross	grohss
small	klein	kline
hot	heiss	hyce
cold	kalt	kult
good	gut	goot
bad	böse/schlecht	burss-uh/shlesht
open	geöffnet	g'urff-nett
closed	geschlossen	g'shloss'n
left	links	links
right	rechts	reshts
straight ahead	geradeaus	g'rah-der-owss

电话用语

I would like to make a phone call	Ich möchte telefonieren	ish mer-shtuh tel-e-fon-eer'n
I'll try again later	Ich versuche noch ein mal später	ish fair-zookh-uh nokh ine-mull shpay-ter
Can I leave a message?	Kann ich eine Nachricht hinterlassen?	kan ish ine-uh nakh-risht hint-er-lahss-en
answer phone	Anrufbeantworter	an-roof-be-ahnt-vort-er
telephone card	Telefonkarte	tel-e-fohn-kart-uh
receiver	Hörer	hur-er
mobile	Handi	han-dee
engaged (busy)	besetzt	b'zetst
wrong number	Falsche Verbindung	falsh-uh fair-bin-doong

观光

library	Bibliothek	bib-leo-tek
entrance ticket	Eintrittskarte	ine-tritz-kart-uh
cemetery	Friedhof	freed-hofe
train station	Bahnhof	barn-hofe
gallery	Galerie	gall-er-ree
information	Auskunft	owss-koonft
church	Kirche	keersh-uh
garden	Garten	gart'n
palace/castle	Palast/Schloss	pallast/shloss
place (square)	Platz	plats
bus stop	Haltestelle	hal-te-shtel-uh
national holiday	Nationalfeiertag	nats-yon-ahl-fire-tahk
theatre	Theater	tay-aht-er
free admission	Eintritt frei	ine-tritt fry

购物

Do you have/ Is there...?	Gibt es...?	geept ess
How much does it cost?	Was kostet das?	voss kost't duss?
When do you open/ close?	Wann öffnen Sie? schliessen Sie?	vunn off'n zee shlees'n zee
this	das	duss
expensive	teuer	toy-er
cheap	preiswert	price-vurt
size	Grösse	gruhs-uh
number	Nummer	noom-er
colour	Farbe	farb-uh
brown	braun	brown
black	schwarz	shvarts
red	rot	roht
blue	blau	blau
green	grün	groon
yellow	gelb	gelp

公共场所

antique shop	Antiquariat	antik-var-yat
chemist (pharmacy)	Apotheke	appo-tay-kuh
bank	Bank	bunk
market	Markt	markt
travel agency	Reisebüro	rye-zer-boo-roe
department store	Warenhaus	vahr'n-hows
chemist's, drugstore	Drogerie	droog-er-ree
hairdresser	Friseur	freezz-er
newspaper kiosk	Zeitungskiosk	tsytoongs-kee-osk

bookshop	Buchhandlung	bookh-hant-loong
bakery	Bäckerei	beck-er-eye
post office	Post	posst
shop/store	Geschäft/Laden	gush-eft/lard'n
film processing shop	Photogeschäft	fo-to-gush-eft
self-service shop	Selbstbedienungs-laden	selpst-bed-ee-nungs-lard'n
shoe shop	Schuhladen	shoo-lard'n
clothes shop	Kleiderladen, Boutique	klyder-lard'n boo-teek-uh
food shop	Lebensmittel-geschäft	lay-bens-mittel-gush-eft
glass, porcelain	Glas, Porzellan	glars, Port-sellahn

在酒店

Do you have any vacancies?	Haben Sie noch Zimmer frei?	harb'n zee nokh tsimm-er-fry
with twin beds?	mit zwei Betten?	mitt tsvy bett'n
with a double bed?	mit einem Doppelbett?	mitt ine'm dopp'l-bet
with a bath?	mit Bad?	mitt bart
with a shower?	mit Dusche?	mitt doosh-uh
I have a reservation	Ich habe eine Reservierung	ish harb-uh ine-uh rez-er-veer-oong
key	Schlüssel	shlooss'l
porter	Pförtner	pfert-ner

用餐

Do you have a table for...?	Haben Sie einen Tisch für...?	harb'n zee ine-uhn tish foor
I would like to reserve a table	Ich möchte eine Reservierung machen	ish mer-shtuh ine-uh rezer-veer-oong makh'n
I'm a vegetarian	Ich bin Vegetarier	ish bin vegg-er-tah-ree-er
Waiter!	Herr Ober!	hair oh-bare!
The bill (check), please	Die Rechnung, bitte	dee resh-noong bitt-uh
breakfast	Frühstück	froo-shtock
lunch	Mittagessen	mit-targ-ess'n
dinner	Abendessen	arb'nt-ess'n
bottle	Flasche	flush-uh
dish of the day	Tagesgericht	tahg-es-gur-isht
main dish	Hauptgericht	howpt-gur-isht
dessert	Nachtisch	nahkh-tish
cup	Tasse	tass-uh
wine list	Weinkarte	vine-kart-uh
tankard	Krug	khroog
glass	Glas	glars
spoon	Löffel	lerff'l
teaspoon	Teelöffel	tay-lerff'l
tip	Trinkgeld	trink-gelt
knife	Messer	mess-er
starter (appetizer)	Vorspeise	for-shpize-uh
the bill	Rechnung	resh-noong
plate	Teller	tell-er
fork	Gabel	gahb'l

点菜

Aa	arl	eel
Apfel	upf'l	apple
Apfelschorle	upf'l-shoorl-uh	apple juice with sparkling mineral water
Apfelsine	upf'l-seen-uh	orange
Aprikose	upri-kawz-uh	apricot
Artischocke	arti-shokh-uh-	artichoke
Aubergine	or-ber-jeen-uh (eggplant)	aubergine
Banane	bar-narn-uh	banana
Beefsteack	beef-stayk	steak
Bier	beer	beer
Bockwurst	bokh-voorst	a type of sausage
Bohnensuppe	burn-en-zoop-uh	bean soup
Branntwein	brant-vine	spirits
Bratkartoffeln	brat-kar-toff'ln	fried potatoes
Bratwurst	brat-voorst	fried sausage
Brötchen	bret-tchen	bread roll
Brot	brot	bread
Brühe	bruh-uh	broth
Butter	boot-ter	butter
Champignon	shum-pin-yong	mushroom
Currywurst	kha-ree-voorst	sausage with curry sauce
Dill	dill	dill
Ei	eye	egg
Eis	ice	ice/ ice cream
Ente	ent-uh	duck
Erdbeeren	ayrt-beer'n	strawberries
Fisch	fish	fish
Forelle	for-ell-uh	trout
Frikadelle	Frika-dayl-uh	rissole/ hamburger
Gans	ganns	goose
Garnele	gar-nayl-uh	prawn/shrimp
gebraten	g'braat'n	fried
gegrillt	g'grilt	grilled
gekocht	g'kokht	boiled
geräuchert	g'rowk-ert	smoked
Geflügel	g'floog'l	poultry
Gemüse	g'mooz-uh	vegetables
Grütze	grurt-ser	groats, gruel
Gulasch	goo-lush	goulash
Gurke	goork-uh	gherkin
Hammelbraten	hamm'l-braat'n	roast mutton
Hähnchen	haynsh'n	chicken
Hering	hair-ing	herring
Himbeeren	him-beer'n	raspberries
Honig	hoe-nikh	honey
Kaffee	kaf-fay	coffee
Kalbfleisch	kalp-flysh	veal
Kaninchen	ka-neensh'n	rabbit
Karpfen	karpf'n	carp
Kartoffelpüree	kar-toff'l-poor-ay	mashed potatoes
Käse	kayz-uh	cheese
Kaviar	kar-vee-ar	caviar
Knoblauch	k'nob-lowkh	garlic
Knödel	k'nerd'l	noodle
Kohl	koal	cabbage
Kopfsalat	kopf-zal-aat	lettuce
Krebs	krayps	crab
Kuchen	kookh'n	cake
Lachs	lahkhs	salmon
Leber	lay-ber	liver
mariniert	mari-neert	marinated
Marmelade	marmer-lard-uh	marmalade, jam
Meerrettich	may-re-tish	horseradish
Milch	milsh	milk
Mineralwasser	minn-er-arl-vuss-er	mineral water
Möhre	mer-uh	carrot
Nuss	nooss	nut
Öl	erl	oil
Olive	o-leev-uh	olive

Petersilie	payt-er-zee-li-uh	parsley
Pfeffer	pfeff-er	pepper
Pfirsich	pfir-zish	peach
Pflaumen	pflow-men	plum
Pommes frites	pomm-fritt	chips/ French fries
Quark	kvark	soft cheese
Radieschen	ra-deesh'n	radish
Rinderbraten	rind-er-brat'n	joint of beef
Rinderroulade	rind-er-roo-lard-uh	beef olive
Rindfleisch	rint-flysh	beef
Rippchen	rip-sh'n	cured pork rib
Rotkohl	roht-koal	red cabbage
Rüben	rhoob'n	turnip
Rührei	rhoo-er-eye	scrambled eggs
Saft	zuft	juice
Salat	zal-aat	salad
Salz	zults	salt
Salzkartoffeln	zults-kar-toff'l	boiled potatoes
Sauerkirschen	zow-er-keersh'n	cherries
Sauerkraut	zow-er-krowt	sauerkraut
Sekt	zekt	sparkling wine
Senf	zenf	mustard
scharf	sharf	spicy
Schaschlik	shash-lik	kebab
Schlagsahne	shlahgg-zarn-uh	whipped cream
Schnittlauch	shnit-lowhkh	chives
Schnitzel	shnitz'l	veal or pork cutlet
Schweinefleisch	shvine-flysh	pork
Spargel	shparg'l	asparagus
Spiegelei	shpeeg'l-eye	fried egg
Spinat	shpin-art	spinach
Tee	tay	tea
Tomate	tom-art-uh	tomato
Wassermelone	vuss-er-me-lohn-uh	watermelon
Wein	vine	wine
Weintrauben	vine-trowb'n	grapes
Wiener Würstchen	veen-er voorst-sh'n	frankfurter
Zander	tsan-der	pike-perch
Zitrone	tsi-trohn-uh	lemon
Zucker	tsook-er	sugar
Zwieback	tsvee-bak	rusk
Zwiebel	tsveeb'l	onion

数字

0	null	nool
1	eins	eye'ns
2	zwei	tsvy
3	drei	dry
4	vier	feer
5	fünf	foonf
6	sechs	zex
7	sieben	zeeb'n
8	acht	uhkht
9	neun	noyn
10	zehn	tsayn
11	elf	elf
12	zwölf	tserlf
13	dreizehn	dry-tsayn
14	vierzehn	feer-tsayn
15	fünfzehn	foonf-tsayn
16	sechzehn	zex-tsayn
17	siebzehn	zeep-tsayn
18	achtzehn	uhkht-tsayn
19	neunzehn	noyn-tsayn
20	zwanzig	tsvunn-tsig
21	einundzwanzig	ine-oont- tsvunn-tsig
30	dreissig	dry-sig
40	vierzig	feer-sig
50	fünfzig	foonf-tsig
60	sechzig	zex-tsig
70	siebzig	zeep-tsig
80	achtzig	uhkht-tsig
90	neunzig	noyn-tsig
100	hundert	hoond't
1000	tausend	towz'nt
1,000,000	eine Million	ine-uh mill-yon

时间

one minute	eine Minute	ine-uh min-oot-uh
one hour	eine Stunde	ine-uh shtoond-uh
half an hour	eine halbe Stunde	ine-uh hullb-uh shtoond-uh
Monday	Montag	mohn-targ
Tuesday	Dienstag	deens-targ
Wednesday	Mittwoch	mitt-vokh
Thursday	Donnerstag	donn-ers-targ
Friday	Freitag	fry-targ
Saturday	Samstag/ Sonnabend	zums-targ zonn-ah-bent
Sunday	Sonntag	zon-targ
January	Januar	yan-ooar
February	Februar	fay-brooar
March	März	mairts
April	April	april
May	Mai	my
June	Juni	yoo-ni
July	Juli	yoo-lee
August	August	ow-goost
September	September	zep-tem-ber
October	Oktober	ok-toh-ber
November	November	no-vem-ber
December	Dezember	day-tsem-ber
spring	Frühling	froo-ling
summer	Sommer	zomm-er
autumn (fall)	Herbst	hairpst
winter	Winter	vint-er